Peter Köster SJ

Lebensorientierung am Johannes-Evangelium

Eine geistliche Auslegung auf fachexegetischer Grundlage

Peter Köster SJ

Lebensorientierung am Johannes-Evangelium

Eine geistliche Auslegung auf fachexegetischer Grundlage

eos

Umschlag: Thomas Schmid, Kraft des Glaubens
© Präsenz Verlag, 65597 Hünfelden-Gnadenthal

1. Auflage 2013
2. verbesserte Auflage 2020

mail@eos-verlag.de
www.eos-verlag.de

ISBN 978-3-8306-8036-9

Bibliografische Information der Deutschen Bibliothek
Die Deutsche Bibliothek verzeichnet diese Publikation
in der Deutschen Nationalbibliografie;
detaillierte bibliografische Angaben sind im Internet
unter http://dnb.ddb.de abrufbar.

Umschlaggestaltung: Präsenz Medien, Gnadenthal
Printed in Germany

Inhaltsverzeichnis

KAPITEL 5

KAPITEL 6

KAPITEL 7

KAPITEL 8

KAPITEL 14

KAPITEL 15 und 16

KAPITEL 17

KAPITEL 18 und 19

KAPITEL 20

Vorwort

Das Symbol des Johannesevangeliums ist der Adler, der in kühnen Höhen seine Kreise zieht, dabei aber das, was sich unter ihm am Boden bewegt, genau im Blick hat. Bei aller theologischen „Höhe" und Konzentration bleibt das 4. Evangelium bei den Grundfragen der Menschen, setzt bei ihren elementaren Nöten, Sehnsüchten und Bedürfnissen an, um ihrem Leben Sinn und Orientierung zu geben. Wer sein Leben nach dem Wort und Beispiel Jesu ausrichtet, wird das Evangelium als „Geist und Leben" (Joh 6,46) erfahren und erkennen, dass Jesus *der* „Ort" der Gottesbegegnung in dieser Welt ist (Joh 14,9).

Das Buch ist in erster Linie mit den kleinen johanneischen Gemeinden und für sie geschrieben, um sie in ihrer theologisch-spirituellen Eigenart und Identität zu festigen. Dabei werden die Konsequenzen dieser gelebten Identität in ihrem sozialen Umfeld deutlich benannt (vgl. u.a. Joh 9,22.34; 12,42f.; 15,18-27).

Ich verstehe diese Auslegung als einen Versuch, den Leser bzw. die Leserin auf möglichst verständliche Weise an die Tiefendimension dieses „pneumatischen Evangeliums" (Eusebius von Caesarea 259/260-339) heranzuführen – in der Hoffnung, dass etwas von *der* Freude in ihren Herzen auflebt, die ihnen niemand nehmen kann (Joh 16,22).

Wer die Szenen und Reden dieses Evangeliums verstehen will, muss durch das äußere Geschehen und den wörtlichen Sinn der Worte hindurch nach dem geistlichen Sinn forschen, nach der in ihnen verborgenen unsichtbaren Wirklichkeit: der Leidenschaft Gottes für den Menschen. In allem spiegelt sich die geistliche Erfahrung wider, dass Gott bei den Menschen sein will, damit wir das Wort des Lebens mit unseren Augen sehen, mit unseren Ohren hören und mit unseren Händen anfassen können (vgl. 1 Joh 1,1-4).

Die Auslegung des Johannesevangeliums ist im Verlauf von vielen Jahren entstanden. Die Texte wurden immer wieder überarbeitet und neu gestaltet. Von den großen Interpreten des Evangeliums habe ich manche Anregung erhalten und den Gesprächen mit Seminarteilnehmern, mit denen das Evangelium über Jahre hin bis heute gemeinsam erarbeitet wurde, verdanke ich manche weiterführende Einsicht. In diesem langen Entstehungsprozess kann die eine oder andere Anregung und Formulierung von woanders eingeflossen sein, ohne dass ich dies jetzt noch wiedergeben kann.

Für die kritische Durchsicht des Manuskripts gilt mein besonderer Dank meinem Mitbruder, dem Neutestamentler und Johannesforscher Johannes Beutler SJ.

Die Übersetzung versucht, möglichst nah am griechischen Urtext zu bleiben und zugleich sprachliche Härten zu vermeiden. Dabei habe ich mich an der Elberfelder Studienbibel orientiert.

Frankfurt, im Februar 2013
Peter Köster SJ

Einleitung

Das Johannesevangelium unterscheidet sich auffallend von den synoptischen Evangelien. Man kann davon ausgehen, dass der Evangelist die synoptische Tradition weitgehend gekannt und sie, soweit er davon Gebrauch macht, in eigenständiger Weise literarisch und theologisch ganz neu gestaltet hat. Es ist auch nicht zu übersehen, dass er bei seinen Lesern und Hörern die Kenntnis dieser älteren Evangelientradition voraussetzt.

Viel deutlicher als bei den Synoptikern tritt Jesus uns hier als der erhöhte und verherrlichte Menschensohn, als der Gesandte und Offenbarer des Vaters, als sein ewiges Wort entgegen. Diese neue spezifisch johanneische Sehweise, die sich z.T. in „symbolischen Synthesen" aus urkirchlicher Reflexion und alttestamentlichen Bildern und Symbolen (z.B. Lamm Gottes, Brot, Hirt, Weinstock) ausdrückt, gilt es zu erfassen und in ihrer theologisch-spirituellen Tiefe auszuloten. Bei Johannes beginnt der Weg schon mit der Menschwerdung des göttlichen Logos und diese Sicht beherrscht Jesu ganzes Auftreten in der Welt und bei den Seinen. „Alles wird von seinem uranfänglichen Sein bei Gott, seiner Präexistenz, her gesehen" (R. Schnackenburg).

Nach Joh 20,31 ist es das Ziel des 4. Evangeliums, zum Glauben an Jesus, den Messias (Christus), den Sohn Gottes, hinzuführen, damit die Glaubenden teilhaben am göttlichen Leben (vgl. Joh 10,10). So betont der Evangelist von Anfang an, dass „Jesus, der Sohn Josefs, dessen Vater und Mutter wir kennen" (Joh 6,42), *der* Offenbarer Gottes ist, an dem sich das Heil der Menschen und des gesamten Kosmos entscheidet. Die wachsende Auseinandersetzung der „Juden", in denen der Evangelist hauptsächlich die Repräsentanten des Unglaubens sieht, mit dem Offenbarungsanspruch Jesu durchzieht das ganze Evangelium. Diese Dynamik wird in einem dramatischen Prozess dargestellt, der mit dem Verhör des Täufers (Joh 1,19-28) seinen Anfang nimmt und in der Verhandlung vor Pilatus (Joh 18,28-19,16a) seinen abschließenden Höhepunkt erreicht. Es ist also aus johanneischer Sicht der göttliche Offenbarungsanspruch Jesu, der schließlich zu seinem Tod führt.

Im Unterschied zu den Synoptikern liegt der Schwerpunkt des öffentlichen Wirkens Jesu in Jerusalem, vor allem im Tempel, dem religiösen Mittelpunkt des jüdischen Volkes. Hier hat er an den hohen Festtagen „die ideale Bühne für seine Lehrtätigkeit" (M. Theobald) und hier eskalieren die Konflikte mit der jüdischen Obrigkeit (Joh 5.7-10).

Die Passionsgeschichte des 4. Evangeliums (Joh 18,1-19,42) ist eine von Grund auf neue Gestaltung der Tradition vom Leiden und Sterben Jesu. Anders als Markus und die beiden von ihm abhängigen Synoptiker versteht „Johannes" Jesu Leiden und Tod als Erhöhung und Verherrlichung und als Gericht über die gottfeindliche Welt. Die Macht des Bösen ist durch die Liebe Jesu zum Vater und zu den Seinen „bis zum äußersten", „bis zuletzt" (*eis télos*) endgültig gebrochen. Auf seiner Passion liegt von Anfang an das Licht der Osterherrlichkeit.

Von daher ist zu verstehen, dass der „johanneische" Jesus vom Beginn seines Leidensweges im „Garten" (Joh 18,1 ff) bis zu seinem Ende am Kreuz (Joh 19,30) die Initiative souverän in der Hand behält. Er allein bestimmt letztlich den Verlauf des Geschehens, auch wenn die Menschen noch so intensiv daran beteiligt sind. Jesu Wort an Pilatus: „Du hättest keine Macht über mich, wäre sie dir nicht von oben gegeben" (Joh 19,11) gilt für alle an diesem Prozess gegen Jesus involvierten Personen und Gruppen. Sie alle könnten nichts gegen ihn ausrichten, wäre ihnen die Macht dazu nicht „von oben" gegeben.

Der Gehorsam Jesu, seine tiefe Einheit und Verbundenheit mit dem göttlichen Willen ist der Grund für seine souveräne Freiheit, für jene „Weltüberlegenheit", die nirgendwo so deutlich zutage tritt wie in der Passion. Jesus stirbt wie einer, der sein Werk zur Vollendung bringt. Sein letztes Wort: „Es ist vollbracht!" ist wie das Siegel auf das „Werk", auf seine Gottesoffenbarung, die in seiner Liebe „bis zuletzt" gipfelt.

In diesem Prozess wird eine Spannung sichtbar, deren Pole nur mit Mühe zusammen gehalten werden können. Der Evangelist betont einerseits, dass Gottes Liebe der innerste Kern des Offenbarungsgeschehens ist und alle Menschen umfasst. Jesus gibt sein Leben für das Leben der (ganzen) Welt. Diese Liebe „bis zum äußersten", „bis zuletzt" geht noch einmal weiter und tiefer als alle menschliche Verweigerung gehen kann. Das wird besonders eindrücklich in der Zeichenhandlung der Fußwaschung, die auch Judas mit einbezieht, der ihn anschließend verrät und seinen Gegnern ausliefert. Mit der Unbegreiflichkeit seiner Liebe „bis zuletzt“ unterläuft er gleichsam alle Lüge, allen Hass und alle Gewalt, die sich gegen ihn und die Seinen richten. Darüber hinaus macht er den Jüngern unmissverständlich klar, dass ihr Platz in der Welt ist, damit sie sein Beispiel (Joh 13,15), seine Sendung (Joh 17,18) fortsetzen.

Auf der anderen Seite haben Jesu Worte in der Auseinandersetzung mit *den* Juden, die vermutlich aus seinen Anhängern zu Gegnern und Feinden geworden sind (Joh 8,37-51), eine Schroffheit und polemische Schärfe, die man kaum mit seiner Liebe „bis zuletzt“ in Einklang bringen kann. Er wirft ihnen vor, ihre Unfähigkeit, an ihn zu glauben, und ihre Absicht, ihn zu töten, habe ihre letzte Ursache darin, dass der „Teufel“ ihr Vater sei (Joh 8,44). Der ungeheuerliche Vorwurf der Teufelskindschaft stellt die destruktive Kraft seiner Gegner jedoch in einen neuen Zusammenhang: Sie ist so groß, dass sie letztlich auf die Macht des Bösen zurückgeführt werden muss, weil sie menschliches Vermögen und Verantwortung, ohne sie zu leugnen, noch einmal übersteigt. Vielleicht ist die harte verbale Konfrontation ein weiterer Versuch seiner Liebe „bis zuletzt“, ihre Herzen zum Glauben an den von Gott gesandten Offenbarer zu bekehren. Wie in Hosea 11,1-11 Jahwe sich von seinem innersten Wesen, seiner ursprünglichen, unverbrauchten Liebe zum Menschen ebenso wenig trennen kann wie von seiner Gottheit, so bleibt Jesus mit seinem völlig freien, unablässig tätigen und zielstrebig liebenden Herzen bei den Menschen, bei ihrer Geschichte, damit sich ihr Leben trotz aller Abkehr und Bosheit doch noch erfüllt.

Die Anfänge der Entfremdung zwischen Juden und Christen nach der Zerstörung Jerusalems (70 n.Chr.) sind äußerst belastet. Der Ausschluss aus der Synagoge, der nach und nach betrieben wurde, hatte weit reichende soziale und materielle Konsequenzen. Die Situation, als Minderheit in einem gesellschaftlichen Umfeld zu leben, das keinen Rückhalt bot und mit Anfeindungen und Verfolgungen ihnen das Leben schwer machte, war für die kleinen johanneischen Gemeinden eine große Herausforderung. Aus dieser besonderen geschichtlichen Situation wird die Schärfe und Bitterkeit in der Auseinandersetzung mit den „Juden“ leichter verständlich. Auf beiden Seiten ging es ums Überleben.

In diesem Zusammenhang fällt eine das ganze Evangelium durchziehende dualistische Begrifflichkeit auf. Sie ist Ausdruck eines Weltgefühls, eines bestimmten Welt- und Menschenverständnisses. Zwei Macht- oder Einflussbereiche, zwischen denen es keine Beziehung und kein Verstehen gibt, stehen einander gegenüber. Sie werden mit gegensätzlichen Begriffspaaren bezeichnet: Leben und Tod, Licht und Finsternis, Wahrheit und Lüge, Freiheit und Knechtschaft, Geist und Fleisch, Gott und Teufel, von oben und von unten sein. Die Zugehörigkeit zu einem dieser Machtbereiche prägt den Menschen in seinem ganzen Sein und Handeln: ob er liebt oder hasst, die Wahrheit tut oder Böses, ob er glaubt oder sich der Offenbarung verweigert etc. Vgl. die Grafik von F. Porsch:

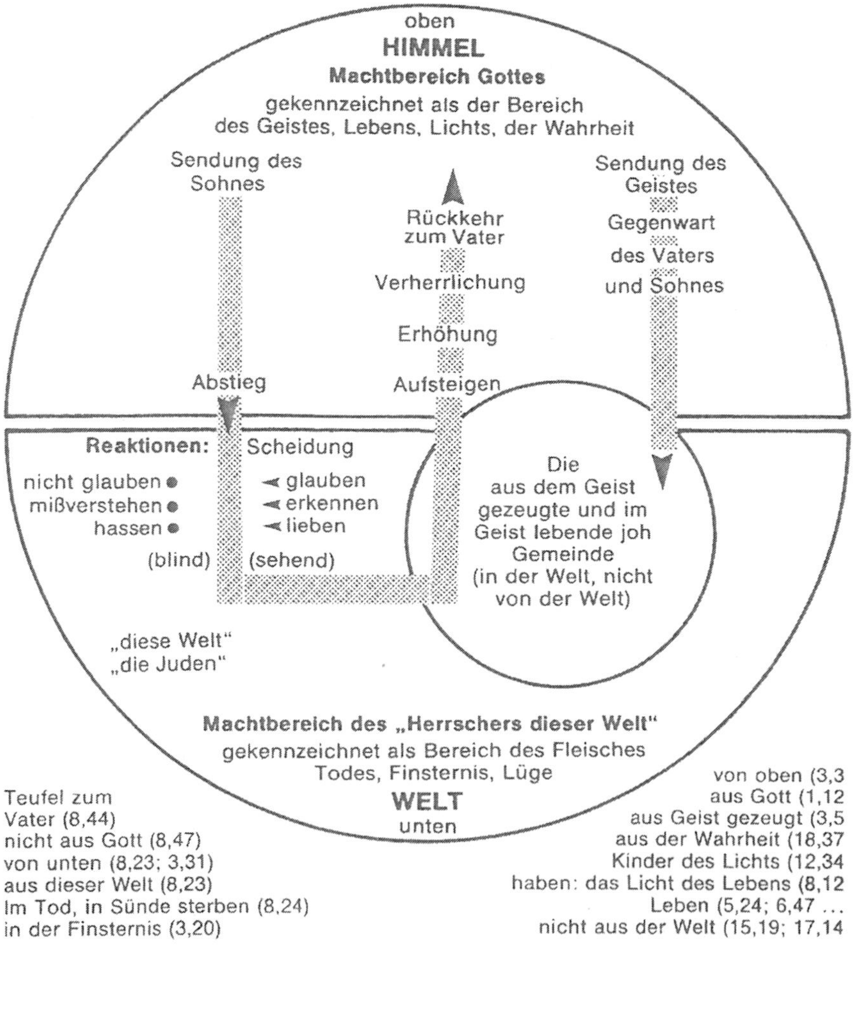

Johannes geht davon aus, dass jeder Mensch durch die Begegnung mit der Offenbarung in die Entscheidung gerufen wird und ihm die Möglichkeit der Wahl gegeben ist, das wahre Leben zu haben (Joh 10,10). Der johanneische Dualismus scheint nicht nur das Ergebnis theologischer Auseinandersetzung mit geistigen Strömungen der Umwelt zu sein, sondern auch durch die lebensbedrohliche Situation der Gemeinden bedingt, in der sich klare Feindbilder herausbilden, die keine Differenzierungen und andere „Farbtöne“ mehr zulassen.

In engem Zusammenhang mit diesem Dualismus stehen die vielen Missverständnisse. Jesu Gesprächspartner und Kontrahenten verstehen ein Wort oder eine Aussage von ihm in einem ganz anderen Sinn. Sie bewegen sich auf einer anderen Denk- und Verstehensebene und so kommt es zu keiner Verständigung. Manchmal gebraucht Jesus Wörter oder Redewendungen, die doppeldeutig sind und einen tieferen, hintergründigen Sinn haben, den seine Hörer nicht erfassen. Auch diese Missverständnisse haben ihre Ursache in der konkreten Situation der kleinen auf sich gestellten Gemeinden, in denen sich eine eigene Sprache und Begrifflichkeit herausgebildet hat.

Mit den „Juden“ sind bis auf wenige Ausnahmen (Joh 6,41.52) die pharisäischen Führer und Autoritäten gemeint, die für die Auslegung der Tora und damit für die Gerichtsbarkeit nach der Tora verantwortlich sind. In der Passionsgeschichte werden noch die Hohenpriester genannt. Das hängt mit der Entstehung des Johannesevangeliums zusammen. Die Pharisäer hatten als einzige jüdische Gruppe die Katastrophe (70 n. Chr.) überlebt, sich neu formiert und die Führung im Judentum übernommen. So waren sie die wichtigsten theologischen Gegner des entstehenden Christentums, vor allem für die johanneischen Gemeinden, die vermutlich in einem relativ abgeschlossenen Gebiet mit mehrheitlich jüdischer Bevölkerung lebten. Von daher ist auch die theologische Herausforderung zu verstehen, den Glauben an Jesus, den Messias und Gottessohn, so konsequent mit dem Glauben an den einzig-einen Gott (Dtn 6,4) zusammen zu denken.

Wenn man davon ausgeht, dass der Evangelist die synoptischen Evangelien gekannt hat, dann kann sein Evangelium nicht vor 90 n. Chr. entstanden sein. Das früheste handschriftliche Zeugnis ist ein Papyrusfragment (P 52) um 125 aus Ägypten. Es enthält wenige Verse aus dem 18. Kapitel. Wahrscheinlich ist der Text um die Jahrhundertwende geschrieben worden. Wir können also als Abfassungszeit das Ende des 1. Jahrhunderts (etwa 90-100 n.Chr.) annehmen. Darüber hinaus sind uns die beiden um 200 n. Chr. geschriebenen Papyrus-Kodices *Bodmer II* und *Bodmer XV* vollständig erhalten. Das Johannesevangelium ist auch in den Pergament-Kodizes *Vaticanus* und *Sinaiticus* enthalten, die im 4. Jahrhundert entstanden. Es ist das am besten bezeugte Buch des Neuen Testaments.

Untersuchungen zum Wortschatz und zum Stil des Evangeliums haben erbracht, dass es in einem längeren Entstehungsprozess seine Gestalt gefunden hat und in seiner jetzigen Form nicht von einem einzigen Autor stammt. Man nimmt an, dass es einen „johanneischen Kreis", eine Art „Schule" gab, die das Evangelium herausgegeben hat. Deshalb verwende ich für den bzw. die Autoren synonym „Johannes" und „der Evangelist".

Nach Joh 21,24 ist „der Jünger, den Jesus liebte", der Verfasser des Johannesevangeliums, und die Herausgeber bezeugen, dass das Zeugnis wahr ist, das dieser Jünger den Gemeinden hinterlassen hat. Hier ist offenbar ein Jünger gemeint, der zu Jesus in einer besonderen Nähe stand und als theologisch-spirituelle Autorität galt.

„Der Jünger, den Jesus liebte", ist im Johannesevangelium eine rätselhafte Gestalt. Von seinem ersten Erscheinen beim Abschiedsmahl (Joh 13,23) bis zu den Ostererzählungen im Nachtragskapitel (Joh 21,7.22ff) bleibt er namenlos. Das geschieht offenbar nicht ohne Absicht. In Joh 13,23-25 gehört er zum Kreis derer, mit denen Jesus sein Abschiedsmahl feiert. Deshalb hat man schon früh in diesem Jünger den Zebedäussohn Johannes gesehen. Seit der Mitte des 2. Jahrhunderts galt dieser Jünger als der Verfasser des Johannesevangeliums. Nun betont der Evangelist in Joh 13,1, dass Jesus die „Seinen" ohne Ausnahme von Anfang an geliebt und ihnen seine Liebe „bis zuletzt" (Joh 19,30) bewahrt hat. Das heißt: „Der Jünger, den Jesus liebte", kann nicht jemand sein, den Jesus den anderen in seiner Liebe vorgezogen hätte.

Was bedeutet es aber, dass Jesu Liebe allen Jüngern gilt, die Formulierung sich jedoch nur auf diesen bezieht? Es fällt auf, dass Johannes ihn beim Abschiedsmahl und an allen übrigen Stellen ohne Einführung auftauchen und dann von der Erzählebene wieder verschwinden lässt.

Es sieht so aus, als sei er den Lesern und Hörern auf hintergründige Weise bekannt und wisse wie sie mehr als die Jünger auf der Erzählebene. Nach U. Wilckens wird am „Jünger, den Jesus liebte", beispielhaft sichtbar, was Jüngersein in seiner vollendeten Gestalt bedeutet. Sein Glaube entspricht dem Glauben der nachösterlichen Kirche im Sinne von Joh 20,29, und er verfügt über ein Erkenntnisvermögen, das den anderen erst durch den Geist zuteil wird (Joh 21,7). Dieser Jünger wäre demnach eine ideale Jüngergestalt, die der Evangelist in den Kreis der „Seinen" hineinkomponiert hat. Zu allen Zeiten bis zur Parusie werde es in der Kirche die Gestalt dieses besonderen Jüngers geben, und in seinem Zeugnis werde die vollendete Liebe Jesus gegenwärtig sein, die allen Jüngern gilt (Joh13,1). Doch die Jünger, in denen sich „der Jünger, den Jesus liebte", jeweils „verkörpert", wechseln. Wenn einer stirbt, tritt ein anderer an seine Stelle. So „bleibt" jener Jünger.

Doch wie ist diese Deutung mit Joh 21,24 zu vereinbaren, wonach „der Jünger, den Jesus liebte", der Verfasser des Johannesevangeliums ist und somit eine „historische Individualität" (Chr. Dietzfelbinger) hat? Nach V. 24 ist dieser Jünger der wahre Zeuge und Garant der authentischen Jesustradition und als solcher *die* Autorität des johanneischen Kreises. M.E. oszilliert in der Gestalt des „Jüngers, den Jesus liebte" die ideale mit der historischen Identifikationsfigur. Als solcher wird er „bleiben", bis der Herr wiederkommt (vgl. Hoh 21,22).

Johannes hat die konkrete Situation der bedrängten Gemeinden im Blick. Ihnen will er die authentische Jesusoffenbarung in zeitgemäßer Sprache, Symbolik und Begrifflichkeit vermitteln. So erzählen seine Geschichten weniger historische Einzelereignisse als vielmehr Typisches. Die handelnden Personen werden zu Symbolfiguren, zu Vorbildern, die zur Identifikation einladen und so Menschen auf Jesus hin in Bewegung bringen: Johannes der Täufer (Kap. 1 und 3), die ersten Jünger (Kap. 1), die Mutter Jesu bei der Hochzeit zu Kana (Kap. 2), die Samariterin, der königliche Beamte (Kap. 4), der Blindgeborene (Kap. 9), Martha vor der Auferweckung ihres Bruders Lazarus (Kap. 11), Maria, die andere Schwester des Lazarus, bei der Salbung in Bethanien (Kap. 12), der Jünger, den Jesus liebte (Kap. 13.19.20.21) und Maria Magdalena am Grab (Kap. 20).

Johannes knüpft bei den Grundfragen der Menschen an, bei ihren elementaren Nöten und Bedürfnissen, um ihrem Leben Sinn und Orientierung zu geben: Die beiden Johannesjünger auf der Suche nach religiöser Sinngebung ihres Lebens (Joh 1,35-39), der schriftgelehrte Pharisäer und Mitglied des Hohen Rates Nikodemus auf der Suche nach dem Zugang zum ewigen Heil (Joh 3,1-21), die Frau aus Sychar mit ihrer Sehnsucht nach erfülltem Leben (Joh 4,1-26), der Gelähmte am Teich von Bethesda in seinem Unvermögen, gesund zu werden (Joh 5,1-14), die große Menschenmenge am See von Tiberias in ihrem Hunger nach dauerhafter Sättigung (Joh 6), die Pharisäer in ihrer mentalen Blindheit im Umgang mit dem geheilten Blinden (Joh 9), die geistig Toten am Grab von Lazarus (Joh 11).

Das Sinnangebot wird besonders in Zeichen, Bildern und Symbolen angesprochen: Sie bewegen, laden ein, motivieren, lassen aber die Freiheit, das Angebot anzunehmen. Sie verzichten auf moralische Imperative und lassen einen Spielraum für die persönliche Aneignung. Manche dieser Zeichen, Bilder und Symbole sind uns nicht mehr unmittelbar zugänglich. Sie brauchen Zeit, bis sie ihre geheimnishafte Seite offenbaren. Andere berühren uns unmittelbar wie eine heilende Hand. Sie machen uns aufmerksam auf die verborgenen Sinnmöglichkeiten unseres Lebens und erinnern uns an das Noch-nicht-Gelebte, das Noch-Ausstehende, das Unerlöste in uns: z.B. Lamm Gottes, (Kap. 1), Hochzeit (Kap. 2), Geburt von oben (Kap. 3), lebendiges Wasser (Kap. 4), Brot des Lebens (Kap. 6), Licht der Welt (Kap. 8), guter Hirt (Kap. 10), Weizenkorn (Kap. 12), Fußwaschung (Kap. 13), Weg, Wahrheit und Leben (Kap. 14), wahrer Weinstock (Kap. 15), Jesus als König vor Pilatus (Kap 19), die geöffnete Seite Jesu (Kap 19), der reiche Fischfang (Kap 21). Die Zeichen, Bilder und Symbole wollen in uns wie eine Saat aufgehen.

Die erste Frage Jesu im Johannesevangelium, an die beiden Jünger des Täufers gerichtet, lautet: Was sucht ihr? (Joh 1,38). Seine letzte Frage, dem Simon Petrus gestellt, ist: Liebst du mich? (Joh 21,15). In der Spanne zwischen diesen beiden Fragen bewegen sich die Begegnungen mit Jesus. In dieser Spanne liegt auch die Entwicklung unseres Glaubens an Jesus Christus, den Sohn Gottes (Joh 20,31). Das soll am Ende einmal dabei herauskommen, dass all unser Suchen nach sinnerfülltem Leben uns zu einem liebenden, von Christus ergriffenen Menschen reifen lässt. Ich hoffe, dass dieser Kommentar den Leserinnen und Lesern dafür Anregung und Orientierung gibt.

KAPITEL 1

Prolog: Joh 1,1-18

1 Im Anfang war das Wort
und das Wort war bei Gott,
und Gott war das Wort.
2 *Dieses war im Anfang bei Gott.*
3 Alles ist durch es (das Wort) geworden
und ohne es ist nicht eines geworden.
Was in ihm geworden ist,
4 war (das) Leben,
und das Leben war das Licht der Menschen.
5 und das Licht scheint in der Finsternis
und die Finsternis hat es nicht angenommen.
6 *Es trat auf ein Mensch, gesandt von Gott, sein Name: Johannes.*
7 *Dieser kam zum Zeugnis, um Zeugnis zu geben für das Licht,*
damit alle glauben durch ihn.
8 *Nicht war jener das Licht,*
sondern damit er Zeugnis gebe für das Licht.
9 Es (das Wort) war das wahre Licht,
das erleuchtet jeden Menschen,
gekommen in die Welt.
10 In der Welt war es
und die Welt ist durch es geworden
und die Welt hat es nicht erkannt.
11 In sein Eigenes kam es,
und die Seinen nahmen es nicht auf.
12 Allen aber, die es aufnahmen,
hat er Vollmacht gegeben, Kinder Gottes zu werden,
die glauben an seinen Namen;
13 die nicht aus dem Geblüt,
nicht aus dem Willen des Fleisches,
nicht aus dem Willen des Mannes,
sondern aus Gott gezeugt sind.
14 Und das Wort ist Fleisch geworden
und hat unter uns gezeltet,
und wir haben geschaut seine Herrlichkeit,

die Herrlichkeit des Einziggezeugten vom Vater
voll Gnade und Wahrheit.
15 *Johannes gibt Zeugnis für ihn und ruft:*
Dieser war's, von dem ich sagte:
Der nach mir kommt, war vor mir,
denn er war eher als ich.
16 Denn aus seiner Fülle haben wir alle empfangen:
Gnade um Gnade.
17 Denn das Gesetz wurde durch Mose gegeben,
die Gnade und die Wahrheit geschah durch Jesus Christus.
18 Gott hat niemand jemals gesehen,
der Einziggezeugte, (der) Gott (ist),
der am Herzen des Vaters ist,
er hat ihn erschlossen.

Der Prolog ist ein theologisch sehr kompakter und sprachlich eindrucksvoller Text. Er führt uns am Beginn des Evangeliums hinein in die Tiefen des Geheimnisses Gottes, aus dem heraus das göttliche Wort (der Logos), Gott wesensgleich, in unsere Geschichte eintrat und Mensch wurde.

Wenn man den Prolog zusammen sieht mit dem Abschiedsgebet Jesu (Joh 17,1-26), eröffnet sich ein faszinierender Zusammenhang: Mit der Herkunft von Gott ist die einzigartige Autorität der Offenbarung Jesu, seines Lebens und Wirkens, gegeben, mit der Rückkehr zum Vater die Teilhabe der „Seinen" am göttlichen Leben. Sein Offenbarungswirken ist von Anfang an darauf ausgerichtet, uns Menschen diese Teilhabe zu ermöglichen. Wer sich ihm öffnet, ist hinein genommen in die Bewegung seines Weges von Gott zu Gott.

Der Prolog ist kein in sich geschlossenes Ganzes, kein Schlüssel zum Inhalt des ganzen Evangeliums, vielmehr als Zeugnis für Jesus, Gottes Sohn und einzigen Offenbarer, zu verstehen (vgl. Joh 1,6-8) und in diesem Sinn als Einladung, sich dem Geheimnis des göttlichen Wortes zu öffnen.

Dem Prolog liegt ein Hymnus zugrunde. Hinter den Versen 1-5 stehen der Anfang des Buches Genesis und weisheitliche Traditionen, die vom Eintritt der Weisheit in die Menschenwelt sprechen. Doch ist hier nicht von der Weisheit, sondern von dem Logos, dem „Wort" die Rede. Das hat seinen Grund darin, dass es sich um ein gottesdienstliches Lied der frühen Christenheit handelt, die im Blick auf Jesus die Geschichte des Logos besingt, die in seiner Menschwerdung ihren Höhepunkt erreicht hat. Von Joh 1,14 aus bekommt alles Vorausgehende einen spezifisch christlichen Sinn: Es ist der in Jesus offenbarte Gottessohn, der bereits am Uranfang vor aller Schöpfung des Alls als Sohn des Vaters bei Gott war.

Hinter den Versen 6f. und 15 ist der Einfluss neutestamentlicher Überlieferungen von Johannes dem Täufer und hinter den Versen 17f. sind Mose-Traditionen zu sehen, die auf das Buch Exodus (Kap 34) zurückgehen.

Der Prolog lässt sich in drei Hauptteile gliedern:
1. Der Ursprung des göttlichen Wortes: Joh 1,1-5
2. Das göttliche Wort nach seinem Eintritt in die Geschichte: Joh 1,6-13
3. Die Menschwerdung des göttlichen Wortes und seine Aufnahme in der Gemeinde: Joh 1,14-18

Anders als sonst im Kommentar wird hier eine detaillierte Gliederung gegeben, um den Zugang zum Text zu erleichtern. Ich bevorzuge die Gliederung von J. Beutler, die ich im Wesentlichen übernommen habe.

1. Der Ursprung des göttlichen Wortes: Joh 1,1-5

Vv. 1f.	Das göttliche Wort beim Vater von Ewigkeit her
Vv. 3ab	Die Mitwirkung des göttlichen Wortes bei der Schöpfung
Vv. 3c-5	Die Bedeutung des göttlichen Wortes für die Menschen und sein Geschick

V. 1f: Johannes beginnt sein Evangelium mit einem Hymnus zum Lobpreis Jesu Christi. Auch wenn sein Name erst in V. 17 ausdrücklich genannt wird, ist offenkundig, dass *er* das Wort ist, von dem hier gesprochen wird.

Sein Anfang ist der nicht weiter hinterfragbare Anfang Gottes, der sich menschlicher Vorstellungskraft entzieht und alles menschliche Denken übersteigt, weil er in den unauslotbaren Tiefen des göttlichen Geheimnisses gründet. Dieser vorzeitliche Anfang ist absolut unverfügbar und unantastbar. Kein Evangelist „hat den Menschen Jesus als Gottes Sohn so nah und so wesenhaft mit Gott zusammen gesehen, in Jesu Wort Gottes Wort, in Jesu Handeln Gottes Handeln, in Jesu Geschichte den Weg der Sendung von Gott herausgestellt. Der Glaube, dass Jesus der Christus, Gottes Sohn ist (Joh 20,31), hat seinen Grund und seine Wahrheit in der Einheit Jesu mit Gott (Joh 10,31). Darum beginnt Johannes sein Evangelium da, wo die Bibel der Urchristen, das

Alte Testament, ihr Zeugnis von dem einzig-einen Gott beginnt: Gen 1,1: ‚Im Anfang ...'" (U. Wilckens).

Dieser göttliche Ursprung des Wortes „war" immer, von Ewigkeit her. Das Imperfekt in V. 1f. ist ohne zeitlichen Anfang und ohne zeitliches Ende. Von „dort" kommt es zum Menschen, um ihn in die Gemeinschaft mit diesem Ursprung – jenseits von Raum und Zeit und Geschichte – zu „ziehen" (vgl. 1 Joh 1,1-4). Der Anfang des Hymnus spricht also vom Ursprung der Offenbarung vor aller Schöpfung.

Mit V. 2 unterstreicht der Evangelist die Göttlichkeit des Wortes und damit den göttlichen Ursprung der Offenbarung. So schließt er von Anfang an aus, dass Jesus als das ewige Wort die Einzigkeit Gottes verletzen könnte. Es ist eine Gratwanderung, die Einheit Jesu mit Gott zu bezeugen, ohne die Einzigkeit Gottes zu beeinträchtigen oder gar in Frage zustellen, wie es die „Juden" später Jesus vorwerfen (Joh 10,33).

V. 3ab: Alles, was ist, ist durch das Schöpfungswort Gottes ins Dasein gerufen. Es gibt nichts, das aus sich selbst entstehen oder bestehen könnte. Der ganze Kosmos verdankt sich ganz und gar dem göttlichen Wort als Mittler der Schöpfung.

V. 3c-5: Alles Geschaffene ist auf den Menschen hin geordnet, auf seine Teilhabe am Leben Gottes. Dieses Leben war das Licht der Menschen. Licht ist hier eine Metapher für sinnerfülltes, glückliches und unzerstörbares Leben – im Gegensatz zur Finsternis als Sinnbild für Orientierungslosigkeit, Unheil und Todesverfallenheit. Die Teilhabe am Leben Gottes ist zugleich Möglichkeit und Auftrag, das eigene Leben im Licht dieses Lebens zu verwirklichen.

Das Präsens in V. 5 sagt die immerwährende Gegenwart des Lichtes aus, das die Finsternis nicht auszulöschen vermag. Die Menschen können sich dem Licht zwar widersetzen oder sich ihm entziehen (Joh 3,20), aber solange sie leben, bleiben sie ihm ausgesetzt.

Der Sieg des Lichtes über die Finsternis zeigt sich erst in den V.V. 12-14.16, die von der Aufnahme des göttlichen Wortes durch die Gemeinde der Gläubigen sprechen.

2. Das göttliche Wort nach seinem Eintritt in die Geschichte: Joh 1,6-13

Vv. 6-8	Das Auftreten des Johannes und sein Zeugnis für das Licht
Vv. 9-11	Die Sendung des Lichtes in die Welt und seine Ablehnung bei den „Seinen“
Vv. 12f.	Die Aufnahme des Lichtes bei den Gläubigen

V. 6-8: Mit dem Auftreten des Johannes ist der Prolog auf dem Boden der Geschichte angekommen. Das Johannesevangelium vermeidet die Bezeichnung „Täufer“ für Johannes. Hier hat er ausschließlich die Aufgabe, „Zeuge“ für Jesus zu sein und so den Glauben an Jesus zu wecken (vgl. Joh 1,19-34; 3,26; 5,33).

Was sein Zeugnis inhaltlich meint, zeigen die Abschnitte Joh 1,19-28 und 1,29-34. Sie beginnen mit dem Hinweis: „Und dies ist das Zeugnis des Johannes...“ und schließen mit den Worten: „Und ich habe gesehen und bezeugt, dass dieser der Sohn Gottes ist.“ Zum Zeugnis des Johannes gehört wesentlich, dass die Menschen zur Gemeinschaft mit Jesus finden und seine Jünger werden, wie es in Joh 1,35-51 geschildert wird. In Absetzung zu Jesus, der allein zur Fülle des Lebens führen kann, betont der Evangelist noch einmal die Rolle des Johannes als Zeuge. Er ist wie die Fackel, die dem angekündigten Licht vorausleuchtet.

V. 9-11: Das göttliche Licht wird *allen* Menschen zuteil. Dieser universale Heilswille setzt sich in V. 10 fort: Wie die ganze Welt durch das göttliche Wort geschaffen wurde, so soll sie auch als Ganze zu seiner Erkenntnis kommen. Doch das ist nicht geschehen.

Vom Anfang der Menschheitsgeschichte kommt es zu einem tief greifenden Widerspruch: Das Licht des Schöpfungswortes war in der Welt und die Welt verdankt diesem Wort ihre Entstehung, doch die Welt hat dieses Wort nicht „erkannt“.

„Erkennen“ bedeutet in biblischer Sprache eins werden im Sinne von Teil haben am Leben des Nächsten und Teil geben am eigenen Leben. Gott erkennen bedeutet: an ihn glauben und teilhaben an seinem Leben. Gott nicht erkennen heißt: sich ihm verweigern, sein Lebensangebot ausschlagen.

„In sein Eigenes kam er, aber die Seinen nahmen ihn nicht auf“. Wer sind die „Seinen“? Alle von Gott durch den Logos geschaffenen Menschen. Selbst aus der Erwählungsgeschichte des Gottesvolkes Israel ist eine Geschichte der Verweigerung, des Ungehorsams, geworden.

V. 12f.: Doch hat es immer Menschen gegeben, die das Lebensangebot Gottes angenommen haben. Glauben „an seinen Namen“ bedeutet im Johannesevangelium glauben an Jesus. Dass ein Mensch sich für das Leben, für das Licht des göttlichen Wortes öffnet, ist Frucht göttlicher Zeugung, gänzlich unabhängig vom naturhaften Verlangen und vom Willen des Menschen (dreimal „nicht“) und zugleich die freie Entscheidung des Menschen. Der Glaube setzt einerseits die göttliche Gnade voraus, andererseits führt er zur Gotteskindschaft. Sie ist als persönlichen Zuwendung Gottes zu verstehen, von der kein Mensch ausgeschlossen ist.

3. Die Fleischwerdung des göttlichen Wortes und seine Aufnahme in der Gemeinde: Joh 1,14-18

V. 14	Das göttliche Wort wird Fleisch und die Gemeinde der Glaubenden schaut seine Herrlichkeit
V. 15	Das Zeugnis des Johannes
V. 16	Die gläubige Gemeinde bekennt die Fülle ihrer Begnadung
V. 17f.	Jesus – der alleinige Exeget des Vaters

V. 14: Mit den letzten fünf Versen erreicht der Prolog seinen theologischen Höhepunkt. Das „Wort“, das von Ewigkeit bei Gott war, wurde „Fleisch“ Zu einem bestimmten Zeitpunkt trat es in die menschliche Geschichte ein. „Fleisch“ bedeutet so viel wie menschliche Realität mit all ihren Konsequenzen, vor allem in ihrer Begrenztheit, Hinfälligkeit und Ohnmacht. Dieses „Paradox der Paradoxe“, wie die Kirchenväter sagen, ist die beglückendste Heilsaussage, die man sich denken kann. „Denn das ist der Liebe Unergründlichkeit, nicht zum Scherz, sondern im Ernst und in der Wahrheit gleicher Art mit dem Geliebten zu werden“ (S. Kierkegaard). Das Gott-gleiche Wort ist im Menschen Jesus einer von uns geworden. Die Inkarnation des ewigen „Wortes“ ist nach Johannes die zentrale Erkenntnis des Glaubens.

Wenn es weiter heißt, dass das Mensch gewordene Wort unter uns „gezeltet hat“ (*eskénosen*), dann betont der Hymnus die menschliche Gegebenheit, dass seine leibliche Existenz in der Welt zeitlich begrenzt war. Auf dem Hintergrund der Exodustradition bekommt der Vers aber noch einen tieferen Sinn: Nach dem Bau und der Einweihung des Zeltheiligtums hat die Geschichte des Exodus ihren ersten entscheidenden

Höhepunkt erreicht. Jahwe kann nun inmitten seines Volkes Wohnung nehmen. Seine Herrlichkeit bleibt bei ihnen auf dem langen Weg durch die Wüste, bis ins Land der Verheißung (Ex 40). Diese Glaubensüberlieferung, nach der Gott als verbindliche Nähe erfahren wurde, ist in der Inkarnation des göttlichen Wortes zur Erfüllung gekommen.

Das Schauen seiner Herrlichkeit „voll Gnade und *Wahrheit*" ist wohl auf dem Hintergrund der Theophanie auf dem Gottesberg zur Erneuerung des Bundes in Ex 34,1-10 zu sehen. Mose vernimmt dort die Worte: „Der Herr ist ein barmherziger und gnädiger Gott, langmütig und reich an Huld und *Treue*" (Ex 34,6), wobei im griechischen Text der LXX statt Treue „wahrhaftig" steht. „Die an seinen Namen glauben" bezeugen also den überwältigenden Einbruch des Göttlichen in ihr Leben, wobei die Spannung zwischen der Unergründlichkeit und der Nähe seiner Gegenwart nicht aufgehoben wird.

V. 15: Der zweite Einschub nach V. 6-8 unterbricht den direkten Anschluss von V. 16 an V. 14, um noch einmal die Zeugenrolle des Johannes zu unterstreichen. Mit lautem Rufen verdeutlicht der Täufer sein Zeugnis von Licht (V. 7), dass Jesus, der zeitlich nach ihm kommt, bereits vor ihm „war". Damit bezeugt er die Präexistenz Jesu, seine absolute Priorität.

V. 16: Die glaubende Gemeinde bekennt in ihrem gottesdienstlichen Hymnus die Fülle ihrer Begnadung, eine Erfahrung ohne Maß und Ende. Sie ist wie eine wasserreiche Quelle, die sich nicht erschöpft.

V. 17f.: Seit der Inkarnation des göttlichen Wortes übertrifft die in Jesus Christus erfahrene „Gnade und Wahrheit" die Gabe der Tora, des Gesetzes, die Mose den Israeliten vermittelt hat. Im Johannesevangelium spricht Jesus häufiger mit einer gewissen Reserve vom Gesetz des Mose als dem Gesetz der Juden (Joh 7,19-24; 8,17; 10,34; 12,34; 15,25; 18,31; 19,7). Andererseits nimmt er Mose auch als Zeugen gegen *die* Juden in Anspruch, die sich dem Glauben an ihn verweigern (Joh 5,46). Nach der Überzeugung des Evangelisten, die er mit der ganzen Urkirche teilt, bezeugen das Gesetz des Mose oder „seine Schriften", dass es das Heil nur durch Jesus Christus gibt. Denn er ist der alleinige Offenbarer, wie V. 18 abschließend verdeutlicht.

Mit der Feststellung „Gott hat niemand gesehen", betont der Hymnus Gottes Unverfügbarkeit und Unzugänglichkeit. Nur Er selbst kann sich dem Menschen erschließen. Jesus als „der Einziggezeugte, Gott, der am Herzen des Vaters ist", hat als einziger ihn gesehen, im Gegensatz zu Mose, der Gott nur „von hinten" gesehen hat (Ex 33,23). „Am Herzen (wörtlich: *eis kólpon*: im Schoß) des Vaters" ist Bild und Ausdruck unmittelbarer Nähe und Vertrautheit. So ist Jesus Christus für uns Menschen die Offenbarung des Geheimnisses Gottes. An seinem Leben und Wirken wird erfahrbar, wer Gott ist.

Nach jüdischer Theologie ist die Tora präexistent und eins mit der Weisheit. Als geliebtes Kind war sie schon vor Erschaffung der Erde bei Gott. In ihr ist die Fülle göttlicher Gnade und Wahrheit präsent. Auch wenn im Judentum unbestritten ist, dass Gott von keinem Menschen gesehen werden kann, so gibt es doch u.a. die große Ausnahme, dass Mose mit Gott von Angesicht zu Angesicht geredet (Ex 33,11) und deshalb als „authentischer Exeget Gottes" (Chr. Dietzfelbinger) zu gelten hat. Wenn V. 18. das leugnet, bekommen wir einen ersten Hinweis auf die Heftigkeit der Auseinandersetzungen zwischen den johanneischen Gemeinden und der Synagoge (Joh 5,7-11).

*

Schon im Prolog zeigt sich die Dynamik des göttlichen Wortes hin zum verkündigten Wort, das Glauben wecken will. Diese Dynamik setzt sich im weiteren Verlauf des Evangeliums fort.

Das Zeugnis des Täufers: Joh 1,19-34

1 [19] Und dies ist das Zeugnis des Johannes, als die Juden aus Jerusalem
Priester und Leviten zu ihm sandten, damit sie ihn fragten: Wer bist du?
[20] Und er bekannte und leugnete nicht, und er bekannte: Ich bin nicht
der Messias (Christus). [21] Und sie fragten ihn: Was dann? Bist du Elija?
Und er sagt: Ich bin's nicht. Bist du der Prophet? Und er antwortete:
Nein. [22] Sie sprachen nun zu ihm: Wer bist du? Damit wir Antwort geben denen, die uns gesandt haben. Was sagst du von dir selbst? [23] Er
sprach: Ich bin die »Stimme eines Rufenden in der Wüste: Bereitet den Weg des Herrn«, wie Jesaja, der Prophet, gesagt hat.
[24] Und sie waren gesandt von den Pharisäern. [25] Und sie fragten ihn
und sprachen zu ihm: Was taufst du denn, wenn du nicht der Messias

bist, noch Elija, noch der Prophet? [26] Johannes antwortete ihnen und
sprach: Ich taufe mit Wasser; mitten unter euch steht der, den ihr nicht
kennt, [27] der nach mir kommt, dem bin ich nicht würdig, den Riemen
seiner Sandale zu lösen. [28] Dies geschah zu Bethanien, jenseits des Jordan, wo Johannes taufte.

[29] Am Tag darauf sieht er Jesus zu sich kommen und spricht: Siehe,
das Lamm Gottes, das die Sünde der Welt (trägt und) wegnimmt! [30] Dieser ist es, von dem ich sagte: Nach mir kommt ein Mann, der vor mir
ist, denn er war eher als ich. [31] Und ich kannte ihn nicht; aber damit
er Israel offenbar werde, deswegen bin ich gekommen, mit Wasser zu
taufen. [32] Und Johannes bezeugte und sprach: Ich schaute den Geist
wie eine Taube aus dem Himmel herab kommen, und er blieb auf ihm.
[33] Und ich kannte ihn nicht; aber der mich gesandt hat, mit Wasser zu
taufen, der sprach zu mir: Auf wen du den Geist herab kommen und auf
ihm bleiben siehst, dieser ist es, der mit Heiligem Geist tauft. [34] Und ich
habe gesehen und bezeugt, dass dieser der Sohn Gottes ist.

Gleich im ersten Abschnitt beginnt der Evangelist das Bild des Täufers „auszumalen“, das er mit wenigen klaren Strichen im Prolog (Joh 1,7) skizziert hatte: „Dieser kam zum Zeugnis, um Zeugnis zu geben für das Licht (Joh 1,19-34), damit alle zum Glauben kommen durch ihn“ (Joh 1,35-51).

1. Joh 1,19-28: Das Wort „Zeugnis“ (*martyría*) steht wie eine Überschrift über dem ganzen Abschnitt und lässt schon erkennen, worauf es im Folgenden ankommt: Priester und Leviten kommen zu Johannes nach Bethanien jenseits des Jordan und wollen in offiziellem Auftrag seine religiöse Identität und die Legitimation seines Tuns feststellen. Sie sind von „den Juden“ aus Jerusalem geschickt worden. Zum ersten Mal taucht das Wort „die Juden“ auf, ein Begriff, der hier die pharisäischen Führer und Autoritäten meint, die für die Auslegung der Tora und damit für die Gerichtsbarkeit nach der Tora verantwortlich sind (U. Wilckens). Das entspricht der Situation nach 70 n. Chr. Wenn man noch in Erinnerung hat, dass es im Prolog von Johannes heißt, er sei „gesandt von Gott“ (Joh 1,6), kann man ahnen, dass sich hier eine dramatische Konfrontation anbahnt. Johannes wird einer Art Verhör unterworfen. Er muss sagen, wer er ist, und er muss die Motive seines Handelns offen legen. Die Frage: „Wer bist du?“ ist die erste Frage, die im Evangelium gestellt wird. Sie gilt nicht nur dem Täufer.

Johannes antwortet den Abgesandten der Juden mit einer dreifachen Verneinung. Er sei weder der Messias (Christus) noch Elija noch der endzeitliche Prophet und Offenbarer des Gotteswillens (vgl. Dtn 18,15.18). Er macht unmissverständlich klar, dass er keinen Anspruch erhebt, einer dieser endzeitlichen Offenbarergestalten zu sein. Damit befreit er sich selbst von falschen Identifikationen und enttäuscht von Anfang an falsche Erwartungen. Johannes versteht sich vielmehr als Stimme, die das Kommen, ja die Gegenwart des Kommenden ankündigt. Er charakterisiert sein Selbstverständnis mit einem Zitat aus dem Trostbuch der „Schrift" (Altes Testament), aus dem Prolog des Deuterojesaja (Jes 40,3). Dort heißt es: „Eine Stimme ruft: In der Wüste bereitet den Weg für Jahwe". Gemeint ist: im Bereiten des Weges durch die Wüste, die Israel von seiner Heimat trennt, beginnt die Tröstung Israels. Im Rufen des Täufers (Joh 1,15) kündigt sich eine neue Art von Heimführung des Gottesvolkes an. Es geht um einen neuen Aufbruch auf den Weg, der zum Vater führt (Joh 14,6), d.h. es geht *jetzt* darum, an Jesus als den Sohn Gottes zu glauben (Joh 1,34), sich persönlich an ihn zu binden und sich an seinem Wort und Leben auszurichten (Joh 1,35ff). Diese Aufforderung zielt zunächst auf die „Priester und Leviten", die Johannes als Zeuge verhören.

Doch auf das persönliche Zeugnis des Täufers zeigen die Abgesandten keine Reaktion. Was er bezeugt, hat nichts mit dem zu tun, was sie von ihm hören wollen. Es sieht so aus, als seien sie nicht wirklich daran interessiert, zu erfahren, wer Johannes ist und was er ihnen zu sagen hat. Sie gehören zu einer Art religiös-politischer Inquisition, die andere Interessen verfolgt, als in der Wüste, in den Herzen der Menschen, für Jahwe einen Weg zu bereiten.

In der nächsten Szene kommen zum ersten Mal die Pharisäer ins Spiel. Sie wollen wissen, warum Johannes tauft, wenn er keiner der erwarteten endzeitlichen Offenbarergestalten ist. In Verbindung mit den Hohenpriestern erscheinen die Pharisäer im vierten Evangelium als eine zentrale amtliche Instanz der „Juden", die dem Wirken Jesu gegenüber feindlich gesinnt ist und ihn schließlich vernichten will (Joh 7,32.45.48; 11,47; 18,3). Sie finden keinen Zugang zu dem, der gekommen ist, menschliches Leben in Fülle zu ermöglichen (Joh 10,10). Johannes betrachtet seine Tauftätigkeit „in Wasser" lediglich als Hinweis auf den „großen Unbekannten", der sein Volk trösten wird: „Mitten unter euch steht der, den ihr nicht kennt". Dieser ist ihm so unvorstellbar überlegen, dass er sich nicht einmal für würdig hält, die Riemen seiner Sandale zu lösen. Danach bricht das Verhör mit den Pharisäern ab. Sie verschwinden von der Bildfläche.

Mit Jesu Kommen beginnt die Ablehnung der „Welt" gegenüber Gottes Gesandten (Joh 1,10). Die Ablehnung geschieht in der Form eines Prozesses. Johannes ist der erste Zeuge, der in diesem Prozess auftritt. Der Ort des Geschehens wird mit Bethanien („Quellhaus") jenseits des Jordan angegeben. Damit kann der Quellort des Wadi el-charrar in der Nähe von Qumran gemeint sein.

2. **Joh 1,29-34:** Der nächste Abschnitt beginnt mit der Zeitangabe „am Tag darauf" und wird damit deutlich von der vorausgehenden Szene abgesetzt. Inhaltlich kommt jetzt das volle Christuszeugnis des Täufers zur Sprache: Das Lamm Gottes, das die Sünde der Welt (trägt und) wegnimmt, und der Sohn Gottes, der mit heiligem Geist tauft.

Diese eindrucksvolle „Offenbarungsszene" ist wie eine Großaufnahme, bei der alles Nebensächliche ausgeblendet ist und nur die beiden Hauptgestalten, Johannes der Täufer und Jesus, zu sehen sind: Jesus tritt zum ersten Mal in das Blickfeld des Täufers. Johannes sieht ihn auf sich zukommen und weist mit dem biblischen „Siehe"-Ruf auf ihn als das Lamm Gottes, das die Sünde der Welt, d. h. die tödliche Verschlossenheit des Menschen im Unglauben, hinweg nimmt. Das „Lamm Gottes" erinnert an das Paschalamm. Im Johannesevangelium stirbt Jesus am Vorabend des jüdischen Paschafestes. Auch die Gestalt des leidenden Gottesknechts (Jes 53) scheint den Bedeutungsgehalt dieses Symbols mitbestimmt zu haben. Von ihm heißt es, dass er „wie ein Lamm war, das man zum Schlachten führt" und „die Sünden von Vielen trug" (Jes 53,7.12). Für die Beziehung zum Gottesknecht spricht auch die im Folgenden erwähnte Geistbegabung (vgl. Jes 11,2; 42,1). So wird schon beim ersten Auftreten Jesu auf seine Passion hingewiesen, genauer: auf das siegreiche Ende der Passion. In dem Bekenntnis zu Jesus als dem endzeitlichen Heilbringer leuchtet schon das Ende aller menschlichen Gefangenschaft auf.

V. 30 begründet die Überlegenheit Jesu über den Täufer mit einer Formulierung, die bereits im Prolog steht (Joh 1,15). Dem Evangelisten kommt es sehr darauf an, herauszustellen, dass Jesus „Lamm Gottes" ist und zugleich der, der „im Anfang bei Gott war" (Joh 1,1f) und als das „Fleisch gewordene Wort" die volle Gottesoffenbarung bringt. Beide

Aussagen sind Brennpunkte johanneischer Christologie. Der Täufer soll also Jesus bekanntmachen als den einzigen, der am Herzen des Vaters ist und durch sein offenbarendes Wort die Lebensabsichten Gottes mit Israel verbindlich kundtut. Mit Israel ist wohl das Judentum gemeint, das für die Verkündigung und den Anspruch Jesu offen ist. Das Zeugnis des Täufers richtet sich also zunächst an „ganz Israel", „damit alle durch ihn zum Glauben kommen".

Als den vom Vater gesandten Sohn kann Jesus niemand kennen, auch nicht der Täufer. Die beiden gleich lautenden Worte des Johannes „und ich kannte ihn nicht" (V. 31 u. 33) signalisieren die vom Täufer wahrgenommene Grenze gegenüber Jesus. Er scheint zu spüren, dass er *von sich aus* keinen Zugang zu ihm gefunden hätte. Am Herabkommen und Bleiben des Geistes in Gestalt einer Taube auf Jesus schaut Johannes die wahre Identität Jesu. Das Bild von der Verkörperung des Geistes Gottes ist Symbol des Friedens und der Versöhnung. Es veranschaulicht, wie Gott zu seiner Schöpfung und zum Menschen steht. Jesus ist der endzeitliche messianische Geistträger, auf dem der Geist „bleibt", und deshalb mit dem Heiligen Geist „tauft", d. h. ihn anderen mitteilt. So kann Johannes bezeugen, dass Jesus der Sohn Gottes ist. Dieses Christus-Zeugnis ist in Zusammenhang mit dem Schluss des Epilogs (Joh 20,31) zu sehen: „Diese (Zeichen) aber sind aufgeschrieben, damit ihr glaubt, dass Jesus der Messias ist, der Sohn Gottes, und damit ihr als Glaubende das Leben habt in Seinem Namen". So leuchtet bereits im Zeugnis des Täufers auf, um was es dem Evangelisten und seiner Frohbotschaft geht.

Die Berufung der ersten Jünger: Joh 1,35-51

1 35 Am Tag darauf stand Johannes wieder da und zwei von seinen Jün-
gern; 36 und als er sah, wie Jesus umherging, sagt er: Siehe, das Lamm
Gottes! 37 Und es hörten seine beiden Jünger ihn reden und folgten
Jesus nach. 38 Jesus aber wandte sich um und sah sie nachfolgen und
spricht zu ihnen: Was sucht ihr? Sie aber sagten zu ihm: Rabbi – das
heißt übersetzt: Lehrer – wo wohnst du? 39 Er spricht zu ihnen: Kommt,
und ihr werdet sehen! Sie kamen nun und sahen, wo er wohnte, und
blieben jenen Tag bei ihm. Es war um die zehnte Stunde.

40 Es war Andreas, der Bruder des Simon Petrus, einer von den beiden,
die (es) von Johannes gehört hatten und ihm (Jesus) nachgefolgt waren.

41 Dieser findet zuerst seinen eigenen Bruder Simon und spricht zu ihm: Wir haben den Messias gefunden – was übersetzt ist: Christus. 42 Und er führte ihn zu Jesus. Jesus blickte ihn an und sprach: Du bist Simon, der Sohn des Johannes; du sollst Kephas heißen – das heißt übersetzt: Fels.

43 Am Tag darauf wollte er nach Galiläa aufbrechen, und er findet Philippus; und Jesus spricht zu ihm: Folge mir nach! 44 Es war aber Philippus aus Bethsaida, aus der Stadt des Andreas und Petrus. 45 Philippus findet den Nathanael und spricht zu ihm: Wir haben den gefunden, von dem Mose im Gesetz (Tora) und die Propheten geschrieben haben, Jesus, den Sohn des Josef, von Nazareth. 46 Und Nathanael sprach zu ihm: Aus Nazareth – kann da etwas Gutes kommen? Philippus spricht zu ihm: Komm und sieh! 47 Jesus sah den Nathanael zu sich kommen und spricht von ihm: Siehe, ein wahrer Israelit, in dem kein Falsch ist! 48 Nathanael spricht zu ihm: Woher kennst du mich? Jesus antwortete und sprach zu ihm: Ehe Philippus dich rief, als du unter dem Feigenbaum warst, sah ich dich. 49 Nathanael antwortete und sprach: Rabbi, du bist der Sohn Gottes, du bist der König Israels. 50 Jesus antwortete und sprach zu ihm: Weil ich dir sagte: dass ich dich unter dem Feigenbaum sah, glaubst du? Größeres als dies wirst du sehen. 51 Und er spricht zu ihm: Amen, amen, ich sage euch: Ihr werdet den Himmel geöffnet sehen und die Engel Gottes auf- und niedersteigen über dem Menschensohn.

1. **Joh 1,35-42**: Das Zeugnis des Täufers will Menschen nicht nur zum Glauben an Jesus führen, sondern auch, dass sie Gemeinschaft mit ihm finden und seine Jünger werden. Zum Bereiten des Weges „in der Wüste" gehört also auch, Menschen dem zuzuführen, der allein sein Volk trösten und zur Fülle des Lebens führen kann.

Als Johannes „am Tag darauf" Jesus wieder umhergehen sieht, wiederholt er gegenüber den beiden Jüngern, die bei ihm sind, das Symbolwort vom „Lamm Gottes". Wieder klingt das Ende an, das als Schatten und Verheißung über Jesu Weg steht: „Sie werden schauen auf den, den sie durchbohrt haben" (Joh 19,37). Sie werden aufblicken zu dem, der aus den Zwängen der Sünde befreit (Joh 8,34 ff.) und aus der Angst vor dem Tod herausführt (Joh 8,51) in die Freiheit eines neuen Lebens, in ein „schönes, weites Land" (Ex 3,8).

Der Hinweis des Johannes führt zur ersten Begegnung mit Jesus, in dem plötzlich etwas aufscheint, das die beiden Johannes-Jünger in Bewegung bringt. Vielleicht können sie nicht einmal sagen, was das genau ist, aber sie erkennen deutlich ihre Stunde und machen sich auf den Weg – von Johannes weg hinter Jesus her. Es fällt auf, dass hier bereits das Wort „nachfolgen“ gebraucht wird. Offenbar soll damit angedeutet werden, dass schon der erste Kontakt der Johannesjünger mit Jesus zu einer verbindlichen Anhängerschaft führte, wie sie das Wort „Nachfolge“ meint. Im Verlauf des Evangeliums wird „Jesus nachfolgen“ (und „bei ihm bleiben“) zur Lebens- und Schicksalsgemeinschaft mit ihm (vgl. Joh 12,26; 13,36; 21,19). Auffällig ist auch, dass einer der Beiden, die sich zuerst auf Jesus zu bewegen, namenlos und unbekannt bleibt.

„Was sucht ihr?“ ist Jesu erstes Wort an sie. Es kommt ihnen entgegen wie eine offene Hand. Sie berührt alles, was in ihnen nach *Leben*, nach Heil sucht. Die Frage richtet sich an jeden, der zu Jesus kommt. Sie hilft, sich über die eigenen Absichten und Motive klar zu werden.

Die beiden Johannesjünger antworten mit einer Frage, in der sich ihre Sehnsucht spiegelt: „Wo wohnst (*ménein* = bleiben) du?“ Sie wollen in Erfahrung bringen, wo Jesus zuhause ist. Sie wollen seine geistige Heimat kennen lernen. Jesus fordert die beiden auf: „Kommt und ihr werdet sehen!“ Sie sollen ihre eigenen Erfahrungen mit ihm machen. Sie sollen selbst sehen, was geschieht, wenn sie mit ihm gehen und bei ihm bleiben (*ménein*) ... Die Erfahrung der ersten Jünger fasst der Evangelist in die Worte: „Es war um die zehnte Stunde“. Das ist wohl eine symbolische Zeitangabe: die „Stunde der Erfüllung“. Sie haben den gefunden, in dem alle Heilserwartungen Israels sich erfüllen und zu dem ihr Herz schon lange unterwegs war. Mit der „zehnten Stunde“ beginnt für sie der Weg, der im Haus des Vaters sein Ziel hat, wo es viele „Bleiben“ (Wohnungen) gibt.

Die wortkarge Erzählweise verzichtet auf jedes Detail und lässt so das Typische des Geschehens, wie man Jünger Jesu wird, deutlich hervortreten. Und wo Menschen sehen dürfen, „wo Jesus bleibt“, da ist schon der Tag angebrochen, den Abraham mit Jubel erwartete und voll Freude gesehen hat (Joh 8,56).

Andreas, einer der beiden, die erfahren hatten, wo Jesus „zuhause“ ist, „findet“ seinen Bruder Simon und führt ihn zu ihm. Jesus blickt Simon an, nennt ihn beim Namen und gibt ihm gleich einer prophetischen Symbolhandlung einen neuen Namen: „Du sollst Kephas (Fels) heißen!“. Das wunderbare Wissen Jesu gehört zu den charakteristischen Zügen des johanneischen Christusbildes. Jesus weiß um das Innere des Menschen. Sein Blick umfasst das Heile und Wunde, das Echte und Trügerische einer Person. Mit der Namensgebung macht Jesus deutlich, dass er in einer brüchigen und vergänglichen Welt mit Menschen trotz ihrer Zwiespältigkeit etwas Dauerhaftes und Unerschütterliches ins Werk setzen kann. Wer wie Simon zu Jesus findet, wird seinen heilenden Blick spüren und das Unzerstörbare, das in dieser Beziehung liegt.

2. Joh 1,43-51: Am folgenden Tag auf dem Weg nach Galiläa „findet" Jesus den Philippus und fordert ihn zur Nachfolge auf. Es ist hier das einzige Mal, dass Jesus einen Jünger in seine Nachfolge ruft. Das „Finden" eines Menschen, das die Erzählung durchzieht (V. 41.43.45) lässt auf verborgenes göttliches Wirken schließen. Bei Simon Petrus und Nathanael führt es zu einer überraschenden Erkenntnis, mit der Jesus beide „Gefundenen" überzeugt.

Philippus „findet" Nathanael und eröffnet ihm, dass sie den „gefunden" haben, von dem die „Schrift" Zeugnis ablegt: Jesus, Sohn Josefs, aus Nazareth. Nathanael bezweifelt das Zeugnis des Philippus über die Messianität Jesu, nimmt aber die Einladung zum Kommen und Sehen von ihm an. Seine Skepsis kann nur durch eigene Erfahrung überwunden werden. Jesus charakterisiert den noch fremden Nathanael bei der ersten Begegnung als „wahren Israeliten", als einen Mann ohne Falsch. Er unterscheidet ihn damit von denen, die nicht aus der Wahrheit sind (vgl. Joh 8,44 ff.). Nathanael ist von Jesu Herzenskenntnis so überwältigt und im Tiefsten angerührt, dass er zum Glauben an ihn durchstößt: „Du bist der Sohn Gottes, du bist der König Israels!" Wie Joh 1,34 der Höhepunkt des Johannes-Zeugnisses ist, so ist die gläubige Antwort des Nathanael der Höhepunkt der ersten Jüngerbekenntnisse. Jesus verheißt ihm, dass sein Glaube noch Größeres sehen wird. Diese Verheißung gilt jedem, der in Jesus von Nazareth glaubend den Vater sieht (Joh 14,9 ff).

Das Kapitel schließt mit einem ersten, feierlich mit der Offenbarungsformel eingeleiteten Selbstzeugnis Jesu: In ihm bringt er seine bleibende Verbundenheit mit Gott zum Ausdruck und spricht von einer ganz lebendigen Gottesbeziehung, in die die Jünger hinein genommen werden. Sie ist die Grundlage jeder Jüngerschaft. Im Hintergrund steht die Erzählung von Jakobs Traum (Gen 28,10-22). Wie einst über Jakob, so ist jetzt über Jesus der Himmel offen. Jesus selbst ist der „Ort Got-

tes“, die Stätte seiner Gegenwart und Offenbarung in der Welt. Das ist die Verheißung für ihr Leben mit ihm.
Dieses erste Menschensohn-Wort ist die Überschrift über alles, was die Jünger Jesu in ihm sehen werden, also die Überschrift zum ganzen folgenden Evangelium.

3. Nach dem Johannesevangelium beginnt die Jüngerschaft damit, dass Menschen sich auf die Suche nach Jesus machen. Die Frage „Was sucht ihr?“ steht wie ein Notenschlüssel vor dem ganzen Abschnitt. Das Suchen führt zur Einladung, mit Jesus konkrete Erfahrungen zu machen: kommt und ihr werdet sehen! Das Kommen zu Jesus soll zum gläubigen Sehen führen (Joh 14,9). Wer ihn so „gefunden“ hat, folgt ihm nach, bleibt bei ihm und macht andere auf ihn aufmerksam. Bei den ersten Jüngerberufungen fällt auf, dass jeweils einer, der Jesus bereits „gefunden“ hat, einen anderen – Freund oder Bruder – zu ihm führt. Vielleicht will „Johannes“ damit zeigen, wie Christen andere für Jesus gewinnen sollen. Entscheidend aber bleibt die Initiative, die von Jesus selbst ausgeht:

- Er wendet sich den beiden Johannesjüngern zu und fragt sie: Was sucht ihr?
- Er lädt sie ein: Kommt und ihr werdet sehen!
- Er blickt Simon an und gibt ihm als Verheißung einen neuen Namen.
- Er ruft Philippus unvermittelt in seine Nachfolge.
- Er hat Nathanael schon „gesehen“, bevor sie sich begegnen.
- Er verheißt ihm, Größeres zu sehen.

Dass einer der beiden, die zuerst Jesus „nachfolgen“, namenlos, unbekannt bleibt, geschieht auch im letzten Kapitel mit einem der beiden „anderen von seinen Jüngern“ (Joh 21,2). Diese „Leerstelle“ kann als Einladung verstanden werden, sich selbst in das Geheimnis des Geschehens hineinziehen zu lassen. Zugleich kann der namenlose Jünger ein Hinweis sein, dass zur Jüngergemeinschaft immer auch Unbekannte gehören, die irgendwo und irgendwann den Ruf Jesu hören, ihm folgen und bei ihm bleiben.

4. Auffällig ist, dass Jesus in diesem Abschnitt schon zu Beginn des Evangeliums eine Fülle von Hoheitstiteln und Ehrennamen zugesprochen wird. Jesus ist „das Lamm Gottes“, „der Messias“, „der, von dem

Mose im Gesetz und die Propheten geschrieben haben", „der Sohn Gottes", „der König Israels" und „der Menschensohn". Die Vielzahl der Bezeichnungen ist Niederschlag der Glaubenserfahrung, die die Jünger im Umgang mit Jesus gemacht haben: Seine Wirklichkeit kann mit keinem Titel und keiner Formel erfasst werden. Er erfüllt und übertrifft alle Erwartungen und Verheißungen, die sich mit diesen Titeln und Namen im zeitgenössischen Judentum verbanden, ja in ihrer Übertragung auf Jesus erhalten diese „Glaubensformeln" und Begriffe eine neue Bedeutung. Die Person und Geschichte Jesu verändert alle bisherigen Vorstellungen und Kategorien. In der Art, wie Jesus im ersten Kapitel des Evangeliums eingeführt wird, macht Johannes im Unterschied zu den Synoptikern deutlich, dass von Anfang an es die Gestalt und Person Jesu selbst ist, um die es geht. Seine Bedeutung für das Heil des Menschen wird viel stärker hervorgehoben. So weiß der Hörer gleich zu Beginn, wen es zu „finden" gilt und was es bedeutet, ihm nachzufolgen und bei ihm zu bleiben.

ERSTER HAUPTTEIL
Kapitel 2-12: Die Offenbarung Jesu vor der Welt

KAPITEL 2

Der erste Hauptteil ist durch zwei markante Strukturmerkmale gegliedert: die sieben „Zeichen“ und die großen Feste.

Das erste Zeichen Jesu: Die Hochzeit zu Kana in Galiläa: Joh 2,1-12

2 1 Und am dritten Tag war eine Hochzeit zu Kana in Galiläa; und die
Mutter Jesu war dort. 2 Es waren aber auch Jesus und seine Jüngern zu
der Hochzeit eingeladen. 3 Und als es an Wein fehlte, sagt die Mutter
Jesu zu ihm: Sie haben keinen Wein (mehr). 4 Jesus sagt zu ihr: Was
habe ich mit dir zu schaffen, Frau? Meine Stunde ist noch nicht ge-
kommen. 5 Seine Mutter sagt zu den Dienern: Was er euch sagt, das
tut! 6 Es waren aber dort sechs steinerne Wasserkrüge aufgestellt nach
der Reinigungssitte der Juden, wovon jeder zwei oder drei Maß fasste.
7 Jesus sagt zu ihnen: Füllt die Krüge mit Wasser! Und sie füllten sie
bis oben an. 8 Und er sagt zu ihnen: Schöpft nun und bringt es dem
Festordner! Und sie brachten es. 9 Als aber der Festordner das Wasser
gekostet hatte, das Wein geworden war – und er wusste nicht, woher
er war, die Diener aber, die das Wasser geschöpft hatten, wussten es –
ruft der Festordner den Bräutigam 10 und sagt zu ihm: Jeder Mensch
setzt zuerst den guten Wein vor, und wenn sie trunken sind, dann den
geringeren; du hast den guten Wein bis jetzt zurück gehalten. 11 Diesen
Anfang der Zeichen machte Jesus zu Kana in Galiläa und offenbarte
seine Herrlichkeit; und seine Jünger glaubten an ihn. 12 Danach ging
er hinab nach Kapharnaum, er und seine Mutter und seine Brüder und
seine Jünger; und dort blieben sie nicht viele Tage.

1. **Joh 2,1-5**: Am Ende der ersten Woche im öffentlichen Wirken Jesu, „am dritten Tag“war eine Hochzeit zu Kana in Galiläa. Die Mutter Jesu und seine Jünger waren mit ihm unter den Gästen. In Israel und im Judentum gehört die Hochzeit zu den großen Freudenfesten. Gewöhnlich

dauerte sie eine ganze Woche und war auch offen für alle, die mit feiern wollten. Alles deutet darauf hin, dass die Erzählung als Ganzes und in ihren Details eine tiefere Bedeutung hat. Der Evangelist lässt im äußeren Geschehen einen verborgenen Sinn durchscheinen. Nun werden die Jünger „Größeres schauen" (vgl. Joh 1,50).

Als der Wein ausgeht, macht die Mutter Jesu ihn auf die prekäre Situation aufmerksam: „Sie haben keinen Wein mehr!" Jesu Antwort auf die indirekte Bitte seiner Mutter wirkt ungewöhnlich distanziert – wie eine Abweisung. „Was habe ich mit Dir zu schaffen, Frau. Meine Stunde ist noch nicht gekommen." Doch der weitere Verlauf der Erzählung zeigt, dass die „Stunde" tatsächlich schon angebrochen ist. Eine ähnliche Spannung zwischen seinem abweisenden Wort und seinem anschließenden Handeln finden wir vor dem Laubhüttenfest in Joh 7,2-10. Hier wird Jesus von seiner Familie aufgefordert, in der Öffentlichkeit Judäas zu wirken. Mit dem Hinweis, dass der rechte Zeitpunkt dafür noch nicht gekommen sei, lehnt er schroff ab, zieht aber dann doch zum Fest hinauf und tritt sogar in der Öffentlichkeit auf. Das alles kann wohl nur bedeuten, dass die „Stunde" Jesu jedem menschlichen Zugriff absolut entzogen ist. Was jetzt in Kana geschieht, „hat nichts mit Fleisch und Blut zu tun, entspringt nicht menschlichen Interessen, menschlichen Plänen und menschlichem Wollen, sondern ist allein der Wille Gottes" (G. Lohfink). Jesus kann nur tun, was er den Vater tun sieht (Joh 5,19). Er folgt dem Willen dessen, der ihn gesandt hat (Joh 5,30).

Die *Mutter Jesu* kommt im Johannes-Evangelium zweimal vor: hier und unter dem Kreuz (Joh 19,25-27). Beide Male wird sie von Jesus mit „Frau" angeredet, und hier wie dort spricht der Evangelist von der „Stunde" Jesu. In Kana steht die Mutter Jesu noch nicht für die Glaubenden. Sie repräsentiert den wartenden und hoffenden Teil Israels. Sie ist bereit, auf den von Gott bestimmten Kairós zu warten. Am Ende unter dem Kreuz ist sie Urbild und Mutter des neuen Volkes, das Gott sich unabhängig von Familie und Sippe, von Nation und Gesellschaft „aus Wasser und Geist" (Joh 3,5) erschafft. Ihr Wort an die Diener greift dem Wirken Jesu nicht vor und führt gleichzeitig zu ihm hin. Wer auf ihn hört und tut, was er sagt, erhält Anteil an der Fülle des Lebens, das er für jeden bereit hält.

2. Joh 2,6-10: Im Eingangsbereich des Hauses, wo die Hochzeit stattfindet, stehen sechs aus Stein gehauene Krüge mit einem Fassungsvermögen von je ungefähr vierzig Litern. Sie werden für die rituellen Waschungen nach dem jüdischen Ritualgesetz gebraucht. Jesus fordert die *Diener* auf, diese Krüge mit Wasser zu füllen. Das tun sie umgehend, und zwar „bis zum Rand". Indem sie gehorchen, geschieht Verwandlung. Im Tun seines Wortes entdecken sie, woher der gute Wein ist. So scheint in der Armut ihres Daseins die Gabe des Lebens in überwältigender Fülle auf. Die Wandlung geschieht im Verborgenen. Erst als die Diener – wieder auf Jesu Wort hin – dem für das Hochzeitsmahl *Verantwortlichen* (*architriklinos*) eine Kostprobe bringen, wird auch die hervorragende Qualität des neuen Weins bekannt.

Die Überfülle und Güte des Weins sind dem Verantwortlichen ein Rätsel. Denn er weiß nicht, *woher* der Wein kommt. Das „Woher" hat einen hintergründigen Sinn: Ungläubiges Fragen nach dem „Woher" zieht sich durch das ganze Evangelium bis in den Prozess vor Pilatus (Joh 19,9). Die Herkunft des Weines, um die die Diener wissen, ist auch ein Hinweis auf den göttlichen Ursprung der Gabe.

Der Verantwortliche sucht die Ursache beim *Bräutigam*. Er lässt ihn rufen und macht ihm Vorhaltungen: „Du aber hast den guten Wein bis *jetzt* zurückgehalten!" Beide erkennen den nicht, der mitten unter ihnen steht (Joh 1,26) und der gekommen ist, dass sie das Leben haben und es in Fülle haben (Joh 10,10). Ihr Staunen führt nicht zum Glauben. Die Fülle und Güte des Weins öffnen ihnen nicht die Augen für das Aufleuchten seiner Herrlichkeit (vgl. Joh 12,37).

Die Wandlung des Wassers in den Steinkrügen zu dem „guten Wein" kann auch darauf hindeuten, dass die Zeit der jüdischen Reinigungen von jetzt an vorbei ist. Die Gegenwart des wahren Bräutigams hat den jüdischen Kult zur Vollendung gebracht.

Die verschiedenen Personen dieser Hochzeitsgesellschaft und die Symbole der Erzählung können mir verdeutlichen, mit welcher Sensibilität und inneren Bereitschaft ich dem Leben begegne, das der Herr in seiner Fülle für mich bereit hält. Vielleicht kann ich dann die Stunde erkennen, die Stunde des Gehorchens, die Stunde der Verwandlung von innen her. Besonders deutlich können solche Stunden an Lebenswenden und vor wichtigen Entscheidungen gespürt werden. Sie können schmerzhaft sein wie die Geburtsstunde eines neuen Menschen.

3. **Joh 2,11f.**: V. 11 ist der Schlüsselsatz der Erzählung, mit dem „Johannes" das Weinwunder deutet: Es ist der „Anfang seiner Zeichen", mit dem Jesus seine Herrlichkeit offenbart, sodass seine Jünger an ihn glauben. Es geht also zentral um die Offenbarung der Herrlichkeit Jesu. Schon der Prolog sagt: „Wir haben seine Herrlichkeit gesehen, die Herrlichkeit des Einziggezeugten vom Vater, voll Gnade und Wahrheit" (Joh 1,14). Man kann also seine Herrlichkeit „sehen". Die „Zeichen", die Jesus wirkt, sind gleichsam der „Ort", an denen seine Herrlichkeit aufstrahlt und sichtbar wird. Das zeigt auch Jesu Wort an Martha beim letzten und größten Zeichen, der Auferweckung des Lazarus: „Wenn du glaubst, wirst du die Herrlichkeit Gottes sehen" (Joh 11,40). In der Herrlichkeit des Sohnes wird die Herrlichkeit des Vaters sichtbar (Joh 11,4). Für den Evangelisten war Jesus von Anfang an bei Gott (Joh 1,1) und hatte schon Teil an seiner Herrlichkeit, bevor die Welt war (Joh 17,5).

Die Herrlichkeit, die Jesu Jünger bei der Hochzeit zu Kana „sehen", ist die Herrlichkeit des Vaters, die jetzt mit dem Fleisch Gewordenen in die Welt gekommen ist (Joh 1,14). Sie zeigt sich in der Fülle des endzeitlichen Heils, das Gott seinem Volk nach aller Not und allem Elend schenkt (Jes 35,1f). Diese Herrlichkeit des Herrn ist ganz konkret vorgestellt (Jes 35,5-7) – so konkret wie die Überfülle an gutem Wein, die Jesus auf der Hochzeit zu Kana schenkt. Seine Gabe ist überreich. Die steinernen Krüge sind bis zum Rand gefüllt. Die Überfülle des Weins ist also sichtbar und seine besondere Qualität wird geschmeckt und verkostet. Sie sind der im Glauben nicht zu übersehende Einbruch der Herrlichkeit Gottes in die Geschichte seines Volkes. Weil die Jünger glauben, können sie „Größeres sehen" und empfangen selbst aus der Fülle der Herrlichkeit Jesu „Gnade über Gnade" (Joh 1,16). Weil sie glauben, kann sich ihnen die Herrlichkeit Gottes in der Welt zeigen und die Sammlung des erneuerten Gottesvolkes beginnen.

Johannes sieht in diesem „Anfang der Zeichen" eine Deutung der Sendung Jesu, die sich am Kreuz erfüllt und vollendet (Joh 19,30). Er löst die alte Heilsordnung ab und *überbietet* sie mit der Gabe des Neuen Lebens – ein Motiv, das sich durch das ganze Evangelium zieht. Die Verwandlung von Wasser in Wein symbolisiert den Übergang von der „alten" in die „neue" (messianische) Zeit, da Gott sich im Bild der Hochzeit mit seinem Volk verbindet.

Das erste Paschafest mit der Tempelreinigung: Joh 2,13-25

2 [13] Und das Pascha der Juden war nahe, und Jesus ging hinauf nach Jerusalem. [14] Und er fand im Tempel die Verkäufer von Rindern, Schafen und Tauben und die Geldwechsler sitzen. [15] Und er machte eine Geißel aus Stricken und trieb sie alle zum Tempel hinaus, auch die Schafe und die Rinder; und das Geld der Wechsler schüttete er aus, und die Tische warf er um; [16] und zu den Taubenverkäufern sprach er: Nehmt dies weg von hier, macht nicht das Haus meines Vaters zu einer Markthalle! [17] Seine Jünger erinnerten sich daran, dass geschrieben steht: »Der Eifer um dein Haus verzehrt mich.« [18] Die Juden nun antworteten und sagten zu ihm: Was für ein Zeichen zeigst du uns, dass du dies tust? [19] Jesus antwortete und sagte zu ihnen: Brecht diesen Tempel ab, und in drei Tagen werde ich ihn (wieder) errichten. [20] Da sagten die Juden: Sechsundvierzig Jahre ist an diesem Tempel gebaut worden, und du willst ihn in drei Tagen (wieder) errichten? [21] Er aber sprach von dem Tempel seines Leibes. [22] Als er nun von den Toten auferstanden war, erinnerten sich seine Jünger daran, dass er dies gesagt hatte, und sie glaubten der Schrift und dem Wort, das Jesus gesagt hatte.

[23] Als er aber zu Jerusalem war, am Pascha, auf dem Fest, glaubten viele an seinen Namen, als sie die Zeichen sahen, die er tat. [24] Jesus selbst aber vertraute sich ihnen nicht an, weil er sie alle kannte [25] und nicht nötig hatte, dass jemand Zeugnis gebe von dem Menschen; denn er selbst wusste, was im Menschen war.

1. **Joh 2,13-17**: Nicht weniger programmatisch als der „Anfang seiner Zeichen“ bei der Hochzeit zu Kana ist Jesu erstes Auftreten beim Passahfest in Jerusalem. Während das Weinwunder noch eher im Verborgenen geschah, sucht Jesus hier gezielt die Auseinandersetzung mit den theologischen Autoritäten im religiös-politischen Zentrum des Judentums. Bei der großen Menge an Festpilgern, die aus allen Teilen des Landes zusammen strömen, ist zu erwarten, dass seine Zeichenhandlung eine große Öffentlichkeitswirkung haben wird. Nach Johannes hält sich Jesus noch öfter an den jüdischen Festen in Jerusalem auf (Joh 5,1; 6,4; 7,2; 11,55). Die Auseinandersetzung mit dem Tempelkult zieht sich durch das ganze Evangelium und steigert sich dramatisch in den Kapiteln 7-10.

Schon bei diesem Pascha kündigt sich die Antwort Jesu auf die Frage der Samariterin an, wo man anbeten müsse: „Es kommt die Stunde und jetzt ist sie da, in der die wahren Beter den Vater anbeten werden im Geist und in der Wahrheit“ (Joh 4,23). Mit seinem Auftreten ist das Ende des Tempelkultes gekommen.

Jesus „findet“ im Tempel, d.h. im großen Vorhof des von Herodes gebauten Heiligtums, die Verkäufer der verschiedenen Tiere, die im Tempel als Opfer dargebracht werden: Rinder, Schafe und Tauben. Die Opfertiere mussten makellos sein, wurden von den Priestern kontrolliert und den Pilgern zum Kauf angeboten. Dazu waren Geldwechsler notwendig, um die gebräuchlichen Münzen in die besonders alte tyrische Währung umzutauschen. Sie allein wurde akzeptiert, weil diese Münzen keinerlei Abbild von Menschen oder Göttern hatten. Der Jerusalemer Tempel war bis zu seiner Zerstörung im Jahr 70 n. Chr. ein „religiös-ökonomisch-politischer Großbetrieb“, der nach herrschender Denkweise das öffentliche Heil für ganz Israel garantierte. Ein Angriff auf diese Institution kam einem Angriff auf die bestehende theokratische Ordnung gleich (J. Blank).

Jesus fertigt aus Stricken eine Art Geißel und treibt damit die Händler und Wechsler, die Rinder und Schafe aus dem Tempelbezirk. Das Geld der Wechsler schüttet er auf den Boden und stößt ihre Tische um. Den Taubenhändlern befiehlt er, ihre Käfige von hier weg zu schaffen. Allen gilt: „Macht das Haus meines Vaters nicht zu einer Markthalle!“ Es sind starke Verben, mit denen die prophetische Zeichenhandlung Jesu beschrieben wird: heraus werfen oder -treiben, auf den Boden schütten und umstoßen. Starke Emotionen werden sichtbar. Sie lassen einen heiligen Zorn spüren. Die dramatische Tempelreinigung steht in der Tradition der alttestamentlich-prophetischen Kultkritik (Micha 3,9-12; Am 5,21-27; Jer 7,21-28). Nach Ostern erinnern sich die Jünger im Blick auf dieses „Pascha der Juden“ an das Schriftwort in Ps 69,10: „Der Eifer für dein Haus hat mich verzehrt.“ Der kompromisslose Einsatz Jesu für das „Haus Gottes“, das mit keinem irdischen Tempel zu vergleichen ist, wird von der Jerusalemer Priesterschaft als Provokation und Bedrohung empfunden. Diese religiös-politische Ordnungsmacht wird ihn schließlich beim Passahfest des dritten Jahres „verzehren“.

2. **Joh 2,18-22**: Die „Juden“ stellen ihn zur Rede und verlangen von ihm ein Zeichen, mit dem er seine prophetische Aktion legitimiert. Oberflächlich betrachtet geht Jesus nicht auf ihre Forderung ein und

antwortet mit einem prophetischen Rätselwort, das ihnen unverständlich bleibt und das erste „johanneische Missverständnis" auslöst.: „Reißt diesen Tempel nieder und in drei Tagen werde ich ihn wieder aufrichten." Die jüdischen Autoritäten verstehen seine Aussage wörtlich. Sie sind so sehr auf die äußeren Fakten des herodianischen Tempelbaus fixiert, dass sie gar nicht in der Lage sind, den tieferen Sinn von Jesu Antwort zu erfassen. Der Evangelist gibt seinen Lesern zu verstehen, wie das prophetische Wort gemeint ist: Jesus hat vom Tempel seines Leibes gesprochen, d.h. er ist nach Tod und Auferstehung in seiner Person der neue Tempel, *der* Ort der Gottesgegenwart. Das Wort vom Niederreißen und Wiederaufrichten des Tempels blieb auch für die Jünger lange Zeit rätselhaft. Erst als Jesus von den Toten auferstanden war, haben sie sich wieder daran erinnert und es verstanden. Das gemeinsame Erinnern führte sie zum Glauben an die „Schrift", das Alte Testament, und an das Wort, das Jesus gesagt hat. Beides gehört nach urkirchlichem Verständnis zusammen. Es erhellt sich gegenseitig und motiviert die Menschen zum Glauben an Jesus. An die Stelle des jüdischen Passah tritt das Osterfest, an die Stelle des herodianischen Tempels tritt der Auferstandene als der neue „Ort" der Gottesbegegnung, zu dem *alle* Zugang haben.

3. **Joh 2,23-25**: Anschließend wird noch berichtet, dass Jesus bei diesem Paschafest in Jerusalem eine Reihe von Zeichen gewirkt hat, die offenbar einen großen Eindruck bei vielen hinterlassen haben: „Sie glaubten an seinen Namen". Doch scheint dieser Glaube keine tiefen Wurzeln zu haben, sodass Jesus ihnen gegenüber auf Distanz bleibt. Es kommt nicht zu einer wirklichen Jüngerschaft. Begründet wird diese Haltung mit seiner tiefen Menschenkenntnis und seinem unbestechlichen Urteilsvermögen: Er weiß, was im Menschen ist. Er weiß um unsere Zwiespältigkeit und Abgründigkeit, um unsere mangelnde Fähigkeit zu glauben. Erst wenn wir – wie die beiden ersten Jünger (Joh 1,35-39) – aus einer tiefen Sehnsucht und Suchbewegung heraus uns auf den Weg zu ihm machen und sehen, wo er „bleibt", kann es zu einer persönlichen Begegnung mit ihm und zur Nachfolge kommen.

KAPITEL 3

Das Gespräch mit Nikodemus in Jerusalem: Joh 3,1-12

3 1 Es war aber einer von den Pharisäern mit Namen Nikodemus, ein
führender Mann der Juden. 2 Dieser kam zu ihm bei Nacht und sagte zu
ihm: Rabbi, wir wissen, dass du ein Lehrer bist, der von Gott gekom-
men ist, denn niemand kann diese Zeichen tun, die du tust, wenn nicht
Gott mit ihm ist. 3 Jesus antwortete und sagte zu ihm: Amen, amen,
ich sage dir: Wenn jemand nicht von oben/von neuem geboren wird,
kann er das Reich Gottes nicht sehen. 4 Nikodemus sagte zu ihm: Wie
kann ein Mensch geboren werden, wenn er alt ist? Kann er etwa in den
Schoß seiner Mutter wieder hineingehen und (ein zweites Mal) geboren
werden?
5 Jesus antwortete: Amen, amen, ich sage dir: Wenn jemand nicht ge-
boren wird aus Wasser und Geist, kann er nicht in das Reich Gottes hi-
neingehen. 6 Was aus dem Fleisch geboren ist, ist Fleisch, und was aus
dem Geist geboren ist, ist Geist. 7 Wundere dich nicht, dass ich dir sag-
te: Ihr müsst von oben/von neuem geboren werden. 8 Der Wind (Geist)
weht, wo er will, und du hörst sein Sausen, aber du weißt nicht, woher
er kommt und wohin er geht; so ist jeder, der aus dem Geist geboren ist.
9 Nikodemus antwortete und sagte zu ihm: Wie kann das geschehen? 10
Jesus antwortete und sagte zu ihm: Du bist der Lehrer Israels und weißt
das nicht? 11 Amen, amen, ich sage dir: Wir reden, was wir wissen, und
bezeugen, was wir gesehen haben, und unser Zeugnis nehmt ihr nicht
an. 12 Wenn ich zu euch über irdische Dinge geredet habe, und ihr
glaubt nicht, wie werdet ihr glauben, wenn ich zu euch über himmli-
sche Dinge rede?

1. **Joh 3,1-4**: Ein führender Mann unter den Juden kommt bei Nacht zu Jesus. Er ist Mitglied des Hohen Rates, Schriftgelehrter und gehört zur Fraktion der Pharisäer. Bewegt von der Frage nach dem ewigen Heil, nach dem letzten Sinn des Lebens und beunruhigt durch all das, was er bisher mit Jesus erfahren und von ihm gehört hat, kommt er zu dem Schluss: „Rabbi, wir *wissen*, dass du ein Lehrer bist, der von Gott gekommen ist, denn niemand kann die Zeichen tun, die du tust, wenn nicht Gott mit ihm ist." Doch dieses „Wissen" bewegt sich (noch) in menschlichen Kategorien, urteilt nach innerweltlichen und vergängli-

chen Maßstäben. Das Geheimnis der Person Jesu und die Antwort auf seine Frage nach Heil und Lebenssinn lässt sich auf dieser Verstehensebene nicht erfassen.

Ohne auf das Kompliment des Nikodemus einzugehen, konfrontiert ihn Jesus direkt mit dem theologischen Kern seiner Suchbewegung, wie ein Mensch Zugang zum ewigen Heil finden oder – traditionell ausgedrückt – das Reich Gottes „sehen“ kann. Eingeleitet durch die Offenbarungsformel mit dem doppelten Amen-Wort sagt Jesus zu ihm: Das ist nur möglich, wenn jemand *ánothen* geboren wird. Das griechische Wort hat einen doppelten Sinn. Es kann einmal heißen: „von oben“, also von Gott, geboren werden, aber auch: „von neuem, wiederum“ geboren werden. Unser menschliches Fragen nach Heil und Leben und die Antwort der Offenbarung liegen auf zwei verschiedenen Ebenen. Zugang zum Heil findet nur, wer „von oben/von neuem“, aus Gottes Leben schaffender Macht geboren wird. Das Heil ist zuerst Gabe Gottes und liegt nicht ohne weiteres im Bereich unserer menschlichen Möglichkeiten.

Nikodemus bleibt seiner rein menschlichen Gedanken- und Vorstellungswelt verhaftet und versteht das *ánothen* wörtlich als „wieder“ geboren werden: Wie kann ein alter Mensch in den Schoß seiner Mutter zurückkehren und ein zweites Mal geboren werden? Solche groben Missverständnisse gibt es immer wieder im Johannesevangelium. Sie sind ein literarisches Mittel, um die Unfähigkeit der Menschen zu demonstrieren, das Geheimnis der Person Jesu und seiner Offenbarung von sich aus zu erfassen und anzunehmen (Joh 2,20; 4,11.15; 6,34.52; 7,35; 8,22.33.57; 18,36-38).

2. **Joh 3,5-8**: Jesus verdeutlicht sein Offenbarungswort: Die Geburt „von oben/von neuem“ ist eine Geburt „aus Wasser und Geist“, das Neuwerden von oben also eine Zeugung aus dem Geist, die nachösterlich im sakramentalen Geschehen der Taufe vollzogen wird. „Geist“ und „Fleisch“ sind nach Johannes zwei gegensätzliche Bereiche oder Mächte, zwischen denen es keine Beziehung und kein Verstehen gibt. Sie prägen den Menschen in seinem ganzen Sein und Handeln. „Fleisch“ bedeutet hier im Zusammenhang von Offenbarung und Glaube den ungläubigen Menschen, der sich dem Anruf des „von Gott gekommenen Lehrers“ verschließt. Nur wer aus dem Geist geboren ist, also die Umwandlung seines ganzen Seins „von oben“ an sich erfahren hat, findet

die Antwort auf die Frage nach dem ewigen Heil und dem letzten Sinn seines Lebens. Von daher soll Nikodemus sich nicht an Jesu Aufforderung stoßen: „Ihr müsst von oben/von neuem geboren werden." Wer „aus Wasser und Geist geboren" ist, also zu Gott gehört, ist so wenig zu fassen und zu beeinflussen wie der Wind in seinem Woher und Wohin und bleibt seinem Wesen und seiner Herkunft nach Geheimnis und unverfügbar – wie Jesus bei der Hochzeit zu Kana (Joh 2,3-10). Johannes setzt offenbar voraus, dass jeder Mensch zwischen „Fleisch" und „Geist" als Alternativen wählen kann bzw. „durch die Begegnung mit der Offenbarung sich für ihn die Möglichkeit einer Wahl eröffnet" (J. Blank).

3. Joh 3,9-12: Doch Nikodemus erweist sich als unfähig, die Geburt aus dem Geist an sich geschehen zu lassen und ihn als letzten Sinngrund seines Lebens anzunehmen. Er versteht nicht, dass man den theologischen Kern seines Suchens letztlich nicht in menschlichen Denkkategorien und Begriffen „objektiv" beschreiben kann. Die Geburt „von oben" scheint ihm unmöglich: „Wie kann das geschehen?"

Ohne die Frage zu beantworten, konfrontiert Jesus ihn mit dem Widerspruch, wie er als „Lehrer Israels" keine Ahnung davon haben kann, wie ein Mensch zu Gott findet. Als jüdischer Schriftgelehrter, der in der „Schrift" beheimatet ist und sich ständig darin bewegt, müsste er doch „wissen", wie jemand zum Heil kommt und der letzte Sinn seines Lebens sich ihm eröffnet. Dann legt Jesus noch einmal nach und gibt seinen Worten zum dritten Mal mit der Offenbarungsformel besonderes Gewicht: „Wir reden, was wir wissen, und bezeugen, was wir gesehen haben" (vgl. Joh 1,18). Es geht in dem Gespräch mit Nikodemus letztlich darum, dass dieser sich dem Zeugnis des „von Gott gekommenen Lehrers" öffnet und im Glauben an ihn ewiges Leben gewinnt. Das ist die Antwort auf die Frage, *wie* es zur Geburt „von oben" kommt. „Und unser Zeugnis nehmt ihr nicht an." Nach dieser schmerzlichen Feststellung (vgl. Joh 1,11) ist das Gespräch beendet.

Nikodemus verschwindet von der Bildfläche, scheint aber im Laufe der Zeit eine innere Wandlung durchlaufen zu haben: In Joh 7,50f. besteht er im Hohen Rat trotz massiver Gegenstimmung auf einer korrekten Anwendung des Gesetzes gegenüber Jesus und erntet dafür Unverständnis und Spott. In Joh 19,39-42 sorgt er zusammen mit Joseph von Arimathea für ein großzügiges Begräbnis Jesu nach jüdischer Sitte.

Die große Menge an Myrrhe und Aloe, die er dazu beiträgt, ist ein Zeichen seiner Verehrung für den, der von den Menschen vor allem aus machtpolitischen Motiven an diesem Tag hingerichtet wurde. Es sieht so aus, als sei Nikodemus seit dieser ersten Begegnung „bei Nacht" von Jesus innerlich nicht mehr losgekommen und habe schließlich alle Menschenfurcht abgelegt, sodass er sich auch auf diese Weise öffentlich zu ihm bekennen konnte.

Der ungewöhnliche Wechsel von Singular zu Plural in V. 11 scheint darauf hinzudeuten, dass in dem „wir" auch das Zeugnis des johanneischen Kreises mitklingt und mit dem „ihr" auch die „Juden" gemeint sind, die sich dem Zeugnis der Gemeinde verschließen.

V. 12 spricht von „irdischen" und von „himmlischen Dingen" und verdeutlicht in einer Art Schlussfolgerung vom „Geringeren" zum „Größeren" die Schwierigkeit, wie man die „himmlischen Dinge" verstehen kann, wenn man schon die „irdischen Dinge" nicht begreift. Vermutlich ist dieser Satz eine kritische Überleitung zum folgenden Abschnitt (Joh 3,13-21), der mit seinen Offenbarungsaussagen gegenüber dem Bisherigen noch anspruchsvoller ist.

Abstieg und Aufstieg des Menschensohnes: Joh 3,13-21

3 [13] Und niemand ist hinaufgestiegen in den Himmel als nur der, der aus
dem Himmel herab gestiegen ist, der Menschensohn. [14] Und wie Mose in
der Wüste die Schlange erhöht hat, so muss der Menschensohn erhöht
werden, [15] damit jeder, der an ihn glaubt, ewiges Leben hat.
[16] Denn so hat Gott die Welt geliebt, dass er seinen einziggezeug-
ten Sohn gab, damit jeder, der an ihn glaubt, nicht verloren geht,
sondern ewiges Leben hat. [17] Denn Gott hat seinen Sohn nicht in die
Welt gesandt, dass er die Welt richte, sondern dass die Welt durch ihn
gerettet werde. [18] Wer an ihn glaubt, wird nicht gerichtet; wer aber
nicht glaubt, ist schon gerichtet, weil er nicht geglaubt hat an den
Namen des einziggezeugten Sohnes Gottes. [19] Dies aber ist das Gericht,
dass das Licht in die Welt gekommen ist, und die Menschen haben die
Finsternis mehr geliebt als das Licht, denn ihre Werke waren böse. [20]
Denn jeder, der Böses tut, hasst das Licht und kommt nicht zum Licht,
damit seine Werke nicht aufgedeckt werden; [21] wer aber die Wahrheit
tut, kommt zum Licht, damit offenbar werde, dass seine Werke in Gott
getan sind.

Ging es im Gespräch mit Nikodemus um die Frage, wie ein Mensch Zugang zum ewigen Heil findet, so geht der folgende Abschnitt der Frage nach, wie das Heilsangebot Gottes den Menschen erreicht. Hier gibt der Evangelist „eine großartige, verdichtete Zusammenfassung des christlichen Glaubens" (F. Porsch), wie ihn der johanneische Kreis versteht und bezeugt.

Christlicher Glaube kann als Angebot für das Heil der Menschen nur Bedeutung gewinnen, wenn er als Antwort auf die Fragen des heutigen Menschen nach Lebenssinn, als Hilfe zur Bewältigung seiner diesseitigen Existenznot und Lebensangst verstanden wird. Dabei ist wichtig, dass der spirituelle Bedeutungskern der Glaubensgeheimnisse zur Entfaltung kommt, damit Gott für den einzelnen Menschen lebendige Wirklichkeit, ein wirkliches Gegenüber wird.

Joh 3,13-15: Kein Mensch hat von sich aus Zugang nach „oben", zum göttlichen Bereich. Nur einer ist dorthin aufgestiegen, weil er zuerst von dort kam: Jesus, der Menschensohn. Er ist der alleinige Augenzeuge göttlicher „Dinge" und deshalb autorisiert, verlässliche Kunde davon zu bringen (vgl. Joh 1,18). Es geht also hier zentral um „die Einzigartigkeit und Zuverlässigkeit des Zeugnisses Jesu" (F. Porsch). Er allein ist der Offenbarer und Gesandte Gottes. Deshalb ist christlicher Glaube nur möglich und verständlich als exklusive Bindung an das Geheimnis seiner Person und seines Weges. Im Bild von „Abstieg" und „Aufstieg" fasst Johannes das ganze Offenbarungs- und Heilsgeschehen zusammen, wobei der „Abstieg" schon den Endpunkt, Jesu Tod am Kreuz, mit einschließt als Anfang seines „Aufstiegs".

Das wird noch deutlicher durch die Anspielung auf die Erzählung von der ehernen Schlange in Num 21,4-9. Dort wird berichtet, dass Israel auf seinem Weg durch die Wüste mutlos wird und sich wieder einmal gegen Mose und Jahwe auflehnt. Da schickte der Herr Giftschlangen unter das Volk. Wer von ihnen gebissen wurde, starb und das waren viele. Als die Israeliten ihre Schuld erkannten und Mose um Hilfe baten, ließ der Herr ihn eine eherne Schlange anfertigen und an einer Stange aufrichten. Jeder, der gebissen wurde und zu ihr aufschaute, sollte am Leben bleiben. Und so geschah es.

Wie die Schlange in der Wüste an der Stange aufgehängt wurde, so muss Jesus am Kreuz „erhöht" werden; und wie beim Anblick der ehernen Schlange die tödlich Gebissenen gerettet wurden, so wird jeder, der gläubig zu dem am Kreuz erhöhten Menschensohn aufblickt, ewiges Leben haben.

Auf alttestamentlichem Hintergrund bedeutet „erhöhen" bzw. „erhöht werden", dass Gott einen Menschen „groß macht", ihn zu Ansehen, Macht und Herrschaft bringt (vgl. Gen 12,2; 1 Sam 2,1.10; Jes 52,13-53,12; auch Lk 1,52).

Wenn es in V. 14 heißt, der Menschensohn „muss" erhöht werden, so versteht „Johannes" mit der Urkirche den Kreuzestod Jesu als den heilsgeschichtlich notwendigen Durchbruch, um zu seiner herrscherlichen Macht als Messias (Christus) zu gelangen. Aber auch hier sieht der Evangelist Kreuz und Auferstehung als *einen* Vorgang. Von daher leuchtet auch ein, dass Jesus in seiner Passion und in seinem Sterben schon als Kyrios, als der „Erhöhte", dargestellt wird. Der erhöhte Menschensohn, also der *ganze* Weg des gekreuzigten und verherrlichten Jesus, ist *das* Lebensangebot Gottes an den Menschen.

2. Joh 3,16-21: In diesem Abschnitt werden die bisherigen Aussagen theologisch weiter entfaltet und vertieft. Zunächst wird als Motiv für das Lebensangebot Gottes an den Menschen seine Liebe zur Welt genannt: „So sehr hat Gott die Welt geliebt, dass er seinen einzigen (*monogenés*) Sohn gab, damit jeder, der an ihn glaubt, nicht verloren geht, sondern ewiges Leben habe." Das griechische Wort *monogenés*, wörtlich: „einzig gezeugt" oder „einzig geborenen" lässt etwas von der einzigartigen Beziehung zwischen Vater und Sohn ahnen, eine Liebe, die mit dieser Gabe alles einsetzt, „damit wir durch ihn leben" (1 Joh 4,9). Sie ist universal und bedingungslos und gilt auch denen, die nichts davon wissen oder wissen wollen. Die Sendung des Sohnes in die Welt dient einzig und allein ihrer Rettung, nicht ihrem Verderben. Diese „Vorleistung" Gottes gilt es in der Welt zu bezeugen. Wer diesem Zeugnis glaubt, „wird nicht gerichtet", d.h. er ist schon hinein genommen in die Lebenswirklichkeit des erhöhten und gegenwärtigen Christus. Wer die „Vorleistung" Gottes, sich von ihm bedingungslos lieben zu lassen, entschieden ablehnt, „ist schon gerichtet", d.h. er schließt sich selbst von dem Leben aus, das mit dem Sohn als Heil und Orientierung in die Welt gekommen ist. Deshalb geschieht das „Gericht" nach Johannes nicht erst am Ende der Zeit, sondern im Hier und Jetzt, in der Entscheidung für oder gegen Gottes Lebensangebot in seinem Sohn Jesus Christus.

Diese *krísis* (das Wort meint Entscheidung, Scheidung, Gericht) wird nun als Trennung zwischen Licht und Finsternis beschrieben: „Das Licht kam in die Welt (vgl. Joh 1,5.9) und die Menschen liebten die

Finsternis mehr als das Licht“ (Joh 3,19). Jesus ist das in der Finsternis aufstrahlende Licht (vgl. Joh 8,12; 12,46), das den Zustand der Entfremdung und Verschlossenheit gegenüber Gott und seinem Heilsangebot als Selbstverständlichkeit in Frage stellt. Durch das Licht der Offenbarung wird ein Prozess der Auseinandersetzung in Gang gesetzt, der die Menschen in die Entscheidung zwischen Glauben und Unglauben hinein stellt. Wer sich dem Licht verweigert, für den wird die *krísis* zum „Gericht“. Begründet wird dieser verhängnisvolle Schicksalsschritt mit der Verstrickung ins Böse und dem Unwillen, sich davon zu trennen. So entwickelt sich ein Hass gegenüber allem, was die eigene Schuld und Heilsbedürftigkeit aufdecken könnte.

„Wer aber die Wahrheit tut, kommt zum Licht“ (V. 21). Das „Tun der Wahrheit“ besteht darin, sich dem Geheimnis der Person Jesu anzuvertrauen und sich in seinen Weg von „Abstieg“ und „Aufstieg“ hinein nehmen zu lassen. So wird deutlich, dass unser Leben aus dem Glauben nicht als eigene Leistung zu verstehen ist, sondern als „Gabe“, als Geschenk der Gnade Gottes. So können wir transparent werden für das Licht und Zeugnis geben für den erhöhten und gegenwärtigen Christus.

Das letzte Zeugnis des Täufers: Joh 3,22-30

3 22 Danach kamen Jesus und seine Jünger in das Land Judäa, und
dort verweilte er mit ihnen und taufte. 23 Aber auch Johannes taufte
in Änon, nahe bei Salim, weil dort viel Wasser war; und sie (die Leu-
te) kamen und ließen sich taufen. 24 Denn Johannes war noch nicht
ins Gefängnis geworfen. 25 Es entstand nun ein Streit von Seiten der
Jünger des Johannes mit einem Juden über die Reinigung. 26 Und sie
kamen zu Johannes und sprachen zu ihm: Rabbi, der auf der anderen
Seite des Jordan bei dir war, für den du Zeugnis abgelegt hast, siehe,
der tauft, und alle kommen zu ihm.
27 Johannes antwortete und sagte: Kein Mensch kann sich etwas neh-
men, auch nicht eins, wenn es ihm nicht vom Himmel gegeben ist.
28 Ihr selbst bezeugt, dass ich gesagt habe: Ich bin nicht der Messias
(Christus), sondern ich bin vor ihm her gesandt. 29 Wer die Braut hat,
ist der Bräutigam; der Freund des Bräutigams aber, der dabei steht und
ihn (rufen) hört, freut sich sehr über die Stimme des Bräutigams; diese
meine Freude ist nun erfüllt. 30 Er muss wachsen, ich aber abnehmen.

1. **Joh 3,22-26:** Jesus hat Jerusalem wieder verlassen und ist mit seinen Jüngern an den Jordan ins „Land Judäa" gezogen, um dort zu taufen. Anders als die Synoptiker berichtet Johannes, dass Jesus und der Täufer eine Zeitlang nebeneinander her getauft haben. Das führt schließlich zu einem Streit zwischen den Jüngern des Täufers und „einem Juden" über die „Reinigung", d. h. darüber, ob die Taufe des Johannes die Vergebung von Sünden bewirke. Was dort am Jordan geschieht, scheint sein bisheriges Glaubensverständnis und seine Glaubenspraxis in Frage zu stellen. Die Bewegung, die vom Täufer ausging, scheint ihn tief zu beunruhigen und seine Aggressionen zu wecken. Der Streit offenbart die eigene Besorgnis der Johannesjünger über den Erfolg Jesu, wenn sie zu ihrem Meister sagen: „Rabbi, der auf der anderen Seite des Jordan bei dir war, und für den du Zeugnis abgelegt hast, der tauft (jetzt), und alle laufen zu ihm". Sie fühlen sich in ihrem missionarischen Selbstverständnis bedroht und zeigen so, dass sie die Sendung des Täufers noch nicht begriffen haben. Aus der Streitfrage um die „Reinigung" ist die *Frage nach Jesus* geworden.

2. **Joh 3,27-30:** Johannes weiß, dass sein Wirken zu Ende geht. Seit der Begegnung mit Jesus ist für ihn die Zeit gekommen, loszulassen und Abschied zu nehmen. Noch einmal sollte er Zeugnis geben für das Licht, damit alle durch ihn zum Glauben kommen (Joh 1,7).

Johannes bleibt seinem inneren Weg treu. An seinem Zeugnis gibt es nichts zu deuten. Seine Antwort kommt aus ungeteiltem Herzen und aus der Freude, dass die Zeit seines Suchens und Wartens sich erfüllt: „Wer die Braut hat, ist der Bräutigam. Der Freund des Bräutigams aber, der dabei steht und ihn rufen hört, freut sich von Herzen über die Stimme des Bräutigams. Diese Freude hat sich nun für mich erfüllt". Nach jüdischer Sitte ist der Freund des Bräutigams einer der beiden Brautführer. Er steht vor der Tür des Brautgemachs und hört den Bräutigam darüber jubeln, dass seine Braut noch Jungfrau war. Der Täufer ist also um die Freude des Bräutigams bemüht. Im Erfolg Jesu erfüllt sich seine eigene Freude.

Johannes kann und will nur so viel sein, wie ihm „von oben" gegeben ist. Er hat keine messianischen Ambitionen. So erinnert er seine Jünger daran, dass er sich immer nur als Wegbereiter des Messias (vgl. Joh 1,23), als Brautführer verstanden hat. „Jener muss wachsen" in den Augen der Braut Israel, „ich aber abnehmen". Wie beim Lobpreis des greisen Simeon (Lk 2,29-32) ist sein Abschied durchstimmt von der Freude erfüllter Hoffnung und ungebrochener Sehnsucht.

Diese Verfügbarkeit, diese hohe Sensibilität für das Wirken Gottes im eigenen Leben kann wohl nur wachsen aus einer leidenschaftlichen Sehnsucht nach Gott und aus dem unablässigen Bemühen, seine ganze Existenz zu ver-*einfach*-en: Er muss wachsen, ich aber abnehmen. Jesus ist wie die aufgehende Sonne, Johannes wie der abnehmende Mond.

3. Johannes der Täufer gehört zu den Glaubenden, die sensibel geblieben sind für die geheime Gestalt ihres Werdens – bis in jene Zeit der Not (Joh 3,24), da alle Verfügbarkeit unerbittlich zusammenschrumpft auf ein Aushalten in Treue – ohne Einsicht, ohne Neigung und ohne die Möglichkeit zu persönlicher Initiative. Ihm bleibt es nicht erspart, in radikaler Ohnmacht (vgl. Joh 3,24) das Wort an sich geschehen zu lassen: Er muss wachsen, ich aber abnehmen. Es wird viel kosten, in diesem sehr konkreten „Abnehmen" sein Wachsen zu sehen – in Erwartung der Freude, die uns niemand nehmen kann (vgl. Joh 16,21f.). Wer nicht unterwegs bleibt mit einer großen Sehnsucht wie Johannes, wird ein Leben von Exodus zu Exodus, von einem Provisorium zum andern nicht aushalten. Er wird seine Existenz und Aufmerksamkeit verbrauchen mit der Absicherung des Erworbenen und dem Ausbau seines Einflusses für eine ungewisse Zukunft. Johannes erwartete eine Zukunft, die er sich selbst nicht geben konnte. So verlor er nicht das Gespür für die Zonen des Unglaubens, für die gewundenen Wege und den doppelten Boden seines Herzens. Er blieb sich bewusst, dass er selbst nicht das Licht war. So konnte er noch Zeugnis geben für das Licht, als sein Leben sich dem Abend zuwandte.

Auch die Kirche kann ihrer Zeugenrolle nur gerecht werden, wenn sie unablässig darauf aus ist, Christus in ihrer Mitte den zentralen Platz zu überlassen, damit er in den Herzen der Menschen wachsen kann. Wer sich selbst verkündigt und in den Mittelpunkt stellt, wer ständig um seine Privilegien besorgt ist, kann nicht glaubwürdig Zeugnis geben.

Wenn man alle Aussagen des Johannesevangeliums über den Täufer in den Blick nimmt, so ergibt sich ein einheitliches Gesamtbild der Täufergestalt. Alles, was über ihn zu sagen ist, wird im Prolog perspektivisch angesagt, in den beiden Abschnitten Joh 1,19-37 (bzw. 51) und

3,22-30 entfaltet, schließlich in Joh 5,33-35 noch einmal aufgegriffen und zusammengefasst: „Er hat für die Wahrheit Zeugnis abgelegt" (Joh 5,33b).

Jesus – der von Gott bevollmächtigte Zeuge, Gesandte und Offenbarer: Joh 3,31-36

3 31 Der von oben kommt, ist über allen; der von der Erde ist, ist von der
Erde und redet von der Erde her. Der vom Himmel kommt, ist über al-
len; 32 was er gesehen und gehört hat, das bezeugt er; und sein Zeugnis
nimmt niemand an. 33 Wer (aber) sein Zeugnis annimmt, der bestätigt,
dass Gott wahrhaftig ist.
34 Denn der, den Gott gesandt hat, redet die Worte Gottes; denn ohne
Maß gibt er den Geist. 35 Der Vater liebt den Sohn und hat alles in seine
Hand gegeben. 36 Wer an den Sohn glaubt, hat ewiges Leben; wer aber
dem Sohn nicht gehorcht, wird das Leben nicht sehen, sondern der
Zorn Gottes bleibt auf ihm.

1. **Joh 3,31-33**: Die nun folgende theologische Rede gleicht in ihrem Stil dem Abschnitt Joh 3,13-21 und ist offenbar nur im Mund Jesu vorstellbar. Er ist der, der „von oben", „aus dem Himmel", also von Gott kommt und deshalb wie Gott „über allen" ist, die „aus der Erde" sind. Wir haben von uns aus keinen Zugang „nach oben", zum göttlichen Bereich. Nur Jesus kann aus eigener unmittelbarer Erfahrung, aus dem, „was er gesehen und gehört hat", uns von der göttlichen Welt Zeugnis geben. Sein Zeugnis ist einzigartig und durch nichts zu ersetzen. Seine Sendung zu denen „aus der Erde" besteht geradezu darin, in der Welt Gottes authentischer Zeuge zu sein. Seine ganze Leidenschaft zielt darauf ab, dass wir Menschen sein Zeugnis in freier Zustimmung annehmen. Aber es kann angezweifelt und verworfen werden. Und deshalb zieht sich durch das ganze Evangelium der Schmerz über das Rätsel des Unglaubens, dass sein Zeugnis von vielen nicht angenommen wird.

2. **Joh 3,34-36**: Die Botschaft, das Jesus der Zeuge Gottes in der Welt ist, wird nun ergänzt durch das Bild des Gesandten, ein Paradigma, das in der antiken Welt sehr verbreitet war. Auch die Propheten verstanden sich als Boten Gottes, die sein Wort – ob gelegen oder ungelegen – zu überbringen hatten. Der Gesandte ist der Repräsentant seines Auf-

traggebers und handelt ganz in seinem Namen. In seiner Person und in seinem Auftreten begegnet man dem, der ihn gesandt hat. Bei Jesus ist dieses Paradigma noch intensiviert: Er ist Gesandter und Wort Gottes in einem. Aber seine Rede unterliegt nicht menschlicher Begrenztheit. Sie ist getragen von der Kraft des Geistes, der unsere menschlichen Möglichkeiten übersteigt – „ohne Maß". In seiner Person und in der Vollmacht seiner Verkündigung offenbart sich sein „messianisches Charisma".

Das Motiv, der letzte Beweggrund für diesen umfassenden Auftrag, Gesandter und Wort Gottes zu sein, liegt in der Liebe, mit der schon „vor Grundlegung der Welt" der Vater den Sohn geliebt hat (Joh 17,24). Das Geheimnis dieser Liebe zwischen Vater und Sohn ist die treibende Macht, uns Menschen an diesem Geheimnis teilhaben zu lassen. In der Person Jesu, in seinem Wirken und in seinem Schicksal begegnet uns diese unverbrauchte Zuwendung Gottes „ohne Maß". Wer sich ihr im Glauben öffnet, „hat das ewige Leben", d.h. er hat schon jetzt Teil am Geheimnis dieses göttlichen Lebens „in Fülle" (Joh 10,10). Wer sich dem Sohn verweigert, „wird das Leben nicht sehen", d.h. er verbleibt in der menschlichen Unheilssituation der Gottferne. Der „Zorn Gottes" ist nicht als wütende Reaktion zu verstehen, sondern als eine Metapher für die Entfremdung zwischen Gott und Mensch.

KAPITEL 4

Die Begegnung mit der Samariterin: Joh 4,1-42

4 1 Als nun Jesus erkannte, dass die Pharisäer gehört hatten, dass Jesus
mehr Jünger mache und taufe als Johannes 2 – obwohl Jesus selbst
nicht taufte, sondern seine Jünger – 3 verließ er Judäa und zog wieder
nach Galiläa. 4 Er musste aber durch Samaria ziehen. 5 Er kommt nun
in eine Stadt Samarias, genannt Sychar, nahe bei dem Grundstück, das
Jakob seinem Sohn Josef gab. 6 Es war aber dort der Brunnen Jakobs.
Jesus nun, ermüdet von der Wanderung, setzte er sich am Brunnen
nieder. Es war um die sechste Stunde.

7 Da kommt eine Frau aus Samaria, um Wasser zu schöpfen. Jesus
sagt zu ihr: Gib mir zu trinken! 8 – Denn seine Jünger waren wegge-
gangen in die Stadt, um Nahrungsmittel zu kaufen. – 9 Die samaritische
Frau sagt nun zu ihm: Wie kannst du, der du ein Jude bist, von mir, die
ich eine samaritische Frau bin, zu trinken verlangen? – Denn die Juden
verkehren nicht mit den Samaritern. – 10 Jesus antwortete und sagte zu
ihr: Wenn du die Gabe Gottes kenntest und wüsstest, wer es ist, der zu
dir sagt: Gib mir zu trinken! so hättest du ihn gebeten, und er hätte dir
lebendiges Wasser gegeben. 11 Die Frau sagt zu ihm: Herr, du hast kein
Schöpfgefäß, und der Brunnen ist tief. Woher hast du denn das leben-
dige Wasser? 12 Du bist doch nicht größer als unser Vater Jakob, der
uns den Brunnen gab, und er selbst trank daraus und seine Söhne und
sein Vieh? 13 Jesus erwiderte und sprach zu ihr: Jeder, der von diesem
Wasser trinkt, wird wieder durstig werden; 14 wer aber von dem Wasser
trinkt, das ich ihm geben werde, wird nicht (mehr) durstig werden in
Ewigkeit, sondern das Wasser, das ich ihm geben werde, wird in ihm
zur Quelle des Wassers werden, das ins ewige Leben sprudelt. 15 Die
Frau sagt zu ihm: Herr, gib mir dieses Wasser, damit ich nicht (mehr)
durstig bin und hierher kommen muss, um zu schöpfen.

16 Er sagt zu ihr: Geh, rufe deinen Mann und komm (wieder) hierher!
17 Die Frau erwiderte und sagte zu ihm: Ich habe keinen Mann. Jesus
sagt zu ihr: Richtig hast du gesagt: Ich habe keinen Mann; 18 denn fünf
Männer hast du gehabt, und der, den du jetzt hast, ist nicht dein Mann;
dies hast du wahr geredet. 19 Die Frau sagt zu ihm: Herr, ich sehe, dass
du ein Prophet bist. 20 Unsere Väter haben auf diesem Berg angebetet,
und ihr sagt, dass in Jerusalem der Ort sei, wo man anbeten müsse. 21
Jesus sagt zu ihr: Glaube mir, Frau, es kommt die Stunde, da ihr weder

auf diesem Berg, noch in Jerusalem den Vater anbeten werdet. 22 Ihr
betet an, was ihr nicht kennt; wir beten an, was wir kennen, denn das
Heil ist aus den Juden. 23 Es kommt aber die Stunde und jetzt ist sie
da, in der die wahren Anbeter den Vater im Geist und in der Wahrheit
anbeten werden; denn der Vater sucht solche Anbeter. 24 Gott ist Geist,
und die ihn anbeten, müssen im Geist und in der Wahrheit anbeten. 25
Die Frau sagt zu ihm: Ich weiß, dass der Messias kommt, der Christus
genannt wird; wenn er kommt, wird er uns alles verkünden. 26 Jesus
sagt zu ihr: Ich bin es, der mit dir redet.

27 Und darüber kamen seine Jünger und wunderten sich, dass er mit ei-
ner Frau redete. Doch niemand sagte: Was suchst du? oder: Was redest
du mit ihr? 28 Die Frau ließ nun ihren Wasserkrug stehen und ging weg
in die Stadt und sagt zu den Leuten: 29 Hierher! Seht einen Menschen,
der mir alles gesagt hat, was ich getan habe! Ob der nicht etwa der
Messias ist? 30 Sie gingen aus der Stadt hinaus und kamen zu ihm. 31
In der Zwischenzeit baten ihn die Jünger und sagten: Rabbi, iss! 32 Er
aber sprach zu ihnen: Ich habe eine Speise zu essen, die ihr nicht kennt.
33 Da sagten die Jünger zueinander: Hat ihm jemand (etwas) zu essen
gebracht? 34 Jesus sagt zu ihnen: Meine Speise ist, dass ich den Willen
dessen tue, der mich gesandt hat, und sein Werk vollende/vollbringe. 35
Sagt ihr nicht: Es sind noch vier Monate, und die Ernte kommt? Siehe,
ich sage euch: Hebt eure Augen auf und schaut die Felder an! Denn sie
sind (schon) weiß zur Ernte. 36 Wer erntet, empfängt Lohn und sammelt
Frucht zum ewigen Leben, damit der sät und der erntet sich miteinan-
der freuen. 37 Denn hierin ist das Sprichwort wahr: Ein anderer ist es,
der sät, und ein anderer, der erntet. 38 Ich habe euch gesandt zu ernten,
woran ihr nicht gearbeitet habt; andere haben gearbeitet, und ihr seid
in ihre Arbeit eingetreten.

39 Aus jener Stadt aber glaubten viele von den Samaritern an ihn wegen
des Wortes der Frau, die bezeugte: Er hat mir alles gesagt, was ich getan
habe. 40 Als nun die Samariter zu ihm kamen, baten sie ihn, bei ihnen
zu bleiben; und er blieb dort zwei Tage. 41 Und (noch) viel mehr (Leute)
glaubten wegen seines Wortes; 42 und sie sagten zu der Frau: Wir glau-
ben nicht mehr wegen deines Redens, denn wir selbst haben gehört und
wissen, dass dieser wahrhaftig der Retter der Welt ist.

Auf das Gespräch mit Nikodemus, einem führenden Vertreter des pharisäischen Judentums in Jerusalem (Kap 3), folgt nun die Begegnung Jesu mit einer unbekannten Samariterin am Jakobsbrunnen bei Sychar. Das Geschehen ist wie eine typische Brunnenszene mit großer Sorgfalt komponiert (vgl. Gen 24,10-61; Gen 29,1-22; Ex 2,15-22). Dabei fällt auf, dass etwas Wichtiges fehlt: Das Mahl und die Verlobung, zwei Elemente, mit denen eine Brunnenszene normalerweise schließt. Damit will der Evangelist auf etwas Bedeutsames aufmerksam machen:

An die Stelle des Mahles ist ein *Mahl* ganz anderer Art getreten: „Meine Speise ist es, den Willen dessen zu tun, der mich gesandt hat, und sein Werk zu vollenden" (Joh 4,34).

Das Motiv der *Verlobung* ist durch zwei Elemente ersetzt worden. Zum einen wird die Frau gleichsam ent-lobt, d. h. sie wird aus ihren unerfüllten Beziehungen erlöst und zum anderen geht sie eine spirituelle Bindung ein: Sie kommt zum Glauben an Jesus als den Messias, und durch sie finden die Bewohner von Sychar zu Jesus als dem „Retter der Welt". So ist die Begegnung mit der Frau am Jakobsbrunnen und die Begegnung mit den Samaritern wie ein typisches Verlobungsgeschehen gestaltet (vgl. auch den vorausgehenden Kontext Joh 3,22-30 bzw. 36).

1. **Joh 4,1-6**: Jesus hatte durch sein erfolgreiches Wirken den Argwohn der Pharisäer geweckt. Bevor es zu einem Konflikt kommt, verlässt er Judäa und kehrt nach Galiläa zurück. Dabei nimmt er den kürzesten Weg durch Samarien, der von orthodoxen Juden gemieden wurde. Wörtlich heißt es: „Er *musste* aber den Weg durch Samarien gehen". Wenn sonst im Evangelium dieses „muss" (*dei*) genannt wird, wie im Gespräch mit Nikodemus (Joh 3,14), so ist das ein Hinweis, dass Gott im Spiel und sein Wille am Werk ist.

Jesus kommt in der Nähe von Sychar an einen Brunnen, den Jakob einst gegraben hatte. Es ist um die sechste Stunde, die Zeit der größten Mittagshitze. Jesus ist erschöpft (*kekopiakós*) und setzt sich am Brunnen nieder. Die Jünger sind in die Stadt gegangen, um etwas zum Essen einzukaufen. Jesus ist allein.

Das Bild vom abgearbeiteten, erschöpften Jesus, der sich von seinen Gegnern zurückzieht und seine Jünger zur Ernte schickt, offenbart die Grenzen seiner menschlichen Möglichkeiten und deutet auf sein Sterben. Diese Deutung wird noch dadurch verstärkt, dass die Begegnung mit der Samariterin „um die sechste Stunde" war. Es ist ziemlich ungewöhnlich, dass eine Frau zur Zeit der größten Mittagshitze an den Brunnen außerhalb der Stadt kommt. Wasser holen tat man am Morgen oder am Abend. Aber auf einer tieferen Ebene macht diese Bemerkung

Sinn: Es ist dieselbe Stunde, in der Jesus (später) zum Tod verurteilt wird (Joh 19,13f.). Beide Formulierungen sind identisch. Bevor das Gespräch mit der Samariterin beginnt, kommt jene Stunde in den Blick, da Jesus danach „dürstet“, allen das Neue Leben zu geben (Joh 19,28).

2. **Joh 4,7-15**: Eine Frau aus Sychar kommt an den Brunnen. Oft war sie diesen Weg gegangen, um Wasser zu schöpfen. Ihr Leben gleicht einem rissig gewordenen Krug, aus dem unaufhörlich Wasser rinnt. Immer neu muss sie schöpfen, ohne das Gefäß je füllen zu können.

Jesus sieht die tiefe Sehnsucht dieser Frau nach erfülltem Leben. Er spricht sie unvermittelt an und bittet sie: „Gib mir zu trinken!“ An ihrer Reaktion wird deutlich, dass sie ganz in den Vorurteilen ihres Volkes steckt und ganz mit der praktischen Seite des Wasserschöpfens beschäftigt ist: mit der Tiefe des Brunnens und der Notwendigkeit eines Schöpfeimers. Sie selbst gehört zur Geschichte dieses Brunnens. Für die Frau ist es ganz ungewöhnlich, in der Öffentlichkeit von einem Mann und dazu noch von einem Juden angesprochen zu werden. Das verstößt gegen geltende Umgangsformen. Zudem gibt es aufgrund einer jahrhundertelangen leidvollen Geschichte keine Kontakte zwischen Juden und Samaritern.

In der Begegnung mit dieser Frau zeigt Jesus keine Spur von Müdigkeit. Er ist so lebendig wie die Gabe, die er ihr schenken will: „lebendiges Wasser“. Das Wort hat einen doppelten Sinn. Vordergründig meint es frisches Quellwasser oder fließendes Wasser im Gegensatz zu stehendem Wasser aus der Zisterne. Auf einer tieferen Ebene ist es das Symbol für „Leben“ schlechthin und hier ein Bild für *das* Leben, das nicht versiegt und den Durst des Menschen nach sinnerfülltem, glücklichen Leben stillt: die Gabe unvergänglichen Lebens, die wir durch Offenbarung und Glaube empfangen. „Letztlich ist diese Gabe des *lebendigen Wassers* Jesus selbst“ (F. Porsch).

Er spricht die Frau auf das an, was sie vordergründig am meisten beschäftigt: Das Wasserholen und wenig später ihre Beziehung zu einer ganzen Reihe von Männern. Er beginnt da, wo sie im Augenblick ist. Er geht gleichsam auf ihre Tür zu und führt die Frau nach und nach zu einer Wahrnehmung ganz anderer Art.
Doch die Frau erfasst den tieferen Sinn der Worte Jesu nicht. Sie bezieht das „lebendige Wasser“ auf das Wasser im Jakobsbrunnen. Wie

vorher Nikodemus denkt und spricht die Samariterin „von unten", von ihrem menschlich-praktischen Erfahrungshorizont her. Wie will der seltsame Fremde ohne Schöpfgefäß Wasser aus der Tiefe dieses Brunnens holen? Woher soll das „lebendige Wasser" denn sonst kommen? Nachdenklich fügt sie hinzu: „Du bist doch nicht *größer* als unser Vater Jakob..." „Unser Vater Jakob" steht für den Ursprung und die Tradition des samaritischen Volkes. Er ist der Brunnenbauer, der den folgenden Generationen das Lebenselement „Wasser" erschlossen hat. Er ist mit seinen zwölf Söhnen der Stammvater Israels. Mit ihrer Reaktion berührt die Frau unbewusst schon den Kern der Wahrheit und stellt alles in Frage, wovon sie bisher gelebt hat.

Jesus geht in seiner Antwort zunächst auf ihre Alltagserfahrung ein: „Jeder, der von diesem (Brunnen)Wasser trinkt, wird wieder Durst bekommen". Dann offenbart er sich als der „Größere", als der neue Brunnenbauer, der an diesem Ort des Ursprungs und der Tradition den Samaritern eine Quelle erschließen will, die eine ganz neue Lebensqualität vermittelt. Unter Jesu Wort beginnt die Frau nach diesem Wasser zu dürsten ... Noch ist sie ihrer bisherigen Denk- und Erfahrungswelt verhaftet, wenn sie um die Wasserquelle bittet, die sie von der Mühsal des täglichen Brunnengangs befreit. Der Gang zum Brunnen ist ein Bild für die ewig unerfüllte Sehnsucht, ihren Lebensdurst zu stillen. Immer wieder hat sie die Erfahrung machen müssen, dass ihre Wunschbilder von geglücktem Leben ihren Zauber verlieren. Die Frau möchte aus dieser unauflösbaren Gebrochenheit befreit werden; „Herr, gib mit dieses Wasser...!"

3. **Joh 4,16-26**: Auf den ersten Blick sieht es so aus, als nähme das Gespräch jetzt einen eher sprunghaften Verlauf. Unvermutet bringt Jesus ihre Liebesbeziehungen ins Gespräch. Erstaunt über das unglaubliche Wissen um ihre Lebenssituation vermutet die Frau in Jesus einen Propheten. Mit diesem Begriff kann auch der „endzeitliche Prophet wie Mose" gemeint sein, den die Samariter erwarten.

Ebenso plötzlich wie Jesus die Frau mit ihrer gegenwärtigen Lebenssituation konfrontiert, ergreift sie nun von sich aus die Initiative und bringt die Gebetstradition ihres Volkes ins Gespräch. Jesus hält die Streitfrage zwischen Juden und Samaritern um den richtigen Kultort für belanglos. Wichtig ist für ihn, dass Gott angebetet wird „im Geist und in der Wahrheit", d.h. vom Geist inspiriert und geführt. Wer das vergisst, macht sich etwas vor mit Riten und Formeln, mit Kult und heiligen Stätten von Menschenhand. Jesus macht der Frau den Blick frei und weckt in ihr die Sehnsucht, nach dem lebendigen Gott Ausschau zu halten. Der „Ort“ der Gottesbegegnung und der wahren Gottesverehrung ist das Innerste der Seele, dort, wo ein Mensch zu sich selbst kommend sich als Abbild Gottes erfährt, und wo dies in der Gemeinde der Glaubenden geschieht.

Wie die Liebe der Frau keinen Halt gefunden hat, so ist die Gebetspraxis ihres Volkes beziehungslos: „Ihr betet an, was ihr nicht kennt“ (V. 22), d.h. sie haben zwar den richtigen Gott Jahwe, aber sie kennen ihn nicht. Er fügt als Begründung hinzu, dass das Heil aus den Juden kommt.

Die Zeit für die Anbetung „im Geist und in der Wahrheit“ ist nun gekommen. Sie ist *die* Antwort auf den Verlust an Orientierung bei der Frau und bei ihrem Volk: „Aber es kommt die Stunde und *jetzt* ist sie da ...“ meint die Stunde seines Todes und seiner Auferstehung. Wie in Kana ist es die Stunde, die einerseits noch kommt, andererseits aber schon da ist *und bereits wirkt.* So offenbart Jesus die Nähe des väterlich-bräutlichen Gottes, der um ihre geistliche Integration wirbt: Solche Anbeter sucht der Vater (Joh 4,23).

Im Blick Jesu und unter seinem Wort erkennt die Frau wie im klaren Wasser des Brunnens die ganze Wahrheit ihres Lebens und sie schaut die Umrisse ihrer geheimen Gestalt: Bild und Gleichnis Gottes! In der Wertschätzung, die Jesus ihr entgegenbringt, wird sie ihrer Einmaligkeit und Würde inne. Die offene Konfrontation mit der Wahrheit ihres Lebens hat sie nicht verletzt. Sie „eröffnet ihr vielmehr den Zugang zur Wahrheit Gottes, die Jesus selbst ist“ (U. Wilckens).

Am Ende des Gesprächs ist die Samariterin offen für Jesu Selbstoffenbarung: *ICH BIN (es).* Im Johannesevangelium bedeutet das *ICH BIN* immer eine Aufforderung zum Glauben. Aber gerade in diesem Augenblick kommt es zu einer Unterbrechung. Die Jünger kehren zurück.

4. **Joh 4,27-38:** Bei der Ankunft der Jünger lässt die Samariterin ihren Wasserkrug stehen und geht zurück in die Stadt. Sie hat zur Quelle des Lebens gefunden und kann das Symbol ihrer unerfüllten Sehnsucht hinter sich lassen. Aus der Begegnung mit dem ICH BIN geht sie zu ihren Leuten und erzählt von der Erfahrung, die sie verwandelt hat: „Kommt, seht!“

Die Jünger gleichen der Frau in vieler Hinsicht. Ähnlich wie die Samariterin sind sie mit der praktischen Seite des Lebens beschäftigt: Sie gehen einkaufen und holen etwas zum Essen aus dem Ort. Sie sind um Jesu Wohlergehen besorgt, zeigen aber wenig Verständnis für das, was ihn bewegt. Im Bild der Jünger, die Jesus nicht verstehen, spricht der Evangelist seine Leser an, die sich immer im Morgengrauen, in der Dämmerung des Nichtverstehens bewegen.

Wie Jesus vorher die Bitte um Wasser zum Anlass für ein Gespräch mit der Samariterin genommen hat, so greift er jetzt die Bitte der Jünger als Anregung auf, um ihnen deutlich zu machen, wovon er letztlich lebt, worin das Geheimnis seines ganzen Lebens und Wirkens besteht: „Meine Speise ist es, dass ich den Willen dessen tue, der mich gesandt hat (vgl. Jer 15,16) und *sein* Werk vollende (*teleioun*)". Im Johannesevangelium steht das Wort „vollenden, vollbringen" immer im Zusammenhang mit der Erfüllung seiner Sendung (Joh 13,1; 17,4; 19,30). Durch seinen Gehorsam setzt er Gott unter uns Menschen gegenwärtig.

Die „Ernte" hat als Voraussetzung und Grundlage die Gehorsamstat Jesu. Das Wirken der Jünger gewinnt nur in Verbindung damit seine Legitimation und Fruchtbarkeit. Dann wird sich die Mühe bei der Aussaat in Freude wandeln wie bei der Ernte. Sie duldet kein Zögern und keinen Aufschub. Aussaat und Erntezeit sind *jetzt*. Der Vater will sein Werk unter den Menschen vollenden. Das wird in der folgenden Schlussszene veranschaulicht.

5. **Joh 4,39-42**: Viele Samariter kommen auf das Zeugnis der Frau hin zu Jesus und laden ihn zum „Bleiben" (*ménein*) ein. Damit ist die Trennung zwischen Samaritern und Juden (V. 9) plötzlich gegenstandlos geworden. Denn das „Bleiben" schließt selbstverständlich die Gastfreundschaft mit ein. Das Bleiben mit Jesus vermittelt ihnen eine Christusbegegnung eigener Art, die sie noch einmal unabhängig macht von dem, was sie von der Frau über Jesus gehört haben. Am Ende ihrer gemeinsamen Erfahrung steht ihr Glaubensbekenntnis: „Dieser ist wahrhaftig (*aläthos*) der Retter der Welt".

Das Zeugnis der Frau, unerlässlicher Anstoß für den Weg ihrer persönlichen Begegnung mit Jesus, ist nun überflüssig geworden. Zum Glauben an Jesus kann ich letztlich nur aufgrund eigener Begegnung und Entscheidung kommen. Das Motiv der persönlichen, von anderen unabhängigen Christuserfahrung war schon bei den Jüngerberufungen

(Joh 1,35-5f.) aufgetaucht. Diese Unabhängigkeit scheint dem Evangelisten wichtig zu sein.

Die Frau hat eine Mittlerfunktion zwischen Jesus und den Samaritern aus Sychar, die ganz nah bei dem ist, was im Neuen Testament Apostelamt genannt wird. Sie gehört zu denen, die wie Johannes, wenn auch anders, für Jesus Zeugnis abgelegt haben, und das mit reicher Ernte (V. 38).

Die Selbstoffenbarung Jesu als Geber erfüllten unvergänglichen Lebens und die glaubende Antwort des Menschen entfalten sich schrittweise: Zunächst sieht die Frau in Jesus einen fremden *Juden*, dann jemand, der möglicherweise *größer* ist *als unser Vater Jakob* bis zur Vermutung, er könne ein Prophet sein, vielleicht sogar *der Messias*, bis zum Bekenntnis der Samariter aus der Stadt Sychar: „Dieser ist wahrhaft *der Retter* (*sotér*) der Welt."

Die Begegnungen (Joh 4,7-42) heben sich mit ihren „leuchtenden, hoffnungsfrohen, in die Zukunft weisenden Farben" (J. Blank) deutlich von den Auseinandersetzungen zwischen Jesus und den „Juden" ab, wie sie in den folgenden Kapiteln geschildert werden.

Der Glaube des königlichen Beamten: Joh 4,43-54

4 [43] Nach den zwei Tagen aber ging er von dort weg nach Galiläa; [44]
denn Jesus selbst hatte bezeugt, dass ein Prophet in seiner eigenen Heimat (wörtlich: Vaterland) kein Ansehen hat. [45] Als er nun nach Galiläa
kam, nahmen die Galiläer ihn auf; sie hatten alles gesehen, was er in Jerusalem auf dem Fest getan hatte; denn auch sie waren zu dem Fest
gekommen. [46] Er kam nun wieder nach Kana in Galiläa, wo er das Wasser zu Wein gemacht hatte.

Und es war in Kapharnaum ein königlicher (Beamter), dessen Sohn
krank war. [47] Als dieser hörte, dass Jesus aus Judäa nach Galiläa gekommen war, ging er zu ihm hin und bat, dass er herabkomme und sein Kind heile; denn es lag im Sterben. [48] Und Jesus sprach zu ihm: Wenn
ihr nicht Zeichen und Wunder seht, werdet ihr nicht glauben. [49] Der königliche Beamte sagt zu ihm: Herr, komm herab, ehe mein Kind stirbt!
[50] Jesus sagt zu ihm: Geh! Dein Sohn lebt. Der Mann glaubte dem Wort,
das Jesus zu ihm sagte, und ging. [51] Aber schon während er hinab ging,
kamen ihm seine Knechte entgegen und sagten, dass sein Kind lebe. [52]

Er erforschte nun von ihnen die Stunde, in der es besser mit ihm geworden war; und sie sagten zu ihm: Gestern zur siebten Stunde verließ ihn das Fieber. [53] Da erkannte der Vater, dass es in jener Stunde war, in der Jesus zu ihm sagte: Dein Sohn lebt. Und er glaubte, er und sein ganzes Haus. [54] Dies ist also das zweite Zeichen, das Jesus tat, als er aus Judäa nach Galiläa gekommen war.

1. **Joh 4,43-46**: Nach seinem Aufenthalt bei den Samaritern zieht Jesus nach *Galiläa* weiter. Gleich dreimal wird in dem kurzen Abschnitt die Heimat Jesu genannt. Obwohl er die sprichwörtliche Erfahrung machen musste, dass ein Prophet zuhause nicht anerkannt wird, nehmen die Galiläer ihn freundlich auf. Doch Jesus scheint hier den gleichen Vorbehalt gegenüber seinen Landsleuten zu haben wie gegenüber den Vielen auf dem Paschafest in Jerusalem, die aufgrund seiner Zeichen zum Glauben an ihn kamen. Dort heißt es: Er „vertraute sich ihnen nicht an" (Joh 2,24). Der Evangelist distanziert sich von einem Glauben, der nicht über das Zeichen hinaus zu einer personalen Beziehung findet.

„Johannes" erinnert an das erste „Zeichen", das Jesus in Kana gewirkt hat, und schafft damit eine Verbindung zu der folgenden Erzählung.

2. **Joh 4,47-54**: In Kafarnaum liegt der Sohn eines königlichen Beamten im Sterben. Der Vater des Jungen macht sich auf den Weg nach Kana, weil er glaubt, dass Jesus die Macht hat, sein Kind vom Tod zu erretten. Es ist ein langer Weg von Kafarnaum hinauf nach Kana (26 km), ein Weg zwischen Tod und Leben – in der Spanne zwischen Angst und Vertrauen. Als der königliche Beamte schließlich bei Jesus ankommt und ihn bittet, mit nach Kafarnaum zu gehen, um seinen kranken Sohn zu heilen, bekommt er die abweisenden Worte zu hören: „Wenn ihr nicht Zeichen und Wunder seht, werdet ihr nicht glauben". Ähnlich wie bei der Hochzeit zu Kana die Mutter Jesu mit ihrer Bitte auf Distanz stößt, so hier der um sein Kind besorgte Vater. Es sieht so aus, als wolle Jesus den Glauben des Mannes provozieren, um ihn weiterzuführen. Daraufhin wiederholt der Vater seine Bitte und drängt Jesus, doch mitzukommen.
Jesu Antwort: „Geh, dein Sohn lebt!" erinnert an das Wort des Propheten Elija an die Witwe von Sarepta (1 Kön 17,23) und kennzeichnet

Jesus als den „Spender des Lebens". Der Glaube des königlichen Beamten an die Vollmacht Jesu, Leben zu retten, wird nun zum Glauben an die Macht seines Wortes: Der Mann glaubt dem Wort, das Jesus zu ihm gesagt hat, und geht. Das ist eine noch größere Herausforderung und erinnert an Joh 20,29: „Selig sind, die nicht sehen und doch glauben." Es ist ein langer Weg bis zum vollen Glauben an den, der das Leben in sich hat. Es ist ein Weg ohne „Zeichen und Wunder", allein mit dem Wort. „Wenn einer mein Wort festhält, wird er den Tod nicht schauen in Ewigkeit" (Joh 8,51). Der Mann hält sich an das Wort Jesu, und das Wort entfaltet seine Kraft auf dem Weg hinab nach Kafarnaum. Es ruht auf ihm und es trägt ihn. Es verwandelt ihn Schritt für Schritt...

Noch auf dem Heimweg kommen seine Leute ihm entgegen und sagen: „Dein Kind lebt!" Noch unterwegs mit dem Wort, macht der Mann die Erfahrung, dass es bewirkt, was es sagt: neues Leben. Diese Erfahrung führt ihn zum Glauben an Jesus „mit seinem ganzen Haus". Erst in der Gemeinschaft mit anderen findet der Glaube zu seiner vollen Gestalt.

Es war ein langer Weg, bis er zu dem gefunden hat, der *Weg* ist und *Wahrheit* und *Leben*, bis er mit seinem ganzen Haus, mit seiner ganzen Familie erfüllt wurde von dem Neuen Leben. Aus der Einsamkeit mit dem Wort war es gewachsen...

Nach dem Pharisäer Nikodemus, einem der führenden Leute aus dem Judentum, und der einfachen Frau aus dem halbheidnischen Samarien, zeigt der Evangelist mit dem Beamten im Dienst des Herodes Antipas zum dritten Mal, wie ein Mensch auf die Offenbarung Gottes in Jesus reagiert. „Das ist in seinen Augen der Glaube, den Jesus sucht" (F. Porsch).

Die doppelte Notiz, dass Jesus dieses zweite Zeichen in Galiläa, und zwar in Kana, gewirkt habe, lässt auf einen inneren Zusammenhang der beiden Kanawunder schließen. Sie offenbaren Jesus als Bringer endzeitlicher Freude und neuen, Gott geschenkten Lebens in Fülle.

KAPITEL 5

Die Heilung des Kranken am Teich von Bethesda: Joh 5,1-16

5 1 Danach war ein Fest der Juden, und Jesus ging hinauf nach Jerusa-
lem. 2 Es ist aber in Jerusalem beim Schaftor ein Teich, der auf hebrä-
isch Bethesda genannt wird, und der fünf Säulenhallen hat. 3 In diesen
lag eine Menge Kranker, Blinder, Lahmer, Ausgezehrter. 4 5 Es war aber
ein Mann dort, der achtunddreißig Jahre krank war. 6 Als Jesus ihn
daliegen sah und wusste, dass es schon lange Zeit so mit ihm steht,
sagt er zu ihm: Willst du gesund werden? 7 Der Kranke antwortete ihm:
Herr, ich habe keinen Menschen, dass er mich, wenn das Wasser sich
bewegt, in den Teich bringt; während ich komme, steigt ein anderer vor
mir hinein. 8 Jesus sagt zu ihm: Steh auf, nimm deine Liege und geh
umher! 9 Und sofort wurde der Mensch gesund und nahm seine Liege
und ging umher.

Es war aber Sabbat an jenem Tag. 10 Es sagten nun die Juden zu dem
Geheilten: Es ist Sabbat und es ist dir nicht erlaubt, deine Liege zu tragen.
11 Er aber antwortete ihnen: Der mich gesund gemacht hat, sagte zu mir:
Nimm deine Liege und geh umher. 12 Sie fragten ihn: Wer ist der Mensch,
der zu dir sagte: Nimm deine Liege und geh umher? 13 Aber der Geheil-
te wusste nicht, wer es war; denn Jesus hatte sich entfernt, weil eine
Volksmenge an dem Ort war. 14 Danach findet ihn Jesus im Tempel, und
er sagte zu ihm: Siehe, du bist gesund geworden. Sündige nicht mehr,
damit dir nichts Schlimmeres zustößt! 15 Der Mann ging weg und meldete
den Juden, dass es Jesus war, der ihn gesund gemacht hat. 16 Und darum
verfolgten die Juden Jesus, weil er dies am Sabbat getan hatte.

Mit dem 5. Kapitel rückt Jerusalem in den Mittelpunkt der Selbstoffenbarung Jesu. Sie wird von scharfen Auseinandersetzungen mit den jüdischen Autoritäten begleitet, die meist an einem der großen Feste stattfinden. Hier im Zentrum des Judentums verschärfen sich die Fronten immer mehr (Joh 8-10), bis schließlich die Entscheidung fällt, Jesus zu töten (Joh 11,53).

1. **Joh 5,1-9b**: Jesus zieht mit den Zwölf zu einem „Fest der Juden" von Galiläa hinauf nach Jerusalem. Wahrscheinlich ist das Wochenfest (Schawuot) gemeint. Dort geht er zu den Säulenhallen am Teich von Bethesda unweit des Tempels, in dem viele Kranke liegen: Blinde, Lahme und Ausgezehrte. Einer von ihnen ist schon 38 Jahre krank.

Er gehört zu denen, die hier abgelegt sind wie etwas, das man nicht (mehr) gebrauchen kann – wie Abfall, der langsam verdirbt. Sich selbst überlassen, unfähig, auch nur einen Schritt aus eigener Kraft zu gehen, siecht er dahin. Unter den Behinderten und Leidenden gibt es keine Solidarität. Jeder versucht auf eigene Faust das heilende Wasser zu erreichen, wenn es in Wallung gerät. Achtunddreißig Jahre krank sein, schwach sein, haben den Lebenswillen dieses Menschen ausgezehrt.

Als Jesus ihn da liegen sieht, dringt sein Blick bis zu den Wurzeln seines Elends. Bei diesem Kranken geht die Auszehrung schon bis ans Mark. Wer so lange keinen Menschen hat und vielleicht auch nicht mehr an sich herankommen lässt, wird krank bis in die Tiefenschichten seines Wesens. Dieser Mann ist ohne Chance und doch scheint er sich selbst noch nicht ganz aufgegeben zu haben.

Als Jesus ihn da liegen sieht, fragt er ihn: „Willst du gesund werden?" Ein Wort, das sich wie ein Heilverband um alles Wunde und Kraftlose legen möchte. Ein Wort wie zwei Hände, die schützend sich um einen glimmenden Docht halten. Die Frage will den Kranken erreichen bis in den Abgrund seines Elends hinein wie ein Seil, das er nur zu ergreifen braucht, um sich herausziehen zu lassen.

Willst du gesund werden? Jesu Frage zielt auf den (letzten) Lebensnerv des Kranken. Sie appelliert an ihn, sich nicht selbst aufzugeben. Doch die Frage scheint beim Kranken nicht mehr ganz durchzudringen. Es bleibt unklar, ob er den Glauben, wieder gesund zu werden und auf eigenen Füßen zu stehen, längst aufgegeben hat, und er nur noch da herumliegt, weil er niemanden hat, der ihn aufnehmen würde. So antwortet der Kranke: „Herr, ich habe keinen Menschen..." Er klagt weniger über seine Krankheit als über seine Einsamkeit, seine Verlassenheit und Hilflosigkeit.

Als Jesus ihn da liegen sieht, ohne rechtes Verlangen nach Heilung, ohne Aussicht auf Leben, sagt er zu ihm: „Steh auf, nimm deine Matte und geh!" Sofort ist der Mann gesund und geht. Es ist wie ein Schöpfungsakt, dass der Kranke sofort auf die Beine kommt – nach 38 Jahren. Dennoch: es findet sich kein Wort darüber, wie der Geheilte die neue Lebenskraft in sich erfahren und was sie in ihm ausgelöst hat. Nach 38 Jahren muss er sein Leben nun völlig neu organisieren. Verlangt ihm schon seine physische Heilung unmittelbare Konsequenzen ab, um wie viel mehr wird das Folgen für eine neue Sinngebung seines Lebens haben.

2. Joh 5,9c-16: Mit dem nächsten Satz nimmt die Erzählung eine überraschende Wende: „Es war aber Sabbat an jenem Tag." Das Sabbatgebot war z. Zt. Jesu, also mehr als vierhundert Jahre nach dem babylonischen Exil, das eigentliche Unterscheidungsmerkmal zwischen Juden und Nichtjuden. Von daher musste jeder mit Feindseligkeit und harten Sanktionen rechnen, der sich herausnahm, in einem so sensiblen Bereich religiöser und nationaler Identität Ausnahmen zu machen.

Die Sabbatruhe ist ursprünglich ein Gebot, um Leben und Würde des Menschen zu schützen. Sie will die Israeliten zeitlebens daran erinnern, dass sie einmal Sklaven waren, Menschen, die von einem Übermaß an Arbeit körperlich und geistig nieder gehalten wurden. Der massive Arbeitsdruck und die schweren Arbeitsbedingungen hatten sie einst zu Rivalen im Kampf ums Überleben gemacht. Zugleich hatte die aufgezwungene Fron sie in ihrem innersten Kern, ihrer Jahwebeziehung getroffen. Jahwe selbst hatte sie aus diesem Sklavenhaus befreit (Dtn 12-15). Der Sabbat war für Israel von so grundlegender Bedeutung, dass er theologisch in der Schöpfungsordnung verankert wurde (Ex 20,8-11).

Für die frommen Juden ist der Sabbat ein Tag der Ruhe und der Freude. Abseits von der täglichen Mühsal sollen die Menschen aufatmen und sich an die Freiheit erinnern, die Jahwe ihnen geschenkt hat. Mit Torastudium, festlichen Mahlzeiten und Festgewändern wird er geheiligt. Da die Sabbatruhe Teil der göttlichen Schöpfungsordnung ist (Gen 2,1-3), war sie bis in alle Einzelheiten genau geregelt. Zu den 39 verbotenen Hauptarbeiten gehört auch das Tragen eines Gegenstandes von einem Ort zu einem anderen.

Die von der rabbinischen Überlieferung bis ins Detail gehende Sabbatordnung kannte bei besonderen Notsituationen auch Ausnahmen, die aber sehr begrenzt waren. So konnte bei akuter Lebensgefahr das Sabbatgebot außer Kraft gesetzt werden. Doch bei dem Kranken am Teich Bethesda scheint keine unmittelbare Lebensgefahr bestanden zu haben. Warum hat Jesus ihn trotzdem geheilt? Er musste doch wissen, dass ihn das in einen gefährlichen Konflikt mit den jüdischen Autoritäten bringen würde, zumal er den Geheilten aufgefordert hat, das Gesetz zu übertreten.

Von seinem Ursprung her steht der Mensch im Mittelpunkt der Schöpfung. An seinem Heil hat sich alle geschöpfliche Wirklichkeit zu relativieren – auch das Gebot der Sabbatruhe und was Menschen daraus gemacht haben. Wenn der Sabbat nach der Schrift die Vollendung der Schöpfungsordnung ist und als solcher von Gott geheiligt, warum soll sich nicht gerade an diesem Tag Gottes Heilshandeln manifestieren? Gilt das nicht umso mehr für diesen Gelähmten, der 38 Jahre unter der Fron seiner Krankheit dahin gesiecht ist?

Jesus will mit der Heilung an den ursprünglichen Sinn des Sabbatgebotes erinnern und zeigt deshalb keine Scheu, das in aller Öffentlichkeit kundzutun. Er demonstriert damit gegen eine von den Schriftgelehrten legitimierte religiöse Praxis, die elementare Gebote der Menschlichkeit missachtet.

So verwundert es nicht, dass gesetzestreue Juden, als sie den Geheilten an diesem Sabbat seine Matte tragen sehen, ihn zur Rede stellen. Doch der Beschuldigte beruft sich auf den, der ihn gesund gemacht hat. Wenn da schon jemand die Macht hat, ihn nach 38 Jahren wieder auf die Beine zu bringen und sein Leben total zu verändern, dann muss er wohl auch die Autorität haben, ihn heute vom Sabbatgebot zu befreien. Auf ihre Frage, wer ihn zu dieser Gesetzesübertretung aufgefordert habe, weiß der Geheilte keine Antwort, da Jesus sich gleich wieder von der Menge am Teich Bethesda entfernt hatte. Sein Verschwinden hängt wohl mit dem johanneischen Zeichenverständnis zusammen. Die Heilung allein führt noch nicht zum Glauben an Jesus. Das geschieht erst, wenn ein Mensch in Jesu Wirken Gottes Macht am Werk sieht und es so als Zeichen von Gott erkennt.

Später „findet" Jesus den Geheilten im Tempelbezirk und spricht ihn auf seine Heilung an: „Du bist gesund geworden. Sündige nicht mehr, damit dir nicht Schlimmeres zustößt!" Dieses Jesuslogion ist in seiner Art ohne Beispiel. Was ist nach Jesu Meinung „schlimmer" als 38 Jahre krank sein? Schlimmer noch dürfte es sein, sich dem offenkundigen Wirken Gottes zu verweigern (vgl. Joh 5,27-29). Jesus will den *ganzen* Menschen heil machen und ihn an dem Leben teilhaben lassen, das ihn mit seinem Vater verbindet (Joh 5,26).

Nach dieser Begegnung geht der Geheilte zu den jüdischen Autoritäten und sagt ihnen, wer ihn an diesem Sabbat gesund gemacht hat. Die wohl ungewollte Denunziation löst eine Verfolgung der „Juden" gegen Jesus aus. Sie sind so sehr darauf fixiert, die Übertretung des Sabbatgebotes nach den Regeln ihrer Tradition unter allen Umständen zu ahnden, dass sie gar nicht wahrnehmen, geschweige denn den Beschuldigten danach fragen, was da nicht weit vom Tempel entfernt nach 38 Jahren geschehen ist. Sie schützen eine religiöse Institution, ohne recht um ihre tiefere Bedeutung zu wissen. Sie rechnen nicht mehr damit, dass Jahwe immer noch am Werk ist. Ihre Gottvergessenheit hat sie blind und taub gemacht. Ihre Religiosität hat sich bei allem Eifer für die Wahrung aller Regeln der Sabbatordnung ausgezehrt. So sind sie noch schlimmer dran als der Mann, der 38 Jahre krank war. Doch auch für sie gilt die Einladung: „Wenn du auf die Stimme Jahwes, deines Gottes, hörst und tust, was recht ist in seinen Augen..., will ich, Jahwe, dein Arzt sein" (Ex 15,26).

Die Vollmacht Jesu aus der Einheit mit dem Vater: 5,17-30

5 [17] Jesus aber antwortete ihnen: Mein Vater wirkt bis jetzt, und (auch)
ich wirke. [18] Darum suchten die Juden nun noch mehr, ihn zu töten,
weil er nicht allein den Sabbat aufhob, sondern auch Gott seinen eige-
nen Vater nannte und (so) sich selbst Gott gleich machte. [19] Da antwor-
tete Jesus und sagte zu ihnen: Amen, amen, ich sage euch: Gar nichts
kann der Sohn von sich aus tun, außer was er den Vater tun sieht; denn
was der tut, das tut auch der Sohn in gleicher Weise. [20] Denn der Vater
liebt den Sohn und zeigt ihm alles, was er selbst tut; und (noch) größere
Werke als diese wird er ihm zeigen, damit ihr euch wundert. [21] Denn
wie der Vater die Toten auferweckt und lebendig macht, so macht auch
der Sohn lebendig, welche er will. [22] Auch richtet der Vater niemand,
sondern das ganze Gericht hat er dem Sohn gegeben, [23] damit alle den
Sohn ehren, wie sie den Vater ehren. Wer den Sohn nicht ehrt, ehrt den
Vater nicht, der ihn gesandt hat.
[24] Amen, amen ich sage euch: Wer mein Wort hört und glaubt dem, der
mich gesandt hat, (der) hat ewiges Leben und kommt nicht ins Gericht,
sondern er ist aus dem Tod hinüber gegangen in das Leben. [25] Amen,
amen, ich sage euch, dass die Stunde kommt und jetzt da ist, in der die
Toten die Stimme des Sohnes Gottes hören werden, und die sie hören,
werden leben. [26] Denn wie der Vater Leben hat in sich selbst, so hat er
auch dem Sohn gegeben, Leben zu haben in sich selbst;
[27] und er hat ihm Vollmacht gegeben, Gericht zu halten, weil er der
Menschensohn ist. [28] Wundert euch darüber nicht, dass die Stunde
kommt, in der alle, die in den Gräbern sind, seine Stimme hören [29] und
hervorkommen werden: die das Gute getan haben zur Auferstehung des

Lebens, die aber das Böse verübt haben zur Auferstehung des Gerichts.
30 Gar nichts kann ich von mir selbst tun; so wie ich höre, richte ich,
und mein Gericht ist gerecht, denn ich suche nicht meinen Willen, sondern den Willen dessen, der mich gesandt hat.

1. **Joh 5,17-23**: Jesus stellt sich den „Juden", die ihn wegen des doppelten Sabbatbruchs verfolgen, und antwortet ihnen: „Mein Vater wirkt bis jetzt und auch ich wirke." Dem jüdischen Denken war auf dem Hintergrund von Gen 2,1-3 durchaus vertraut, dass Gott niemals aufhört, zu wirken, sonst würde die Welt nicht bestehen können. Ebenso lässt er auch am Sabbat die Gottlosen nicht ungeschoren und setzt sich für die Gerechten ein, sonst wäre dieser Tag ohne seine Gerechtigkeit. Gott ist also auch Herr über den Sabbat. Wenn Jesus sich nun für sein eigenes schöpferisches Wirken am Sabbat auf das Wirken Gottes beruft und ihn in diesem Sinn als seinen Vater bezeichnet, dann liegt darin für seine Gegner ein ungeheuerlicher Vollmachtsanspruch. Entsprechend heftig ist ihre Reaktion: Sie sind jetzt noch mehr (*mállon*) darauf aus, ihn zu töten, weil er mit seiner Äußerung die absolute Einzigkeit Gottes in Frage zu stellen scheint.

Jesu Antwort ist durch das dreifache doppelte Amenwort (Joh 5,19.24.25) als Offenbarungsrede gekennzeichnet und wird durch keinerlei Einwände der „Juden" unterbrochen. Seine Behauptung, er wirke „wie Gott", ist keine Anmaßung, sondern vielmehr der innerste Kern seiner Offenbarungs- und Heilsvollmacht. Jesus kann gar nicht anders als „wie der Vater" handeln. Diese Einheit und Verbundenheit mit dem Vater ist der Grund für seine Freiheit und Unabhängigkeit, auch gegenüber den Regeln der Sabbatruhe. Getragen und belebt wird die Beziehung zwischen beiden durch die Liebe des Vaters (Joh 3,35; 10,17; 15,9; 17,23.24.26). Sie gilt dem Sohn „vor Grundlegung der Welt" (Joh 17,24), also von Ewigkeit her. Diese Liebe, die alles Sein und Wirken umfasst, ist der letzte Grund aller Legitimation Jesu, in der Welt das „Werk Gottes" zu vollbringen. Dazu werden „noch größere Werke" gehören als die Heilung eines Gelähmten am Sabbat, sodass sie noch ins Staunen geraten werden.

Alle Zeichen, die jetzt auf die göttliche Heilswirklichkeit hinweisen und nur im Glauben als solche erkannt werden können, sind Vorzeichen jener Vollmacht Jesu, die ihm der Vater mit der endzeitlichen Auferweckung der Toten und dem Endgericht übergeben hat. Jesus wird die Entscheidung über jeden Menschen fällen. Sein Urteil wird davon abhängen, wie sich die Einzelnen ihm gegenüber verhalten haben.

Wenn im Wirken Jesu Gott am Werk ist, dann kommt dem Sohn die gleiche Wertschätzung und Verehrung zu wie dem Vater. Wer ihm diese Ehre als Gesandten und Repräsentanten Gottes verweigert, kann den Vater nicht ehren. Auch nach jüdischem Verständnis ist der Gesandte wie der zu behandeln, der ihn sendet. Weil Jesus schon von Ewigkeit her der vom Vater geliebte Sohn ist, gehört er wesenhaft zur Einzigkeit Gottes. Durch den Anspruch Jesu wird also der Glaube an die Exklusivität Jahwes, der sein Volk aus dem Sklavenhaus Ägypten in die Weite seiner Freiheit geführt hat, nicht angetastet, sondern erst in seiner ganzen Tiefe und Fülle sichtbar: Die Zuwendung Gottes zum Menschen hat in Jesus von Nazareth Antlitz und Gestalt bekommen.

2. **Joh 5,24-26**: Die Vollmacht Jesu zur Auferweckung der Toten (V. 21) wird nun in V. 24-26 weiter verdeutlicht. Wer in seinem Wort Gottes Autorität hört und ihr gehorcht, der *hat* das ewige Leben und gehört nicht mehr zu den im Endgericht Verurteilten. Wer an Jesus und sein Wort glaubt, ist schon aus dem Tod in *das* Leben hinüber gegangen, das die Gerechten am Ende der Zeit erwarten.

Diese Worte sind auch für die Glaubenden eine so unfassbare Aussage, dass Johannes sie im folgenden Satz noch einmal mit der ganzen Autorität der Amenworte wiederholt: „Es kommt die Stunde und *jetzt* ist sie da, in der die Toten die Stimme des Sohnes Gottes hören werden und die sie hören, leben werden." Wo Jesus – wie hier in dieser Auseinandersetzung mit den „Juden" – das Geheimnis Gottes verkündet (vgl. Joh 1,18) und wo er authentisch verkündet wird, da ist die Gegenwart des Heils, da ereignet sich die „Stunde" der Entscheidung zwischen Glauben und Unglauben. Mit den „Toten", die die Stimme des Gottessohnes hören, sind – wie seine jetzigen Gegner – alle Menschen gemeint, die in selbstverschuldeter Gottferne wie im Bereich des Todes ein Schattendasein führen. Wer also in Jesu Wort mit der Gegenwart des Heils konfrontiert wird, kann nach Johannes nicht neutral bleiben. Diese Stunde der Krisis entscheidet über die Stunde der endzeitlichen Auferweckung von der Toten. Die Macht, Menschen aus dem Schattenreich des Todes heraus zu rufen in das Leben mit Gott, und die Macht, zum Endgericht alle Toten aus den Gräbern vor das Angesicht Gottes zu rufen, liegt darin begründet, dass Jesus wie der Vater das Leben in seiner ganzen Fülle – ohne einen Hauch von Tod – wesenhaft in sich selbst (*en heauto*) hat.

Nun kann man das „ewige Leben" nicht in einer gegenständlichen Weise „haben" (V. 24), sondern immer nur in einer existenziellen personalen Beziehung zu Jesus Christus als der unauslotbaren Wirklichkeit von „Leben" (vgl. Joh 11,25; 14,6). Der lebendige Glaube an die Gegenwart des zum Vater Erhöhten ist der tragende Grund der johanneischen Aussagen. Das zeigt sich auch daran, dass es im Johannesevangelium kein Substantiv für „Glaube" (*pístis*) gibt, sondern nur das Verb „glauben" (*pistéuein*) als Bewegung auf ein Gegenüber hin. Alle Glaubensformeln, Lehraussagen und Dogmen haben „nur" eine dienende Funktion, das Geheimnis Gottes in menschlicher Sprache auszulegen. Sie sind nicht der primäre und eigentliche „Gegenstand" des Glaubens. „Wo man Formeln und Dogmen selber für etwas Letztes hält, wo sie zum primären Gegenstand und Inhalt für den Glauben werden, da geschieht eine fundamentale Verkehrung ... des Glaubens" (J. Blank). Glauben ist nach Johannes eine persönliche Bindung und Orientierung an Jesus, an seinem Wort und an seinen Weg. Wer sich dafür entscheidet, „ist aus dem Tod hinüber gegangen in das Leben". Überall wo Menschen an der Lebenswirklichkeit Jesu teilhaben, sich von ihr inspirieren lassen und entsprechend handeln, erfahren sie eine neue Qualität von Leben. Der Überschritt aus dem Tod zum Leben ist eine Bewegung, die in vielen Einzelentscheidungen des Alltags immer neu realisiert werden muss. In dieser Glaubensbewegung erfahren wir etwas von der Fülle des Lebens, die der Auferstandene uns zumutet (vgl. Joh 10,10).

3. **Joh 5,27-30:** Die Vollmacht Jesu, das Endgericht über alle Menschen zu halten (V. 22), wird nun auch in den V. 27-30 weiter ausgeführt. Wer die Macht hat, ewiges Leben zu geben, hat auch die Macht und Autorität, das Endgericht zu halten. „Die sehr pointierte Aussage in Joh 5,24, der Glaubende habe die Grenze zwischen Tod und Leben bereits definitiv überschritten" (U. Wilckens), darf nicht darüber hinweg täuschen, dass die traditionelle Erwartung des kommenden Endgerichts ihre Gültigkeit behält. Die Stunde, „in der alle, die in den Gräbern sind", sich vor dem göttlichen Richter verantworten müssen, wird kommen. Das Urteil, ob jemand zum Leben mit Gott aufersteht

oder zum Leben in der Gottferne, entscheidet sich je nach seinen guten oder bösen Taten.

V. 30 greift zurück auf V. 19 und wiederholt im Wesentlichen das dort Gesagte in der Ich-form, diesmal bezogen auf die innere Übereinstimmung mit dem Vater im Richten. Sie ergibt sich daraus, dass Jesus in allem, was er sagt und tut, den Willen des Vaters erfüllt, der ihn gesandt hat. Aus dieser Übereinstimmung resultiert die Gerechtigkeit seiner richterlichen Entscheidungen.

Der Rechtsstreit um die Legitimation Jesu als Gesandter des Vaters: Joh 5,31-47

5 [31] Wenn ich für mich selbst Zeugnis gebe, so ist mein Zeugnis nicht
wahr. [32] Ein anderer ist es, der für mich Zeugnis gibt, und ich weiß, dass
das Zeugnis wahr ist, das er für mich gibt. [33] Ihr habt zu Johannes ge-
sandt, und er hat Zeugnis gegeben für die Wahrheit. [34] Ich aber nehme
von einem Menschen kein Zeugnis an, sondern dies sage ich, damit ihr
gerettet werdet. [35] Jener war die brennende und scheinende Leuchte; ihr
aber wolltet frohlocken für eine Zeit in seinem Licht. [36] Ich aber habe
das Zeugnis, das größer ist als das des Johannes; denn die Werke, die
der Vater mir gegeben hat, dass ich sie vollbringe, die Werke selbst, die
ich tue, zeugen von mir, dass der Vater mich gesandt hat. [37] Und der
Vater, der mich gesandt hat, er hat Zeugnis von mir gegeben. Ihr habt
weder jemals seine Stimme gehört, noch seine Gestalt gesehen, [38] und
sein Wort habt ihr nicht bleibend in euch; denn dem, den er gesandt
hat, dem glaubt ihr nicht. [39] Ihr erforscht die Schriften, weil ihr meint,
in ihnen ewiges Leben zu haben, und sie sind es, die von mir zeugen; [40]
und ihr wollt nicht zu mir kommen, damit ihr Leben habt.

[41] Ehre von Menschen nehme ich nicht an; [42] aber ich kenne euch,
dass ihr die Liebe Gottes nicht in euch habt. [43] Ich bin gekommen im
Namen meines Vaters, und ihr nehmt mich nicht auf; wenn ein anderer
in seinem eigenen Namen kommt, den werdet ihr aufnehmen. [44] Wie
könnt ihr glauben, die ihr Ehre voneinander nehmt, und die Ehre, die
von dem einzigen Gott ist, nicht sucht? [45] Meint nicht, dass ich euch
beim Vater verklagen werde; es ist einer, der euch verklagt, Mose, auf
den ihr eure Hoffnung gesetzt habt. [46] Denn wenn ihr Mose glaubtet,
so würdet ihr (auch) mir glauben, denn von mir hat er geschrieben. [47]
Wenn ihr aber seinen Schriften nicht glaubt, wie werdet ihr meinen
Worten glauben?

1. **Joh 5,31-36:** Jesus beginnt seine Verteidigung gegen die Anklage, er mache „sich selbst Gott gleich“ (Joh 5,18), mit der Feststellung, dass sein Selbstzeugnis nach geltendem Recht keine Gültigkeit hat. Nur aufgrund übereinstimmender Aussagen von zwei oder drei Zeugen darf in Kapitalfällen ein Urteil gesprochen werden. Jesus weiß, dass es in der Tat einen Zeugen gibt, dessen Zeugnis über jeden Zweifel erhaben ist: der Vater. Aber solange seine Gegner in ihm nur einen Menschen sehen, dessen Herkunft und Familie man kennt, wird sein Anspruch, Sohn und Gesandter des Vaters zu sein, als ungeheuerliche Anmaßung empfunden. So nennt Jesus *Johannes* als Zeugen, den die „Juden“ selbst als Zeugen vernommen und einem Verhör über seine religiöse Identität und die Legitimität seines Auftretens unterworfen hatten. Der Täufer hat dabei auf den „großen Unbekannten“ hingewiesen, der nach ihm kommt und dessen Schuhriemen zu lösen er sich nicht für würdig genug hielt (Joh 1,34). Er hat „gesehen und bezeugt: Dieser ist der Sohn Gottes!“ (Joh 1,34). Zwar ist Jesus nicht auf das Zeugnis eines Menschen angewiesen, aber er nennt es, damit seine Gegner sich dadurch zum Glauben an ihn bewegen lassen und so vor dem Endgericht gerettet werden. Johannes war die Fackel, die dem kommenden Licht (Joh 1,7-9; 8,12) voraus leuchtet. Aber bei aller Sympathie für ihn, haben seine Worte ihre Herzen nicht durchdrungen und bewegt.

Als nächstes Zeugnis, das mehr Gewicht hat als das des Johannes, nennt Jesus die *Werke*, die er – wie die Heilung des Gelähmten am Teich Bethesda – im Auftrag seines Vaters „vollbracht“ hat. Mit den Werken sind die „Zeichen“ gemeint, die auf den hinweisen, der ihn gesandt hat. Schon Nikodemus sagt zu Jesus: „Niemand kann die Zeichen tun, die du tust, wenn Gott nicht mit ihm ist“ (Joh 3,2). Später sagt der Blindgeborene, als die „Juden“ ihn nach seiner Heilung immer mehr bedrängen, unbeirrt über Jesus: „Wir wissen, dass Gott die Sünder nicht erhört, aber wer Gott fürchtet und seinen Willen tut, den erhört er“ (Joh 9,31).

Diese Aussagen bestätigen, worauf es Jesus in V. 36 ankommt: Die Werke bezeugen, wer Jesus ist: der von Gott gesandte (bevollmächtigte) Offenbarer, Heiland und Richter.

2. **Joh 5,37-40:** In den folgenden Versen spricht Jesus ausdrücklich von dem Zeugnis, das der Vater für ihn abgelegt *hat.* Gemeint ist

das Zeugnis der *Schrift*. „Johannes“ vertritt wie das Urchristentum die Auffassung, dass „die Schrift“ als Verheißung zu verstehen ist, die in Jesus Christus zur Erfüllung und Vollendung gekommen ist. Wenn Jesus nun seinen Gegnern den Vorwurf macht, sie hätten Gottes Stimme nicht gehört, dann ist das ein grundsätzlicher Angriff auf das jüdische Schriftverständnis, der in seiner Schärfe wohl nur auf dem Hintergrund der Auseinandersetzung zwischen den johanneischen Gemeinden und dem rabbinischen Judentum zu verstehen ist. Der Glaube Israels lebt davon, dass Gott mit Mose wie mit keinem anderen Menschen gesprochen (Ex 33,11) und in der Tora sein Wort verbindlich für alle Generationen geoffenbart hat. Das „Höre Israel“ ist das Grundbekenntnis des nachexilischen Judentums und wird von den frommen Juden täglich rezitiert bis auf den heutigen Tag. Doch wie im Prolog (Joh 1,17) schon angedeutet, ist Gott, den kein Auge je gesehen hat, für uns Menschen nur erreichbar über den Sohn, der am Herzen des Vaters ist. Er hat uns das Geheimnis Gottes erschlossen (Joh 1,18). „Nur durch Jesu Wort ist Gottes Stimme zu hören und Gottes Wort im Herzen zu bewahren. Nur im Glauben an Jesus gibt es Zugang zum Vater (Joh 14,6); und nur wer Jesus sieht, sieht den Vater (Joh 14,9)“ (U. Wilckens). Weil die „Juden“ ihm nicht glauben, den der Vater gesandt hat, kann das Wort Gottes nicht in ihnen bleiben. Ihre Weigerung, in Jesu Wort und Wirken die Gegenwart des lebendigen Gottes zu erkennen, bekräftigt noch einmal den Vorwurf Jesu, dass sie Gottes Wort nicht hören und nicht in sich tragen. Mögen sie noch so intensiv die hl. Schriften erforschen, um darin das ewige Leben zu finden, solange sie nicht das Zeugnis der Schrift annehmen, dass Jesus es ist, der wie der Vater das Leben in sich hat (V. 26), wird ihr Eifer vergeblich sein. Solange sie nicht zu Jesus kommen und an ihn glauben, werden sie das Leben nicht in sich „haben“. Ewiges Leben gibt es nicht am Gesandten des Vaters vorbei.

3. **Joh 5,41-47**: Wenn Jesus in der Auseinandersetzung mit den „Juden“ so leidenschaftlich und argumentativ darauf aus ist, dass sie zu ihm kommen, um das ewige Leben zu haben, so geht es ihm doch nicht um sich und seine Ehre. Vielmehr ist der Wille des Vaters, die Verherrlichung Gottes *das* Motiv seines Wirkens. Wer sich dem Willen und der Verherrlichung Gottes verpflichtet weiß, wird ihn lieben aus ganzem Herzen, aus ganzer Seele und mit ganzer Kraft (vgl. Dtn 6,4). Doch die Liebe – so sagt Jesus – haben sie nicht in sich. Und das ist letzt-

lich auch der Grund, warum sie sich ihm gegenüber verschließen. Die Liebe zu Gott aus der Tiefe und Kraft des Herzens ist ihnen abhanden gekommen, weil sie vor allem Wert darauf legen, bei den Leuten gut anzukommen und bei ihnen Anerkennung und Wertschätzung suchen. Sie fallen darauf herein, Menschen zu hofieren, die aus fragwürdigen Gründen auf sich aufmerksam machen. Sie haben vergessen, dass Gott allein es ist, der ihnen ein Ansehen und eine Würde gibt, die ihnen niemand nehmen kann. Wie ist ihr religiöser Anspruch zu vereinbaren mit der Praxis, die in ihrem sozialem Umfeld Gang und Gebe ist?

Doch es ist nicht Jesus, der sie deswegen beim Endgericht anklagen wird. *Mose* selbst wird gegen sie auftreten, weil sie ihm nicht geglaubt haben. Wenn sie den Schriften des Mose keinen Glauben schenken, der doch von ihm geschrieben hat, wie werden sie dann seinen Worten glauben?

In diesem letzten Abschnitt hat Johannes für seine Gemeinden die Abgrenzung zu den „Juden" und ihrem Schriftverständnis mit kaum zu überbietender Schärfe formuliert. Indem er Mose zum dritten Zeugen für Jesus benennt, „entzieht er ihnen (praktisch) die Tora als Grundlage ihres gesamten Gottesverhältnisses" (U. Wilckens). Das Alte Testament mit seinem Zentrum, der Tora, sind nach urkirchlicher Überzeugung die „Schriften", die Jesus als den Messias (Christus) Israels ankündigen.

Christlicher Glaube hat sein „Prinzip und Fundament" im Bekenntnis zu Jesus Christus als den von Ewigkeit her einzig geborenen Sohn des *einen* Gottes im Sinne von Dtn 6,4. Er ist nach Ostern der Auslegungsschlüssel zum Verständnis der ganzen Schrift. Um das Heilshandeln Gottes an Jesus Christus und durch ihn den Menschen nahe zu bringen, verweisen die alten Glaubensbekenntnisse und die neutestamentlichen Schriften immer wieder auf die Schrift Israels, die später von den Christen das „Alte Testament" genannt wird. Mit Formulierungen „gemäß der Schrift" und „wie geschrieben steht" nennen sie die Autorität, mit der sie sich selbst legitimieren. Auch für die Urkirche bleibt die Schrift verbindliches Wort Gottes. Bei aller harschen Abgrenzung bekennt sich Johannes zu der heilsgeschichtlich grundlegenden Tatsache, dass das Heil aus den Juden kommt (Joh 4,22c).

Christlicher Glaube „kann auf das Alte Testament nicht verzichten, wenn er ... an eine geschichtliche Offenbarung und an den geschichtlichen Jesus von Nazareth als Offenbarer und Heilsbringer festhalten will. Die Rückbindung an die jüdische Herkunft und das Bewusstsein davon sind für das Christentum ... theologisch wie historisch von schlechterdings lebenswichtiger Bedeutung“ (J. Blank). Wer sich eingehend mit dem Alten Testament beschäftigt, wird zu einem tieferen Verständnis des Neuen Testaments und der Person Jesu finden. Darüber hinaus wird er das Volk und seine Traditionen besser verstehen und wertschätzen lernen, aus dem Jesus stammt und die Urkirche ihren Anfang nahm. Für Gespräche zwischen Juden und Christen um die Auslegung der „Schrift“ braucht es heute nach Jahrhunderte langen gegenseitigen Ausgrenzungen sensible, ehrfürchtige und freimütige Begegnungen, bei denen von beiden Seiten die eigene Identität authentisch ins Spiel gebracht wird.

KAPITEL 6

Die Speisung einer großen Volksmenge: Joh 6,1-15

6 1 Danach ging Jesus weg auf die andere Seite des Sees von Galiläa
(oder) von Tiberias. 2 Es folgte ihm eine große Volksmenge, weil sie die
Zeichen sahen, die er an den Kranken tat. 3 Jesus aber ging hinauf auf
den Berg und setzte sich dort mit seinen Jüngern. 4 Es war aber nahe
das Pascha, das Fest der Juden.

5 Als nun Jesus aufblickte und sah, dass eine große Volksmenge zu
ihm kommt, spricht er zu Philippus: Woher sollen wir Brote kaufen,
dass diese essen? 6 Dies sagte er aber, um ihn auf die Probe zu stellen;
denn er wusste, was er tun wollte. 7 Philippus antwortete ihm: Für
zweihundert Denare Brote reichen nicht für sie, dass jeder (auch nur)
ein wenig bekommt. 8 Einer von seinen Jüngern, Andreas, der Bruder
des Simon Petrus, sagt zu ihm: 9 Es ist ein kleiner Junge hier, der fünf
Gerstenbrote und zwei Fische hat. Aber was ist dies für so viele? 10 Jesus
sagte: Macht, dass die Leute sich lagern! Es war aber viel Gras an dem
Ort. Es lagerten sich nun die Männer, an Zahl etwa fünftausend.

11 Jesus aber nahm die Brote, dankte und gab sie denen, die da
lagerten; ebenso auch von den Fischen, so viel sie wollten. 12 Als sie
aber gesättigt waren, sagt er zu seinen Jüngern: Sammelt die übrig
gebliebenen Brocken, damit nichts umkomme! 13 Sie sammelten nun
und füllten zwölf Körbe mit Brocken von den fünf Gerstenbroten, die
übrig geblieben waren von denen, die gegessen hatten. 14 Als nun die
Menschen das Zeichen sahen, das Jesus getan hatte, sagten sie: Dieser
ist wahrhaftig der Prophet, der in die Welt kommen soll. 15 Jesus nun,
als er erkannte, dass sie kommen und ihn ergreifen wollten, um ihn
zum König zu machen, zog sich wieder zurück auf den Berg, er allein.

Die überlieferte Abfolge der Kap. 5 und 6 wird von vielen Exegeten nicht als die ursprüngliche angesehen. Wenn man Kap. 6 vorziehe, komme es organisch zum Abschluss des öffentlichen Wirkens in *Galiläa*, das mit einer Krise und einem Bruch endet. Danach konzentriere sich das Interesse auf die Ereignisse und Auseinandersetzungen in *Jerusalem*. Kap. 7, besonders 7,15-24, setze die heftige Diskussion von Kap. 5 fort. So ergebe die Reihenfolge der Kap. 6; 5; 7 „eine szenisch-dramaturgisch stimmige Handlungssequenz“ (M. Theobald). Andere Exegeten sehen neuerdings in Kap. 6 die christliche „relecture“ des Pascharahmens im Johannesevangelium (Joh 6,4 erstes Paschafest und ab Joh 11,55 das letzte Paschafest), der aufgrund szenischer Beobachtungen ein konzentrischer Aufbau zugrunde liege. Kap. 6 sei nachträglich in den Zusammenhang von Joh 5 und 7 eingefügt worden. Sie plädieren also für die Beibehaltung der überlieferten Kapitelfolge, zumal es für den rekonstruierten Text keine Handschrift als Beleg gibt.

In den Kapp. 5-12, vor allem in Kap. 5; 6; 9 und 11, verbindet Johannes öfters einen „Zeichen"-bericht mit einer längeren Offenbarungsrede.

1. **Joh 6,1-4**: Anders als bei den Synoptikern ist die Erzählung von der „Speisung der Fünftausend" bei Johannes viel stärker auf die Person Jesu konzentriert. Von Anfang an hat er die Initiative, und er bleibt die alles beherrschende Gestalt.

Am Ostufer des Sees von Tiberias zieht eine große Menschenmenge hinter Jesus her, weil sie die Zeichen sahen, die er an den Kranken wirkte. Diese Bemerkung erinnert (wieder) an Joh 2,23f und 4,45. Es sieht so aus, als wolle der Evangelist gleich zu Beginn der Erzählung auf das Missverständnis aufmerksam machen, mit dem so viele Menschen zu ihm oder mit ihm unterwegs sind. Ihre falschen Erwartungen werden schließlich zum Bruch mit Jesus führen.

Um sich dem Andrang dieser Menge zu entziehen, steigt Jesus auf „den Berg" und setzt sich dort mit seinen Jüngern nieder. „Der Berg" ist von alters her symbolischer Ort der Begegnung mit Gott, hier der Nähe Jesu mit dem Vater. Der Hinweis auf die Nähe des Paschafestes erinnert an die Speisung des Volkes Israel in der Wüste (Ex 16). Diese Geschichte gehört zu den Lesungen der Festliturgie. In der Bezeichnung „Fest der Juden" schwingt wieder – wie in Joh 2,13 – eine gewisse Distanz mit. Zugleich lässt die Zeitangabe auf hintergründige Weise die Passion Jesu als Vollendung seiner Sendung anklingen.

Diese Szene ist wie ein Bild für die innere Distanz, mit der Jesus denen begegnet, die meinen, ohne persönlichen Glauben an ihn auszukommen. Äußerlich gesehen steht Jesus auf der Höhe des Erfolgs. Die Menschenmenge wird hier auf etwa fünftausend Männer geschätzt. Aber für Jesus ist allein die Treue zu der Sendung maßgebend, die ihm der Vater aufgetragen hat (Joh 4,34). Es bleibt ihm nicht erspart, den schmerzlichen Prozess der Klärung herbeizuführen. „Der Berg" als Ort der Gottesnähe erinnert auch an den Sinai, auf dem Mose wichtige Offenbarungen Jahwes für sein Volk empfangen hatte. Da Jesus auch nach dem Mahl wieder auf den Berg zurückkehrt, erscheint die Speisung als ein besonderes Offenbarungsgeschehen.

2. **Joh 6,5-15**: Jesus sieht die Not der Menge, ihren Hunger nach Leben. Doch was ist das für ein Leben, nach dem diese Menschen sich sehnen? „Die Gedanken seines Herzens gehen von Geschlecht zu Geschlecht, ihr Leben dem Tod zu entreißen und sie zu erhalten in der Not ihres Hungers“ (vgl. Ps 32,11.19). Die Jünger verstehen die Gedanken seines Herzens nicht. Philippus denkt von dem viel zu wenigen Geld her und Andreas von dem viel zu kleinen Vorrat an Brot und Fischen. Sie denken nicht von Jesus her und offenbaren so ihre innere Distanz zu ihm. Woher das Brot nehmen, um die vielen zu sättigen „in der Not ihres Hungers?“

Jesus veranlasst die Leute, sich wie bei einem Mahl niederzulassen, denn es gab dort viel Gras. Er lässt sie lagern auf grünen Auen (Ps 23,1f). Dann nimmt er das Wenige, was gerade da ist, in seine Hände und eröffnet wie ein jüdischer Hausvater mit dem Lobpreis das Mahl. In seinen Händen wird das Wenige zum Zeichen der Fülle, zur Verheißung, dass Er die Erfüllung aller menschlichen Sehnsucht ist. Er teilt *aus so viel sie wollen*. Er allein kann allen Lebenshunger der Menschen stillen. Die Brote können *das Brot* nicht fassen, das sie sättigen möchte. Leben und Fülle, gebunden an die Armut des Zeichens, gehen an den Menschen vorüber. In der johanneischen Darstellung wird deutlich, warum Jesus selbst *das Brot* für die vielen austeilt.

Die Vielen sind satt geworden von den Broten und doch hungrig geblieben, weil sie *das Brot* nicht schmecken in den Broten, weil sie das Zeichen übersehen – selbst bei der Fülle, die übrig bleibt: Die Jünger sammeln und füllen zwölf Körbe mit den Stücken, die von den fünf Gerstenbroten übrig bleiben, „damit nichts verdirbt“. Es bleibt mehr übrig als Jesus ausgeteilt hat. Zwölf Körbe – wie damals, als der Prophet Elischa mit zwanzig Gerstenbroten hundert Männer gespeist hat (2 Kön 4,42-44). So sagt die Erzählung, dass hier einer wirkt, der größer ist als Elischa, größer noch als Mose. Hier begegnen sie in dem guten Hirten Jesus Gott selbst, der für sein Volk sorgt.

Nicht so deutlich wie Mk 6,41 scheint in Joh 6,11 die Eucharistie als liturgische Mahlhandlung durch. In der großen Rede vom „Brot des Lebens“ (Joh 6,22-51) gibt Johannes „eine vertiefte theologische Interpretation der eucharistischen Handlung“ (U. Wilckens), in der Jesus sich selbst als Speise zum ewigen Leben geben wird.

Doch die Menge missversteht die Fülle vor ihren Augen. Sie glauben, in Jesus den endzeitlichen Propheten, den „neuen Mose“ zu entdecken (vgl. Dtn 18,15.18). Damit sagen sie etwas Richtiges, aber sie ziehen falsche Schlüsse daraus. Sie wollen nach ihm greifen und ihn zu ihrem „König" machen. Sie ahnen ebenso wenig wie seine Jünger, dass sein Reich nicht von dieser Welt ist (Joh 18,36 f).

So entzieht sich Jesus ihrem Ansinnen und kehrt zurück auf „den Berg", „er allein" – mit dem Vater. Auch diese Szene macht deutlich, dass er sich dem Zugriff allzu menschlicher Erwartungen widersetzt. Hier zieht er sich sogar von seinen Jüngern zurück. Der Prozess der Klärung geht weiter, und die Trennung (Joh 6,66) bereitet sich vor.

Jesus begegnet den Jüngern auf dem See: Joh 6,16–21

6 [16] Als es aber Abend geworden war, gingen seine Jünger hinab an den See; [17] und sie stiegen in ein Boot und fuhren über den See nach Kapharnaum. Und es war schon finster geworden, und noch war Jesus nicht zu ihnen gekommen; [18] und der See wurde aufgewühlt, da ein starker Wind wehte. [19] Als sie nun etwa fünfundzwanzig oder dreißig Stadien gefahren waren, sehen sie Jesus auf dem See einhergehen und nahe an das Boot herankommen, und sie erschraken. [20] Er aber sagt zu ihnen: Ich bin es, erschreckt nicht! [21] Sie wollten ihn ins Boot nehmen, und sogleich war das Boot am Land, wohin sie fuhren.

Nach der Speisung einer großen Volksmenge am östlichen Ufer des „Sees von Galiläa" hatte Jesus sich dem Zugriff der Menschen entzogen und war „allein" auf den Berg zurückgekehrt. Auch die Jünger blieben sich selbst überlassen. Mit diesem „Rückzug" hatte Jesus noch einmal verdeutlicht, dass es ihm um mehr geht, als den Hunger der Menschen mit Brot zu stillen. Die folgende Geschichte ist aus der Perspektive der Jünger erzählt.

Inzwischen ist es Abend geworden, und die Jünger sind noch immer allein. So brechen sie schließlich ohne Jesus auf und fahren mit dem Boot bei Nacht über den See nach Kapharnaum ans andere Ufer. Die Finsternis (*skotía*), in der die Jünger unterwegs sind, ist wie ein Bild ihrer inneren Verfassung: Wer in der Finsternis ist, weiß nicht, wohin er geht (Joh 12,35c). Sie haben ihre Orientierung verloren…

Fern von Jesus, ausgeliefert dem Wind, den Wellen, der Finsternis treiben sie irgendwo auf dem See. Das alte Ufer haben sie aus dem Auge verloren, das andere Ufer kommt nicht in Sicht. Finsternis, Sturm und aufgewühlte See sind ein starkes Bild für die Erfahrung der Abwesenheit Jesu.

In dieser Situation sehen die Jünger Jesus über den See schreiten auf das Boot zu, in dem sie waren. Sie sehen das Licht, das ihre Finsternis erhellt (vgl. Joh 1,4). Sie sehen, dass die Finsternis keine Macht über ihn hat, dass Sturm und aufgewühlte See, Chaos und Todesgewalten ihn nicht berühren. Jesus kommt zu den Jüngern wie Jahwe zu den Gottesmännern des alten Bundes in der Nacht ihres Glaubens, in der Ohnmacht ihres Unglaubens. „Und sie erschrecken". Die Jünger werden von heiligem Schauer überwältigt, als sie in Jesus die Macht Jahwes entdecken.

Ihre Angst und ihren Schrecken überwindend, spricht Er die Sprachlosen an: ICH BIN (es), erschreckt nicht! Mit einem Schlag hat sich die ganze Situation gewandelt. Da wollen die Jünger ihn ins Boot nehmen (*lambáno*). Dieser Satz erinnert an Joh 1,12: „Denen, die ihn aufnehmen (*lambáno*), gibt Er Macht, Kinder Gottes zu werden, denen, die an Seinen Namen glauben". Und sogleich (*eútheos*) ist das Boot an dem Ufer, das sie erreichen wollten...

Durch das Wort, das er zu ihnen spricht, haben sie wieder Orientierung und festen Boden unter den Füßen.

Mit diesem Ende der Geschichte will der Evangelist die Erfahrung der Jünger ausdrücken, dass Jesu plötzliche Nähe, dass seine unvermutete Präsenz ihrer inneren Not und Orientierungslosigkeit ein Ende macht, und alle Angst wie ein Alptraum beim Erwachen plötzlich verschwindet. Es ist eine umfassende Deutung ihrer bisherigen Jesuserfahrung, die sie für die unausweichlich kommende Krise und Auseinandersetzung stärkt.

Jesus – das Brot des Lebens: Joh 6,22-59

6 [22] Am Tag darauf sah die Volksmenge, die am anderen Ufer des Sees stand, dass dort kein anderes Boot war, als nur eines, und dass Jesus nicht mit seinen Jüngern in das Boot gestiegen, sondern seine Jünger allein weggefahren waren. [23] Es kamen aber andere Boote aus Tiberias nahe an den Ort, wo sie das Brot gegessen, nachdem der Herr gedankt hatte. [24] Da nun die Volksmenge sah, dass Jesus nicht dort

war, auch seine Jünger nicht, stiegen sie in die Boote und kamen nach Kapharnaum und suchten Jesus. 25 Und als sie ihn am anderen Ufer des Sees gefunden hatten, sagten sie zu ihm: Rabbi, wann bist du hierher gekommen?

26 Jesus antwortete ihnen und sagte: Amen, amen, ich sage euch: Ihr sucht mich, nicht weil ihr Zeichen gesehen, sondern weil ihr von den Broten gegessen habt und gesättigt worden seid. 27 Müht euch nicht für die Speise, die vergeht, sondern für die Speise, die bleibt zum ewigen Leben, die der Menschensohn euch geben wird! Denn diesen hat der Vater, Gott, beglaubigt.

28 Sie sagten zu ihm: Was sollen wir tun, damit wir die Werke Gottes wirken? 29 Jesus antwortete und sagte zu ihnen: Dies ist das Werk Gottes, dass ihr an den glaubt, den er gesandt hat.

30 Sie sagten zu ihm: Was tust du denn für ein Zeichen, damit wir (es) sehen und dir glauben? Was tust du? 31 Unsere Väter aßen das Manna in der Wüste, wie geschrieben steht: «Brot aus dem Himmel gab er ihnen zu essen.» 32 Da sagte Jesus zu ihnen: Amen, amen, ich sage euch: Nicht Mose hat euch das Brot aus dem Himmel gegeben, sondern mein Vater gibt euch das Brot aus dem Himmel, das wahre. 33 Denn das Brot Gottes ist der, welcher aus dem Himmel herab kommt und der Welt das Leben gibt. 34 Da sagten sie zu ihm: Herr, allezeit gib uns dieses Brot! 35 Jesus sagte zu ihnen: Ich bin das Brot des Lebens: Wer zu mir kommt, wird nicht hungern, und wer an mich glaubt, wird nie mehr dürsten.

36 Aber ich habe euch gesagt, dass ihr mich gesehen habt und nicht glaubt. 37 Alles, was mir der Vater gibt, kommt zu mir, und wer zu mir kommt, den werde ich nicht hinaus stoßen; 38 denn ich bin vom Himmel herabgekommen, nicht dass ich meinen Willen tue, sondern den Willen dessen, der mich gesandt hat. 39 Dies aber ist der Wille dessen, der mich gesandt hat, dass ich von allem, was er mir gegeben hat, nichts verliere, sondern es auferwecke am letzten Tag. 40 Denn dies ist der Wille meines Vaters, dass jeder, der den Sohn sieht und an ihn glaubt, ewiges Leben habe; und ich werde ihn auferwecken am letzten Tag.

41 Da murrten die Juden über ihn, weil er sagte: Ich bin das Brot, das aus dem Himmel herab gekommen ist; 42 und sie sagten: Ist dieser nicht Jesus, der Sohn Josefs, dessen Vater und Mutter wir kennen? Wie sagt er jetzt: Ich bin aus dem Himmel herabgekommen? 43 Jesus antwortete und sagte zu ihnen: Murrt nicht untereinander! 44 Niemand kann zu mir kommen, wenn nicht der Vater, der mich gesandt hat, ihn zieht; und ich werde ihn auferwecken am letzten Tag. 45 Es steht in den Propheten geschrieben: «Und sie werden alle von Gott belehrt sein.» Jeder, der von

dem Vater gehört und gelernt hat, kommt zu mir. [46] Nicht dass jemand den Vater gesehen hat, außer dem, der von Gott ist, dieser hat den Vater gesehen. [47] Amen, amen, ich sage euch: Wer glaubt, hat ewiges Leben.

[48] Ich bin das Brot des Lebens. [49] Eure Väter haben in der Wüste das Manna gegessen und sind gestorben. [50] Dies aber ist das Brot, das aus dem Himmel herab kommt, damit man davon esse und nicht sterbe. [51] Ich bin das lebendige Brot, das aus dem Himmel herabgekommen ist; wenn jemand von diesem Brot isst, wird er leben in Ewigkeit. Das Brot aber, das ich geben werde, ist mein Fleisch für das Leben der Welt.

[52] Da stritten die Juden untereinander und sagten: Wie kann dieser uns sein Fleisch zu essen geben? [53] Da sprach Jesus zu ihnen: Amen, amen, ich sage euch: Wenn ihr nicht das Fleisch des Menschensohnes esst und sein Blut trinkt, habt ihr kein Leben in euch selbst. [54] Wer mein Fleisch isst und mein Blut trinkt, hat ewiges Leben, und ich werde ihn auferwecken am letzten Tag; [55] denn mein Fleisch ist wahre Speise, und mein Blut ist wahrer Trank. [56] Wer mein Fleisch isst und mein Blut trinkt, bleibt in mir und ich in ihm. [57] Wie der lebendige Vater mich gesandt hat, und ich lebe um des Vaters willen, so wird auch, wer mich isst, leben um meinetwillen. [58] Dies ist das Brot, das aus dem Himmel herabgekommen ist. Nicht wie (das Brot, das) die Väter aßen und starben; wer dieses Brot isst, wird leben in Ewigkeit. [59] Dies sagte er, als er in der Synagoge zu Kapharnaum lehrte.

1. **Joh 6,22-25:** Die Volksmenge war nach der Brotvermehrung über Nacht am Ostufer des Sees geblieben und entdeckte am nächsten Morgen, dass kein Boot mehr da ist und Jesus wie vom Erdboden verschwunden. Darauf entscheiden sie, sich von den Booten, die von Tiberias herankommen, nach Kafarnaum ans andere Ufer bringen zu lassen, um Jesus dort zu suchen. Als sie ihn schließlich finden, fragen sie ihn: „Rabbi, wann bist du hierher gekommen?“

2. **Joh 6,26-29:** Anstatt auf ihre Frage zu antworten, konfrontiert Jesus die Menge mit dem wahren Motiv ihrer Suchbewegung. Sie suchen ihn nicht, weil sie in der Brotvermehrung Gottes Wirken und ein Zeichen seiner göttlichen Sendung gesehen hätten, sondern weil sie satt geworden sind und diese Erfahrung immer wiederholen möchten. Sie bleiben – wie die Samariterin in Joh 4,15 – bei dem äußeren Geschehen stehen. Sie sind unfähig oder gar unwillig, darin Gottes „Herrlichkeit“ zu sehen und in Jesus das Brot für ihren Lebenshunger zu

erkennen. Sie wollen die Erfahrung materieller Sättigung, die sie mit Jesus gemacht haben, weiter verfügbar haben, wenn nötig auch mit Gewalt (Joh 6,15). Jesus aber geht es letztlich um eine andere Qualität von Leben, um die Erfahrung von Sinn und Erfüllung, die sich nicht verbraucht. Diese „Speise", „die bleibt zum ewigen Leben", wird der Menschensohn geben, den Gott „mit seinem Siegel beglaubigt", d.h. dazu autorisiert hat. Das Futur (*dósei*) kann schon darauf hinweisen, dass Jesus als der beim Vater Erhöhte der Kirche im eucharistischen Mahl diese Speise geben wird.

In ihrer Antwort spiegelt sich der fundamentale Widerspruch zu dem, was Jesus der Menge vermitteln will: „Was sollen wir tun, um die Werke Gottes zu wirken?" Als ob Menschen jemals aus eigener Initiative und Kraft Gottes Werke tun könnten. Sie trauen sich selbst zu, was nur Jesus vollbringen kann, weil er von Gott dazu ermächtigt ist. Es geht nicht darum, Werke im Sinn des jüdischen Gesetzes (Tora) zu tun, sondern sich dem Wirken Gottes zu öffnen, um an den zu glauben, den er gesandt hat: Jesus, den Messias (Christus). Glauben kann ein Mensch nur, wenn es ihm von Gott gegeben ist. Aus einer Leistungsmentalität heraus kann keine Beziehung zu Gott gelingen.

3. **Joh 6,30-40**: Auf Jesu Glaubensforderung antworten sie mit einer Zeichenforderung: „Was tust du denn für ein Zeichen, damit wir (es) sehen und dir glauben?" Dazu verweisen sie auf die wunderbare Speisung der Exodusgeneration in der Wüste und unterstreichen ihre Forderung noch mit einem Beleg aus der Hl. Schrift: „Brot aus dem Himmel gab er ihnen zu essen" (Ps 78,24). Wie Gott damals Mose durch die tägliche Mannaspeisung als Propheten legitimiert hat, so soll Jesus sich auch durch die Wiederholung der Brotvermehrung als Prophet ausweisen. Sie offenbaren also mit eigenen Worten, dass sie die Brotvermehrung am See nicht als Zeichen verstehen und sich weigern, an Jesus als den Gesandten Gottes zu glauben (V. 29).

Jesus beginnt seine Antwort wieder (V. 29) mit dem doppelten Amen-wort und bezeichnet damit seine Deutung des Mannawunders absolut als Offenbarung. Nicht Mose hat den Israeliten das „Brot vom Himmel" gegeben, weil das Manna kein solches Brot war. Vielmehr *gibt* Gott selbst *jetzt* das Brot, das in Wahrheit „himmlischen Ursprungs" ist: Jesus, der als Offenbarer Gottes eine Qualität von Leben vermittelt, die alle menschlichen Erwartungen übersteigt. Das ist letztlich die in Jesus

Person gewordene bedingungslose Zusage, von Gott „bis zuletzt", „bis zum Letzten" geliebt zu sein (vgl. Joh 13,1).

Die Menge aber bleibt weiter ganz darauf fixiert, die materiellen Belange ihres Lebens zu sichern und antwortet auf die Einladung Jesu ähnlich wie die Samariterin in Joh 4,15: Herr, gib uns immer dieses Brot!

Mit dem feierlichen „ICH BIN das Brot des Lebens" will Jesus sich als der zu erkennen geben, der allein den Hunger der Menschen nach sinnerfülltem Leben stillen kann. *Er* ist der geschichtliche Ort der Lebenszuwendung Gottes zum Menschen. Im Bildwort „Brot" wird diese Zuwendung als Gabe sichtbar, aber das durch sie vermittelte „Neue Leben" bleibt für uns unverfügbar. Empfangen kann dieses Brot nur, wer zu Jesus kommt und an ihn als den Gesandten und Offenbarer des Vaters glaubt. Der Glaube ist eine Bewegung auf Jesus zu. Nur in dieser Bewegung werde ich die letzte Erfüllung meiner Lebenssehnsucht finden (Joh 6,39f).

4. **Joh 6,41-47**: Darauf reagieren die „Juden" (hier wieder als Repräsentanten des Unglaubens) empört. Wie kann jemand, dessen Familie und Herkunft bekannt sind, so etwas von sich behaupten! Sie „murren" wie einst die Väter und Mütter in der Wüste sich gegen Gott aufgelehnt haben. Sie stoßen sich am Menschsein Jesu. In ihrem Widerstand bleibt ihnen das „ICH-BIN-Geheimnis" Jesu verschlossen.

Jesus verdeutlicht jetzt das „Kommen", die Bewegung des Glaubens auf ihn hin: Zu ihm kann nur kommen, wen der Vater „zieht". „Damit ist ein liebevolles inneres Bewegen gemeint, wie es Israel ... als Ursprung seiner Gottesbeziehung erfahren und bezeugt hat. Nur weil Gott dieses Volk als sein besonderes Eigentum aus allen Völkern erwählt hat (Ex 19,4-6), kann es ihm als „seinem" Gott vertrauen und auf seinen Wegen gehen" (U. Wilckens). Sehr eindrucksvoll sagt das Buch Jeremia: „Ich habe dich je und je geliebt, darum habe ich dich zu mir *gezogen* aus lauter Güte" (Jer 31,3). „Ohne diese liebevolle Zuwendung und Führung Gottes" kann kein Mensch zum Glauben an Jesus finden. Aber niemand ist von ihr ausgeschlossen. Jeder Weg zum Glauben an Jesus ist Gabe, Zeichen der persönlichen Lebenszuwendung Gottes zum Menschen, die in der Auferweckung am Jüngsten Tag ihre Vollendung findet.

Jesus bekräftigt seine Einladung, sich „ziehen" zu lassen, mit einem Wort aus den Propheten: „Alle werden von Gott belehrt sein", das eher eine Anspielung auf Jes 54,13 und Jer 31,33ff. ist als ein Zitat. Das „vom Vater hören und lernen" bezieht sich auf die Schrift. Johannes versteht das Alte Testament als Zeugnis des Vaters für Jesus, den Messias. Wer dieses Zeugnis annimmt, d.h. das „Gehörte" im heilsentscheidenden Sinn „lernt" (vgl. Dtn 6,5), der kommt zu Jesus. Das „Ziehen" des Vaters „mit Stricken der Liebe" (vgl. Hos 11,4) findet in der freien Glaubensentscheidung des Menschen sein Ziel.

Damit unterstreicht der Evangelist, dass die murrenden „Juden" „nicht nur im Gegensatz zu Jesus, sondern auch zur Schrift und so zu ihrer eigenen Vergangenheit" stehen (J. Blank). Einen Weg zu Gott, zum ewigen Leben an Jesus vorbei gibt es nicht. Denn „außer dem, der von Gott gekommen ist" und „den Vater gesehen" hat, kann niemand authentisch Kunde von ihm geben. Alle bisherige Offenbarung kann nur eine vorläufige sein. In dem wiederholten doppelten Amen-wort fasst Jesus seine Einladung zum Glauben noch einmal eindrücklich zusammen: „Wer glaubt, *hat* das ewige Leben" (V. 47), d.h. er ist schon hinein genommen in die „Lebenswirklichkeit des Auferstandenen und gegenwärtigen Christus" (J. Blank).

5. **Joh 6,48-51**: Dann wiederholt Jesus das zentrale Bildwort: „ICH BIN das Brot des Lebens" und bekräftigt noch einmal den qualitativen Unterschied zum Manna, das die Väter- und Müttergeneration in der Wüste gegessen hat. Während sie alle gestorben sind, werden die, die von dem Brot essen, das Jesus ist, nicht sterben, weil er – wie der Vater – das Leben in sich hat (Joh 5,26). Dieses Brot ist „sein Fleisch *für* das Leben der Welt". Das ist ein Hinweis auf Jesu Hingabe in den Tod, der nach urchristlicher Auffassung ein Tod für das Heil aller Menschen ist. Das Wort „Fleisch" ist von Joh 1,14 her zu verstehen: „Jesus ist der Logos, der *Fleisch geworden ist* und als solcher gibt er sich im eucharistischen Mahl selbst als das Lebensbrot" (U. Wilckens). Eucharistie kann also nur von der Inkarnation her verstanden werden.

In Vers 51 hat der Evangelist den Übergang von der Brotrede zur Eucharistierede formuliert.

6. **Joh 6,52-59**: Die Reaktion der „Juden" offenbart das durchgehende Missverständnis, das diesmal Jesu letztes Wort (V. 51 c) bei ihnen ausgelöst hat: „Wie kann dieser uns sein Fleisch zu essen geben!" Jesus unternimmt nun keinen Versuch mehr, das Missverständnis aufzuklären.

Stattdessen wiederholt und verschärft er seine Aussage und leitet sie hier zum vierten Mal mit dem doppelten Amen-wort als Offenbarung ein. Wie vorher der Glaube an Jesus die Voraussetzung für den Anteil am ewigen Leben ist, so ist das Essen und Trinken vom Fleisch und Blut des Menschensohnes die Voraussetzung dafür, das Leben des Auferstandenen und Erhöhten in sich zu haben. Ohne Teilnahme an der Eucharistie gibt es keinen Anteil am ewigen Leben, an der Auferweckung am Jüngsten Tag. Der Ausblick auf die Heilsvollendung gehört zur urchristlichen Abendmahlsüberlieferung (1 Kor 11,26; Mk 14,25 par).

V. 55 betont ausdrücklich, dass Fleisch und Blut Jesu „wahre Speise" und „wahrer Trank" sind, d.h. Jesus als der „Fleisch" gewordene Sohn Gottes und der durch sein Kreuz beim Vater Erhöhte und Verherrlichte geht durch das Essen und Trinken der eucharistischen Gaben so in das irdische Leben der Menschen ein, dass er es zum ewigen Leben hin verwandelt. Es handelt sich also nicht nur um ein symbolisches Essen und Trinken, sondern um ein wirkliches Mahl, bei dem die Teilnehmer in Jesus bleiben und Jesus in ihnen. Diese wechselseitige Verbindung, die uns später auch in der Bildrede vom „wahren Weinstock" (Joh 15,4-7) begegnet, ist Ausdruck der Innigkeit und Dauer der Gemeinschaft mit Jesus. Sie hat ihren Ursprung und ihr Urbild in der Einheit und Verbundenheit Jesu mit dem Vater.

Die Wirkung des sakramentalen Essens und Trinkens besteht also in der Festigung und Vertiefung der personalen Beziehung zu Jesus Christus und überbietet bei weitem die Speisung der Väter und Mütter in der Wüste. Sie konnte den Hunger und Durst nach sinnerfülltem Leben, das „bleibt", nicht stillen.

Mit V. 59 wird die Rede in der Synagoge von Kapharnaum abgeschlossen.

Krise und Entscheidung: Joh 6,60-71

6 60 Viele nun von seinen Jüngern, die es gehört hatten, sagten: Hart ist
diese Rede. Wer kann sie hören? 61 Da aber Jesus bei sich selbst wusste,
dass seine Jünger darüber murrten, sagte er zu ihnen: Daran nehmt ihr
Anstoß? 62 Wenn ihr nun den Menschensohn dahin aufsteigen seht, wo
er vorher war? 63 Der Geist ist es, der lebendig macht; das Fleisch nützt
(bewirkt) nichts. Die Worte, die ich zu euch geredet habe, sind Geist und

sind Leben; [64] aber es sind einige unter euch, die nicht glauben. Denn
von Anfang an wusste Jesus, welche es waren, die nicht glaubten, und
wer es war, der ihn ausliefern werde. [65] Und er sagte: Darum habe ich
euch gesagt, dass niemand zu mir kommen kann, wenn es ihm nicht
vom Vater gegeben ist.
[66] Von da an gingen viele seiner Jünger zurück und gingen nicht mehr
mit ihm. [67] Da sagte Jesus zu den Zwölf: Wollt auch ihr weggehen? [68]
Simon Petrus antwortete ihm: Herr, zu wem sollen wir gehen? Worte
ewigen Lebens hast du; [69] und wir haben geglaubt und erkannt, dass du
der Heilige Gottes bist. [70] Jesus antwortete ihnen: Habe ich nicht euch,
die Zwölf, erwählt? Und einer von euch ist ein Teufel. [71] Er redete aber
von Judas, dem Sohn des Simon Iskariot; denn dieser hatte die Absicht,
ihn auszuliefern, einer von den Zwölfen.

1. **Joh 6,60-65**: Viele seiner Jünger empfinden die „Klarstellungen" Jesu (Joh 6,53-58) als unerträglich. Jesus *weiß*, dass sie darüber murren. Mehrfach steht im Johannesevangelium, vor allem in der Passionsgeschichte, das griechische Wort *eídos*. Es bedeutet soviel wie „wohl wissend, dass" oder „sich voll bewusst sein bzw. sich voll darüber im Klaren sein, was da vor sich geht bzw. was da bevorsteht". Ein paar Verse weiter ergänzt Johannes, dass Jesus von Anfang an *wusste*, wer jene waren, die nicht glaubten, und wer ihn verraten würde (Joh 6,64 b). M. a. W.: Jesus ist sich über die Wirkung seiner Konfrontation völlig im Klaren. In der Sicht des Evangeliums ist Glaube ohne eine persönliche Beziehung zu ihm als dem Offenbarer und Gesandten des Vaters nicht möglich. Diese Zumutung kann Jesus niemand ersparen. Die Möglichkeit des Ärgernisses lässt sich nicht umgehen. Wie vorher „die Juden", so „murren" jetzt seine Jünger. Auch sie weigern sich, von Jesus, dem „Sohn Josefs, dessen Vater und Mutter wir kennen", „Worte des ewigen Lebens" anzunehmen. Jesus fragt die Murrenden: „Das ärgert euch?" oder: „Daran nehmt ihr Anstoß?" Wenn sie von seinem Herabkommen nichts hören wollen, wie werden sie dann reagieren, wenn sie ihn dorthin aufsteigen sehen, wo er vorher war. Wie groß wird der Anstoß, ja der Schock sein, wenn sein Aufstieg zum Himmel sich am Kreuz ereignet und seine Sendung dort zur Vollendung kommt.

Der ganze Weg Jesu ist allein nach irdischen Maßstäben (vom „Fleisch" her) nicht zu verstehen. „Der Geist ist es, der lebendig macht", d.h. er bewirkt den Glauben an Jesus und ermöglicht das rechte Verständnis seiner Person und seiner Sendung. Wer sich der Wirkung des Geistes öffnet, wird die Erfahrung machen, dass Jesu Worte „Geist und Leben“ sind. Das ist noch einmal eine Aufforderung zum Glauben. Zum Schluss wiederholt Jesus (Joh 6,44), dass Glaube nicht einfach das Ergebnis menschlicher Entscheidung ist, sondern sich göttlicher Zuwendung verdankt, von der aber niemand ausgeschlossen ist.

2. **Joh 6,66–71**: Daraufhin kommt es zum Abfall der vielen Jünger aus Galiläa. Wörtlich steht da: Sie gehen „nach rückwärts“, d.h. sie gehen dorthin, von woher sie einmal gekommen sind, um sich Jesus anzuschließen. Sie verlassen die Gemeinschaft mit ihm und gehen zurück in die Synagoge. Ihre Trennung von Jesus scheint endgültig zu sein.

Bei ihm geblieben sind nur die Zwölf, und auch diese Wenigen fragt Jesus: Wollt nicht auch ihr gehen? Noch einmal wird deutlich, dass ein Unterwegssein mit Jesus ohne persönliche Glaubensentscheidung keine Zukunft hat. Wollt nicht auch ihr gehen? Die Jünger werden nach ihrer Erfahrung mit Jesus gefragt. Sie sollen Auskunft geben, warum sie noch bei ihm sind. Simon Petrus antwortet. In seinem Doppelnamen spiegelt sich seine Glaubensgeschichte, seine Beziehung zu Jesus. Er spricht aus, warum Jesus sie nicht „loslässt“: „Herr, zu wem sollen wir gehen? Worte ewigen Lebens hast du“. Sein Wort hat sie einmal getroffen und ihr Leben in einen neuen Horizont hinein gestellt. Sein Wort hat sie aus ihren „Wohnungen“ geholt und auf einen Weg gebracht, wo sie Größeres sahen (vgl. Joh 1,50). In Jesu Wort war eine Freiheit anwesend, von der sie nicht mehr loskamen. Ohne sein Wort würden sie in den Hunger und Durst ihres „alten“ Lebens zurückfallen (vgl. Joh 6,34). In der Antwort des Petrus sammeln sich die Wegerfahrungen der Jünger mit Jesus – ohne eine Spur von Ratlosigkeit. Das Weggehen der Anderen hat ihre Beziehung zu ihm nicht erschüttert. Im Umgang mit Jesus hat eine Gewissheit in ihnen zu keimen begonnen, eine Ahnung von dem, was *Leben* ist. Aus dieser Erfahrung findet Petrus zum vollen Glauben an Jesus: „Wir haben geglaubt und erkannt: du bist der Heilige Gottes“. Mit dem „wir“ setzen sich die Zwölf bewusst von den vielen ab, die Jesus verlassen haben.

In diesem einmaligen Bekenntnis spricht sich das Persongeheimnis Jesu aus, seine wesenhafte Einheit mit dem Vater (Joh 17,11). Er ist die ungeteilte Zuwendung und unverbrauchte Treue des heiligen Gottes zu seinem Volk.

In scharfem Kontrast zum Bekenntnis des Petrus steht die Ankündigung des Verrats. Die Macht des Bösen reicht wie ein unlösbarer Schatten bis in die unmittelbare Nähe Jesu. Selbst *er* konnte „einen von den Zwölf“ nicht daran hindern, die Finsternis mehr zu lieben als das Licht (vgl. Joh 3,19). Die Erwählung erschließt dem Gerufenen das Geheimnis der Person Jesu und eröffnet ihm eine Qualität von Freiheit, die nirgendwo sonst erfahren werden kann. Diese Freiheit kann aber auch „verspielt“ werden. Der dunkle Ton, mit dem das Kapitel von Jesus, dem Lebensbrot, schließt, ist wie eine Warnung für jeden, der das Unterwegs*bleiben* mit Jesus für selbstverständlich hält und seine Frage unterschätzt: Wollt nicht auch ihr gehen?

Von jetzt an läuft alles auf die letzte Entscheidung in Jerusalem zu.

KAPITEL 7

Jesu heimlicher Gang zum Laubhüttenfest nach Jerusalem: Joh 7,1-14

7 [1] Und danach zog Jesus in Galiläa umher; denn er wollte nicht in Judäa umherziehen, weil die Juden ihn zu töten suchten. [2] Es war aber nahe das Fest der Juden, das Laubhüttenfest. [3] Da sagten nun seine Brüder zu ihm: Zieh von hier fort und geh nach Judäa, damit auch deine Jünger deine Werke sehen, die du tust! [4] Denn niemand tut etwas im Verborgenen, wenn er selbst öffentlich bekannt sein will. Wenn du diese Dinge tust, so zeige dich der Welt! [5] Denn auch seine Brüder glaubten nicht an ihn. [6] Jesus sagt nun zu ihnen: Meine Zeit ist noch nicht da, eure Zeit aber ist immer bereit. [7] Die Welt kann euch nicht hassen; mich aber hasst sie, weil ich von ihr Zeugnis gebe, dass ihre Werke böse sind. [8] Geht ihr hinauf zum Fest! Ich gehe nicht hinauf zum Fest; denn meine Zeit ist noch nicht erfüllt. [9] Nachdem er dies gesagt hatte, blieb er selbst in Galiläa.

[10] Als aber seine Brüder hinaufgegangen waren, da ging auch er hinauf zum Fest, nicht öffentlich, sondern wie im Verborgenen. [11] Die Juden nun suchten ihn auf dem Fest und sagten: Wo ist er? [12] Und viel Gerede war über ihn unter den Leuten; die einen sagten: Er ist gut; andere sagten: Nein, sondern er verführt die Volksmenge. [13] Niemand jedoch sprach öffentlich von ihm aus Furcht vor den Juden.

[14] Als aber schon die Mitte des Festes war, ging Jesus hinauf in den Tempel und lehrte.

1. **Joh 7,1-9**: Jesus hält sich wieder für einige Zeit in Galiläa auf, weil „die Juden“ ihm nach dem Leben trachten. Es ist Herbst und das Laubhüttenfest, das dritte große Wallfahrtsfest in Jerusalem, steht bevor. Ursprünglich war es das Fest der Obst- und Weinernte. Für diese Zeit baute man in den Obsthainen und Weingärten einfache Schutzhütten aus Ästen und Zweigen. Das Laubhüttenfest bekam später – wie das Paschafest – eine zusätzliche heilsgeschichtliche Bedeutung als Erinnerung an die Zeit, da Israel auf seinem langen Weg durch die Wüste in provisorischen Unterkünften wohnte (Lev 23,39-43). Es ist bis heute ein ausgesprochen fröhliches Fest und dauert sieben volle Tage. Zum Festinhalt gehörte auch die Bitte um den Herbstregen, die nach einem genau festgelegten Ritual vollzogen wurde. Dieser Hintergrund ist

nicht ohne Bedeutung für den Verlauf der Selbstoffenbarung Jesu auf diesem Fest.

Im Blick auf das bevorstehende Wallfahrtsfest in Jerusalem wird Jesus von seinen Brüdern aufgefordert, wieder nach Judäa zu ziehen und beim Laubhüttenfest die große Öffentlichkeit zu suchen. Wenn er der Messias Israels sein will, dann muss er als solcher in seinem Zentrum, in Jerusalem, auftreten. Auch die Propheten Amos, Jesaja und Jeremia hatten auf den großen Wallfahrtsfesten vor der Öffentlichkeit von ganz Israel ihre Botschaft den Leuten nahe gebracht. Doch das Ansinnen der Brüder liegt auf einer Ebene, die Jesus radikal ablehnt. Sie wollen, dass er die Menschen durch seine „Werke" beeindruckt und sie als Anhänger gewinnt. Er aber will den Glauben der Menschen, ihre freie Zustimmung zu ihm als Offenbarer und Gesandten Gottes. Das kann man nicht einfach so „machen". Dazu braucht es einen *kairós*, einen unverfügbaren Augenblick, in dem aus einer inneren Übereinstimmung mit Gott sein Wille geschieht, ein Moment, in dem ein Mensch entschlossen ganz und gar zum Werkzeug Gottes wird. Davon sind seine Brüder weit entfernt, denn sie glauben nicht an ihn. Er lehnt ihr Ansinnen rundweg ab mit dem Hinweis, dass seine Zeit (*kairós*) noch nicht gekommen ist.

Wer – wie die Brüder Jesu – in seiner Mentalität und seinem Handeln sich den üblichen Spielregeln unterwirft, um es hier zu Macht und Ansehen zu bringen, wird mit den Gepflogenheiten seines Umfelds nicht in Konflikt kommen und keinen Hass auf sich ziehen. Wer aber aus dem Zeitverständnis Jesu lebt, wird die Erfahrung machen, wie hart ihn die Ablehnung seiner Umwelt treffen kann.

Noch einmal betont Jesus, dass seine Zeit (*kairós*) noch nicht erfüllt ist (*peplerotai*), und bleibt in Galiläa. Dieses Wort deutet an, „dass der eigentliche *kairós* Jesu die Stunde seines Todes und seiner Verherrlichung ist" (J. Blank).

2. **Joh 7,10-14:** Als seine Brüder nach Jerusalem aufgebrochen waren, geht auch Jesus dorthin, nicht in aller Öffentlichkeit, wie sie es gern gesehen hätten, sondern „im Verborgenen". Auf den ersten Blick sieht das wie ein Widerspruch zu V. 8 aus. Aber ähnlich wie in Joh 2,4 folgt Jesus auch hier seiner eigenen Zeit, die sich nicht von außen bestimmen lässt. Der *kairós* für einen öffentlichen Auftritt ist noch nicht gekommen.

In Jerusalem wird viel über ihn geredet. Man erwartet, dass er zum Fest kommt und versucht, ihn unter den Festpilgern auszumachen. Die Meinung über ihn ist geteilt. Die einen halten ihn für gut, andere für gefährlich, weil er das Volk verführt. Ein solches Vergehen sollte nach jüdischem Recht mit dem Tod bestraft werden. Die gegensätzlichen Meinungen über Jesus werden nicht öffentlich ausgetragen „aus Furcht vor den Juden". Diese Bemerkung dürfte einen aktuellen Bezug zur Situation der johanneischen Gemeinden haben.

Als das Fest schon fast zur Hälfte vorüber war, geht Jesus aus der Anonymität heraus und beginnt im Tempelbezirk mit seiner Lehrtätigkeit.

Erneute Auseinandersetzungen um die Vollmacht Jesu: Joh 7,15-24

7,[15] Da wunderten sich die Juden und sagten: Wie kennt dieser die
Schriften, ohne sie gelernt zu haben? [16] Da antwortete ihnen Jesus und
sagte: Meine Lehre ist nicht meine, sondern die dessen, der mich ge-
sandt hat. [17] Wenn jemand seinen Willen tun will, wird er über die Leh-
re erfahren, ob sie von Gott ist oder ob ich von mir selbst rede. [18] Wer
von sich selbst redet, sucht seine eigene Ehre; wer aber die Ehre dessen
sucht, der ihn gesandt hat, der ist wahrhaftig, und Ungerechtigkeit ist
nicht in ihm.

[19] Hat nicht Mose euch das Gesetz gegeben? Und keiner von euch tut
das Gesetz. Was sucht ihr mich zu töten? [20] Da antwortete die Volksmen-
ge: Du hast einen Dämon. Wer sucht dich zu töten? [21] Jesus antwortete
und sagte zu ihnen: Ein Werk habe ich getan, und ihr alle wundert euch.
[22] Darum: Mose gab euch die Beschneidung – nicht dass sie von Mose
ist, sondern von den Vätern – und am Sabbat beschneidet ihr einen
Menschen. [23] Wenn ein Mensch die Beschneidung am Sabbat empfängt,
damit das Gesetz Moses nicht aufgehoben wird, wieso zürnt ihr mir, dass
ich einen ganzen Menschen gesund gemacht habe am Sabbat? [24] Urteilt
nicht nach dem Augenschein, sondern fällt ein gerechtes Urteil.

1. **Joh 7,15-18:** das plötzliche Auftreten Jesu in der Öffentlichkeit überrascht, zumal die Absicht der Hohenpriester und Pharisäer, Jesus zu töten, sich offenbar herumgesprochen hat. Aber auch seine Schriftkenntnis setzt sie in Erstaunen. Voraussetzung für eine authentische Auslegung der Hl. Schrift war, dass man sich über einige Jahre hin einem Rabbi anschloss und in einer Gruppe von Jüngern mit ihm eine

Art Lebensgemeinschaft bildete. In dieser Zeit ging es darum, die Hl. Schrift und die Tradition ihrer Auslegung genau kennen zu lernen und ein Leben zu führen, das der Tora entsprach. Mit etwa vierzig Jahren konnte man sich durch Handauflegung zum Rabbi ordinieren lassen. Die Autorität eines Rabbi wurde im Wesentlichen danach bemessen, in wieweit seine Schriftauslegung der von anderen Rabbinen entsprach, deren Autorität weitgehend anerkannt war.

Jesu Lehrautorität basiert aber nicht auf einer Tradition, wie sie bei den Rabbinen üblich war. Er lehrt wie einer, dessen Vollmacht die Menschen unmittelbar in Bann schlägt (Joh 7,46). Sie kommt von dem, der ihn gesandt hat. In seiner ganzen Existenz ist Jesus auf Gott hin ausgerichtet und kann nur von ihm her verstanden werden. Wer seinen Worten folgt, wird in Erfahrung bringen, ob sie von Gott kommen und in ihrem Anspruch und Zuspruch nicht zu relativieren, also wahrhaftig (*alethés*) sind. Wer sich hingegen mit seiner (übernommenen) Lehrmeinung behaupten will und keinen Widerspruch duldet, der vertraut nicht auf die Macht des Wortes, die bewirkt, was Gott will, und erreicht, wozu er es ausgesandt hat (Jes 55, 9-11). Die Suche oder gar das Einfordern von Anerkennung ist vielmehr ein Zeichen von (unterschwelligem) Egoismus.

2. **Joh 7,19-24**: Jesus greift den Vorwurf von Joh 5,45-47 erneut auf und verschärft ihn noch mit der Behauptung, dass keiner seiner Gegner nach der Tora lebt. Wenn sie ihn, den die Tora als Messias bezeugt, töten wollen, so ist offenkundig, dass sie im Gegensatz zur Tora stehen. Ursache dafür, dass sie ihm nach dem Leben trachten, ist letztlich, dass die Liebe zu Gott aus der Tiefe und Kraft des Herzens (vgl. Dtn 6,4) nicht in ihnen ist und sie Anerkennung und Wertschätzung eher bei den Menschen suchen. Deshalb können sie ihn nicht dulden (vgl. Joh 5,18).

Die Volksmenge, die dabei steht und die Zuspitzung des Konflikts mit bekommt, aber die wahre Absicht seiner Gegner nicht durchschaut, hält Jesus für verrückt, weil er behauptet, „die Juden" wollten ihn töten. Darauf hin lenkt Jesus die Aufmerksamkeit auf den Ursprung der Auseinandersetzung, auf das „Werk", das den ganzen Konflikt ausgelöst hat: die Heilung des Kranken *am Sabbat*. Nach der Überlieferung ist das Gebot der Beschneidung eines Jungen am achten Tag nach seiner Geburt so unantastbar, dass es auch eingehalten wird, wenn der achte Tag auf einen Sabbat fällt. Wenn also die Beschneidung ggf. am Sabbat vorgenommen werden muss, warum darf dann am Sabbat nicht ein Menschen heil und ganz werden, der 38 Jahre gelähmt war. Jesus fordert seine Gegner auf, nicht mit zweierlei Maß zu messen und ihn gerecht zu beurteilen.

Der Streit um die Messianität Jesu: Joh 7,25-36

7 [25] Es sagten nun einige von den Bewohnern Jerusalems: Ist das nicht
der, den sie zu töten suchen? [26] Und siehe, er redet öffentlich, und sie
sagen ihm nichts. Haben etwa die Herrschenden wahrhaftig erkannt,
dass dieser der Messias ist? [27] Diesen aber kennen wir, woher er ist;
wenn aber der Messias kommt, weiß niemand, woher er ist. [28] Da rief
Jesus, als er im Tempel lehrte, und sagte: Ihr kennt mich und wisst,
woher ich bin; und ich bin nicht von mir selbst gekommen, aber der
mich gesandt hat, ist wahrhaftig, den ihr nicht kennt. [29] Ich kenne ihn,
weil ich von ihm bin und er mich gesandt hat. [30] Da suchten sie ihn zu
ergreifen; und niemand legte die Hand an ihn, weil seine Stunde noch
nicht gekommen war.

[31] Von der Volksmenge aber glaubten viele an ihn und sagten: Wenn der
Messias kommt, wird er mehr Zeichen tun als dieser getan hat?
[32] Die Pharisäer hörten die Volksmenge dies über ihn heimlich reden;
und die Pharisäer und die Hohenpriester sandten Diener, dass sie ihn
ergriffen. [33] Da sagt Jesus: Noch eine kurze Zeit bin ich bei euch, und
(dann) ich gehe hin zu dem, der mich gesandt hat. [34] Ihr werdet mich
suchen und nicht finden, und wo ich bin, könnt ihr nicht hinkommen.
[35] Es sagten nun die Juden zueinander: Wohin will dieser gehen, dass
wir ihn nicht finden sollen? Will er etwa in die Diaspora der Griechen
gehen und die Griechen lehren? [36] Was ist das für ein Wort, das er
sprach: Ihr werdet mich suchen und nicht finden, und: Wo ich bin,
könnt ihr nicht hinkommen?

1. **Joh 7,25-30**: Einige Jerusalemer fragen sich verwundert, ob vielleicht die führenden Leute inzwischen selbst davon überzeugt sind, dass Jesus der Messias (Christus) ist, wenn er hier so ungehindert zu der Volksmenge spricht. Sie können sich jedoch keinen Reim darauf machen, weil der Heimatort Jesu bekannt ist, die Herkunft des Messias nach allgemeiner Überzeugung aber niemand kennt.

Jesus weiß um die feindselige Haltung seiner Gegner. Wenn er trotzdem in der Öffentlichkeit am heiligen Ort auftritt, weiß er sich gehalten und geführt von dem, der ihn gesandt hat. In dieser inneren Verbindung und Übereinstimmung ergreift Jesus mit einem weithin hörbaren prophetischen Ruf (*krádzo*) das Wort: Mag ihnen seine menschliche Herkunft bekannt sein, seine Herkunft aus Gott, der von Ewigkeit her ist, können sie nicht kennen. Er kommt „von oben", zu dem kein Mensch von sich aus Zugang hat. Gott, der „Wahrhaftige", erschließt sich nur denen, die an Jesus als seinen Gesandten und Offenbarer glauben. Wer sich ihm verweigert und ihn ablehnt, kann keine wahre Gotteserkenntnis haben.

Diese Provokation können seine Gegner nicht ungestraft durchgehen lassen. Sie versuchen, ihn in ihre Gewalt zu bringen, aber niemand wagt, Hand an ihn zu legen. Dieses Phänomen wird sich noch mehrfach wiederholen (Joh 7,44; 8,20; 10,39; 11,57), bis seine „Stunde" gekommen ist.

2. **Joh 7,31-36**: Aus dem Volk aber kommen viele zum Glauben an ihn, weil die Zeichen Jesu einen großen Eindruck auf sie gemacht haben. Als es dann den Pharisäern zu Ohren kommt, dass unter dem Volk die Meinung sich breit macht, Jesus sei der Messias, beauftragen sie zusammen mit den Hohenpriestern ein Kommando, das ihn verhaften soll.

Bevor diese Leute eintreffen, setzt Jesus seine Rede fort und spricht zum ersten Mal in verschlüsselter Form von seinem Tod: „Noch kurze Zeit bin ich bei euch und dann gehe ich zu dem, der mich gesandt hat. Ihr werdet mich suchen und nicht finden; und wo ich bin, werdet ihr nicht hinkommen" (V. 34). Die Zeit, an ihn zu glauben und das Heil zu gewinnen, ist begrenzt. Wer den *kairós* verpasst, für den bleibt Jesus unerreichbar.

Doch „die Juden" missverstehen die rätselhafte Andeutung von seinem Ende und fragen sich, ob er vielleicht zu den Griechen in die jüdische Diaspora geht, um dort (mehr) Anhänger für seine Lehre zu finden. Das Wort von seinem Fortgang und seiner Unerreichbarkeit bleibt am Ende in seiner Rätselhaftigkeit stehen.

Jesus – die Quelle des Geistes: Joh 7,37-52

7 [37] Am letzten, dem großen Tag des Festes aber stand Jesus da und
rief und sagte: Wenn einer durstig ist, komme er zu mir und es trinke,
[38] wer an mich glaubt. Wie die Schrift sagt, Ströme lebendigen Wassers
werden aus seinem Leib fließen. [39] Dies aber sagte er von dem Geist, den
die empfangen sollten, die an ihn glauben; denn noch war der Geist
nicht da, weil Jesus noch nicht verherrlicht worden war.

[40] Einige nun aus der Volksmenge sagten, als sie diese Worte hörten:
Dieser ist wahrhaftig der Prophet. [41] Andere sagten: Dieser ist der Mes-
sias. Andere aber sagten: Der Messias kommt doch nicht aus Galiläa?
[42] Hat nicht die Schrift gesagt: Aus der Nachkommenschaft Davids und
aus Bethlehem, dem Dorf, wo David war, kommt der Messias? [43] Es ent-
stand nun eine Spaltung in der Volksmenge seinetwegen. [44] Einige aber
von ihnen wollten ihn ergreifen, aber keiner legte Hand an ihn.

[45] Es kamen nun die Diener zu den Hohenpriestern und Pharisäern,
und diese sagten zu ihnen: Warum habt ihr ihn nicht hergebracht? [46]
Die Diener antworteten: Niemals hat ein Mensch so geredet wie dieser.
[47] Da antworteten ihnen die Pharisäer: Habt auch ihr euch verführen
lassen? [48] Hat wohl jemand von den Herrschenden an ihn geglaubt,
oder von den Pharisäern? [49] Diese Volksmenge aber, die das Gesetz
nicht kennt, verflucht ist sie! [50] Sagt Nikodemus, der früher zu ihm ge-
kommen war und einer von ihnen war, zu ihnen: [51] Urteilt denn unser
Gesetz den Menschen, wenn man ihn nicht vorher gehört und erkannt
hat, was er tut? [52] Sie antworteten und sagten zu ihm: Bist du etwa
auch aus Galiläa? Forsche nach und sieh, dass aus Galiläa kein Prophet
aufsteht! [53] Und jeder ging in sein Haus.

1. **Joh 7,37-39**: Der letzte Tag des Laubhüttenfestes war durch besondere Feierlichkeiten hervorgehoben. Bei Tagesanbruch schöpfen Priester aus dem nahe gelegenen Teich Schiloach am Fuße der Davidsstadt Wasser und bringen es in feierlicher Prozession in den Tempel. Siebenmal umschreiten sie den Brandopferaltar und der amtierende Priester gießt dann das Wasser aus einer goldenen Kanne über dem Altar aus. Der Ritus der Wasserspende steht in Verbindung mit der Bitte um den Herbstregen. Auf sie beziehen sich auch die liturgischen Texte, die das Gedenken an den wasserspendenden Fels in der Wüste lebendig werden lassen (Ex 17,6; Num 20,7-11) und mit starken Bildern die kommende Heilszeit in Erinnerung rufen (Ex 47,1-12; Jes 12,3; 35,6f; 43,20; Joel

4,18; Sach 13,1; 14,8). Mit „diesen Riten und Bildern verbinden sich die Assoziationen der „Fülle des Wassers“, der „Fülle des Lebens“ und der „Fülle des Heils“ zu einem eindrucksvollen Ganzen“ (J. Blank).

Sobald die Prozession mit dem Wasser aus dem Teich Schiloach sich dem Tempel nähert, ertönen Posaunenstöße als Signal und Einladung zum Festjubel. Wer sich von den Bildern und Riten berühren lässt und spürt, dass er mit seinem Leben in einem so faszinierenden Zusammenhang steht, wird nicht anders können, als in den Jubel des Gottesvolkes einzustimmen.

Vor diesem Hintergrund bekommt die folgende Szene eine große Aussagekraft. Jesus tritt wieder im Tempel auf und knüpft mit seinem prophetischen Ruf an den Ritus der Wasserspende und den Schrifttexten der Festliturgie an:

Wenn einer durstig ist, komme er zu mir,
und es trinke, wer an mich glaubt.
Wie die Schrift sagt:
Ströme lebendigen Wassers werden aus seinem Leib fließen (V. 37f.).

Sein Ruf ist eine Einladung an alle, die nach einem erfüllten Leben „dürsten“. Sie sollen zu ihm kommen und von dem „Wasser“ trinken, das nur er ihnen geben kann. Denn er selbst ist die Quelle, aus der das verheißene Leben in Fülle ausströmt. Der Evangelist erläutert, dass dieses lebendige Wasser die Gabe des Geistes ist, die alle empfangen sollen, die an ihn glauben. Die Verheißung erfüllt sich mit der Verherrlichung Jesu, mit seinem Tod und seiner Auferstehung (V. 39).

Das Bildwort von den Strömen lebendigen Wassers, die aus seinem Leib fließen, ist ein Hinweis auf die Seitenwunde des Gekreuzigten, aus der Wasser und Blut kam (Joh 19,34). Blut und Wasser sind Bild für das Leben, das Jesus nach seinem Tod entströmt. *Blut* – Symbol für das Leben, das er im Gehorsam zur Vollendung gebracht hat (Joh 4,34) und *Wasser* – Symbol des Geistes, in dem wir teilhaben an seinem Leben. Blut und Wasser verweisen auf Eucharistie und Taufe.

Der Offenbarungsruf Jesu, seine Einladung zum Glauben, steht auch im Zusammenhang mit der Tempelreinigung am Paschafest (Joh 2,13-22). Dort hatte Jesus mit einem prophetischen Rätselwort angedeutet, dass er nach Tod und Auferstehung in seiner Person der neue Tempel ist, *der* „Ort“ der Gottesgegenwart, zu dem alle Zugang haben.

Sein prophetischer Ruf auf dem Höhepunkt des Laubhüttenfestes ist das Signal, dass Jesus selbst der neue und endzeitliche Ort der Gottesbegegnung ist, in dem der Tempel seine Vollendung findet. Er bezieht die Bilder und Riten der Festliturgie auf sich. In seiner Person finden die „Dürstenden" die Fülle des Wassers, die Fülle des Lebens und die Fülle des Heils. Dazu ist er vom Vater gesandt (vgl. Joh 10,10).

2. **Joh 7,40-53**: Die Reaktion auf Jesu spektakuläre Einladung ist unterschiedlich und zwiespältig. Einige sind so beeindruckt, dass sie ihn für „den Propheten" halten, der in der Endzeit kommen soll (vgl. Dtn 18,15.18). Andere sehen in ihm sogar den Messias. Wieder andere streiten das aufgrund seiner Herkunft aus Galiläa rundweg ab. Schließlich gibt es einige, die so empört über Jesu Auftritt sind, dass sie ihn festnehmen wollen. Aber wie schon vorher (V. 30) gibt es eine geheimnisvolle Kraft, die sie zurückhält.

Das zur Verhaftung ausgesandte Kommando (V. 32) kommt unverrichteter Dinge zu den Hohenpriestern und Pharisäern zurück. Auf deren vorwurfsvolle Frage, warum sie ihn nicht hergebracht hätten, antworten sie mit überraschender Einmütigkeit: „Noch nie hat ein Mensch so geredet wie dieser!" Sie haben sich der Macht seines Wortes einfach nicht entziehen können und waren außerstande, Jesus in ihre Gewalt zu bringen. Darüber sind die Pharisäer sehr erbost, denn sie halten Jesus für einen Volksverführer, auf den nur Leute hereinfallen können, die das „Gesetz" (Tora) nicht kennen. Ihrem Ärger machen sie mit der Verfluchung des ungebildeten Landvolkes Luft und offenbaren so ihre menschenverachtende Einstellung gegenüber den einfachen Leuten, die der Wahrheit Gottes näher sind als sie selbst.

Doch einer von ihnen, Nikodemus, der Jesus einst bei Nacht aufgesucht hatte (Joh 3,1-12), macht die anderen darauf aufmerksam, dass sie in ihrer Ablehnung Jesu und ihrer Verachtung gegenüber den einfachen Leuten vom Lande selbst dabei sind, gegen die Tora zu verstoßen. Sie aber sind nicht mehr in der Lage, die in ihnen angestoßene zerstörerische Dynamik zu stoppen, und verspotten ihn wie einen, der von der Schrift keine Ahnung hat. Danach gehen sie unversöhnt auseinander, „ein jeder in sein Haus" (V. 53).

KAPITEL 8

Jesus und die Ehebrecherin: Joh 8,1-11

8 [1] Jesus ging zum Ölberg. [2] Frühmorgens aber kam er wieder in den
Tempel, und alles Volk kam zu ihm; und er setzte sich und lehrte sie.
[3] Da bringen die Schriftgelehrten und die Pharisäer eine Frau herbei,
die beim Ehebruch ergriffen worden war, und stellen sie in die Mitte
[4] und sagen zu ihm: Lehrer, diese Frau ist auf frischer Tat beim Ehe-
bruch ergriffen worden. [5] Im Gesetz aber hat uns Mose geboten, solche
zu steinigen. Was sagst du nun (dazu)? [6] Dies aber sagten sie, um ihn
zu versuchen, damit sie etwas hätten, um ihn anzuklagen. Jesus aber
bückte sich nieder und schrieb mit dem Finger auf die Erde. [7] Als sie
aber fortfuhren, ihn zu fragen, richtete er sich auf und sagte zu ihnen:
Wer von euch ohne Sünde ist, werfe als erster einen Stein auf sie. [8] Und
wieder bückte er sich nieder und schrieb auf die Erde. [9] Als sie aber dies
hörten, gingen sie hinaus einer nach dem anderen, angefangen von den
Ältesten; und er blieb allein zurück mit der Frau, die in der Mitte stand.
[10] Jesus aber richtete sich auf und sagte zu ihr: Frau, wo sind sie? Hat
niemand dich verurteilt? [11] Sie aber sagte: Niemand, Herr. Jesus aber
sagte zu ihr: Auch ich verurteile dich nicht. Geh und sündige von jetzt
an nicht mehr!

Die Erzählung von der Ehebrecherin vermutet man eher in einem der synoptischen Evangelien. Sie gehört ursprünglich nicht zum Johannesevangelium und hat erst nach der Bildung des neutestamentlichen Kanons dort Eingang gefunden. Die Schwierigkeit, für diese Geschichte einen Platz in den Evangelien zu finden, mag damit zusammenhängen, dass der Umgang Jesu mit einem so gravierenden Vergehen im Kontext der inzwischen entwickelten Kirchendisziplin als zu großzügig empfunden wurde. Jedenfalls ist diese Perikope „erst seit dem 5. Jahrhundert als Bestandteil des Kanons gesamtkirchlich angenommen worden“ (U. Wilckens) .

1. **Joh 8,1-9**: Jesus geht zum Ölberg, der östlich vom Tempelberg auf der anderen Seite des Kidrontales liegt. Am Morgen kehrt er zurück, um im Tempel zu lehren, „und das ganze Volk kam zu ihm“. Unvermittelt tauchen Schriftgelehrte und Pharisäer auf. Sie führen eine Frau mit sich, die auf frischer Tat beim Ehebruch ertappt worden war, und

stellen sie „in die Mitte“. Für die Gegner Jesu ist sie ein willkommenes Objekt, ihn in eine Falle zu locken, und so behandeln sie die Frau auch. Sie wird in aller Öffentlichkeit zur Schau gestellt und benutzt, um Jesus verklagen zu können. Es sieht so aus, als habe sich die Frau schon ganz in ihr Schicksal ergeben.

Ohne Umschweife nennen die Schriftgelehrten und Pharisäer den Tatbestand und stellen fest, dass Mose in der Tora geboten habe, solche Frauen zu steinigen. Dann wollen sie von Jesus hören, welche Meinung er in dieser Sache vertritt. Ihr Kalkül ist: entscheidet Jesus sich für eine strikte Anwendung der Tora, bringt er sich in Widerspruch zu seiner Botschaft von der bedingungslos erbarmenden Liebe Gottes. Entscheidet er sich aber für ein mildes Urteil, kommt er in Konflikt mit der Tora und desavouiert sich vor den jüdischen Schriftgelehrten. Wie immer seine Antwort ausfällt, sie wird für ihn zur Falle.

Jesus durchschaut die Hinterlist seiner Gegner. Unerwartet bückt er sich zu Boden und schreibt „mit dem Finger auf die Erde“. Damit lenkt er die Aufmerksamkeit von der Frau in ihrer Mitte auf seine überraschende Zeichenhandlung. Manche vermuten, dass Jesus damit an Jer 17,13 erinnert, wonach Gott die in den Staub schreibt, die sich von ihm abwenden. Doch seine Gegner bleiben hartnäckig und beharren auf einer Antwort von ihm. Da richtet sich Jesus auf und kehrt in souveräner Freiheit die ganze Dramatik der Konfrontation um mit den Worten: „Wer unter euch ohne Sünde ist, werfe den ersten Stein auf sie!“ Es war nämlich gesetzliche Vorschrift, dass bei der Vollstreckung eines Todesurteils durch Steinigung die ersten Zeugen auch den ersten Stein werfen mussten (vgl. Dtn 17,2-7; 7,54-60). Damit übernahmen sie die volle Verantwortung für die Hinrichtung. Jesus bückt sich wieder und schreibt weiter auf den Boden. Sein Wort muss sie tief getroffen haben. Ohne etwas zu erwidern, verlässt einer nach dem anderen die Szene, allen voran die Ältesten. Vielleicht ist ihr Rechtsempfinden und ihr Gewissen durch Jesus Wort unmittelbar mit der Erfahrung in Kontakt gekommen, dass sie selbst Sünder sind und auf Gottes Barmherzigkeit angewiesen. Am Ende bleiben nur noch Jesus und die Frau zurück. Sie steht noch immer an der Stelle, wo die Schriftgelehrten und Pharisäer sie hingestellt haben.

2. **Joh 8,10-11**: Jesus richtet sich wieder auf und wendet sich ihr zu: Auf seine Frage: „Frau, wo sind sie? Hat keiner dich verurteilt?“ antwortet sie erleichtert: „Keiner, Herr!“ In dieser Situation, wo sie in ihrer

ganzen Schuld und Scham vor Jesus steht, hört sie das befreiende Wort der Vergebung: „Auch ich verurteile dich nicht! Geh hin, und von jetzt an sündige nicht mehr!" Wie im Gleichnis vom barmherzigen Vater und seinen beiden ungleichen Söhnen (Lk 15,11-32) spricht Jesus der Frau die Vergebung ihrer Sünde ohne jede Vorbedingung zu und befreit sie so zu einem Neuanfang. Er vertraut darauf, dass seine bedingungslose Zuwendung und Vergebung sie in ihrem Innersten berührt und zur Umkehr bewegt. Umkehr wird also hier als ein innerer Prozess verstanden, der durch die Vergebung ausgelöst wird, nicht mehr als Voraussetzung und Bedingung für die Vergebung von Sünde und Schuld.

Diese Geschichte gehört zweifellos zu den zentralen Botschaften des Evangeliums, weil hier deutlich wird, wie sehr Jesus auf die verwandelnde Kraft bedingungsloser Zuwendung und Vergebung gesetzt hat. Zugleich wird sichtbar, wie verletzlich ein Vertrauen in die menschliche Liebesfähigkeit ist, die zur Freiheit des Evangeliums befähigt.

Jesus – das Licht der Welt: Joh 8,12-29

8 12 Jesus redete nun wieder zu ihnen und sagte: Ich bin das Licht der
Welt; wer mir nachfolgt, wird nicht in der Finsternis gehen, sondern
wird das Licht des Lebens haben.
13 Da sagten die Pharisäer zu ihm: Du gibst Zeugnis von dir selbst;
dein Zeugnis ist nicht wahr. 14 Jesus antwortete und sagte zu ihnen:
Auch wenn ich von mir selbst zeuge, ist mein Zeugnis wahr, weil ich
weiß, woher ich gekommen bin und wohin ich gehe; ihr aber wisst
nicht, woher ich komme oder wohin ich gehe. 15 Ihr urteilt nach dem
Fleisch, ich urteile über niemand. 16 Wenn ich aber urteile, so ist mein
Urteil wahr, weil ich nicht allein bin, sondern ich und der Vater, der
mich gesandt hat. 17 Aber auch in eurem Gesetz steht geschrieben, dass
das Zeugnis zweier Menschen wahr ist. 18 Ich bin es, der von mir selbst
zeugt, und der Vater, der mich gesandt hat, zeugt von mir. 19 Da sagten
sie zu ihm: Wo ist dein Vater? Jesus antwortete: Ihr kennt weder mich
noch meinen Vater; würdet ihr mich kennen, so würdet ihr auch mei-
nen Vater kennen. 20 Diese Worte redete er bei der Schatzkammer, als er
im Tempel lehrte; und niemand legte Hand an ihn, denn seine Stunde
war noch nicht gekommen.
21 Er sagte nun wieder zu ihnen: Ich gehe und ihr werdet mich su-
chen und werdet in eurer Sünde sterben; wohin ich gehe, könnt ihr
nicht hinkommen. 22 Da sagten die Juden: Er will sich doch nicht selbst

töten, dass er sagt: Wohin ich gehe, könnt ihr nicht hinkommen? [23]
Und er sagte zu ihnen: Ihr seid von unten, ich bin von oben; ihr seid
von dieser Welt, ich bin nicht von dieser Welt. [24] Daher habe ich euch
gesagt, dass ihr in euren Sünden sterben werdet; denn wenn ihr nicht
glaubt, dass ich es bin, so werdet ihr in euren Sünden sterben.
[25] Da sagten sie zu ihm: Wer bist du? Jesus sagte zu ihnen: Was rede
ich überhaupt noch mit euch. [26] Vieles habe ich über euch zu sagen und
zu urteilen, aber der mich gesandt hat, ist wahrhaftig; und was ich von
ihm gehört habe, das rede ich zur Welt. [27] Sie erkannten nicht, dass er
vom Vater zu ihnen sprach. [28] Da sagte Jesus zu ihnen: Wenn ihr den
Menschensohn erhöht haben werdet, dann werdet ihr erkennen, dass
ich es bin und dass ich nichts von mir selbst tue, sondern wie der Vater
mich gelehrt hat, das rede ich. [29] Und der mich gesandt hat, ist mit mir;
er hat mich nicht allein gelassen, weil ich allezeit tue, was ihm gefällt.

1. **Joh 8,12**: Die nächste öffentliche Auseinandersetzung im Tempelbezirk entzündet sich an einem weiteren Offenbarungswort Jesu: „ICH BIN das Licht der Welt!" Es ist eine erneute Einladung zum Glauben an ihn als den endzeitlichen, von Gott gesandten Offenbarer und Heilbringer und zugleich als den endgültigen „Ort" der Gottesgegenwart (*Schechina*), zu dem alle Zugang haben.

Licht ist also hier – wie in Joh 1,4 – als Metapher für Offenbarung und Heil, als Symbol für glückliches, sinnerhelltes Leben zu verstehen – im Gegensatz zur Finsternis als Sinnbild für Unheil, Orientierungslosigkeit und Todesverfallenheit. „Welt" (*kósmos*) hat hier universale Bedeutung und meint die gesamte Menschheit, unsere Welt.

Jesus erhebt mit diesem ICH-BIN-Wort den Anspruch, dass er in einem ausschließlichen und umfassenden Sinn für jeden, der an ihn glaubt, „das Licht des Lebens" ist und ihm sinnerfülltes, unzerstörbares Leben schenkt. Dieses durch Offenbarung und Glaube zugänglich gewordene Heil gibt es nur in der konkreten Jesusnachfolge, d.h. in der lebendigen Glaubensbeziehung zu ihm (F. Porsch). Nachfolge, hier verstanden als Nachfolge des Erhöhten, wird zum „Synomym für den Glauben", der das ganze Leben prägt.

2. **Joh 8,13-20**: Die Pharisäer reagieren auf diese Einladung Jesu mit dem Vorwurf, dass er dazu überhaupt nicht legitimiert sei. In der folgenden Auseinandersetzung geht es wieder um das johanneische Offen-

barungsverständnis (vgl. Joh 3,1-12; 5,31f.). Dabei agieren Jesu Gegner wie bei einem gerichtlichen Verhör. Sie urteilen „dem Fleisch nach", d.h. hier im Zusammenhang von Offenbarung und Glaube: Sie urteilen wie ungläubige Menschen, die sich weigern, Jesus als „das Licht des Lebens" anzunehmen. Sein eigentliches Wesen, sein Woher und Wohin, bleibt ihnen verborgen. Ihre Behauptung, Jesu Zeugnis sei schon deshalb unglaubwürdig, weil es ein Selbstzeugnis und als solches nicht überprüfbar sei, legt Jesus in negativer Weise fest. Er kontert: Auch wenn sein Zeugnis ein Selbstzeugnis ist, so ist es dennoch wahr. Denn seinen Ursprung und sein Ziel, seinen Ausgang beim Vater und seine Rückkehr zu ihm (Joh 16,28) kennt nur er. Und nur er kann ihnen dieses „Wissen" vermitteln, da es nicht im Bereich menschlicher Möglichkeiten liegt.

Jesus kann in seiner Person und in seinem Zeugnis ohne den Vater gar nicht verstanden werden. Er ist der Gotteszeuge schlechthin, d.h. ohne das Zeugnis Jesu ist das Zeugnis des Vaters als eigenständiges Zeugnis gar nicht nachweisbar. „Insofern gibt es keine Möglichkeit, das Gotteszeugnis Jesu kritisch zu hinterfragen, weil Gott keine „gegenständliche Größe" ist" (J. Blank). In der Person Jesu, in seinem Wort und Wirken ist Gott so präsent, dass er von sich sagen kann: „Wer mich gesehen hat, hat den Vater gesehen" (Joh 14,9). Der Glaube an Jesus als den „Sohn Gottes" schließt den Glauben an Gott als den „Vater" unmittelbar ein.

Trotz der unüberbrückbaren Gegensätze nehmen die Pharisäer ihn nicht fest, „denn seine Stunde ist noch nicht gekommen".

3. **Joh 8,21-24:** Der Hinweis auf seine Stunde lenkt den Blick auf Jesu Tod und Auferstehung, die Johannes als „Fortgehen" und „Erhöhung" bezeichnet. Das „Fortgehen" meint seine Abwesenheit in der Welt des Unglaubens als Folge seines Todes, zugleich aber sein Gehen zum Vater (vgl. Joh 13,1; 14,3), das nur im Glauben erkannt werden kann. Wenn Jesus einmal fort gegangen ist, werden sie ihn vergeblich suchen und in ihrer Sünde, d.h. in ihrem Unglauben, sterben. Die Trennung von Jesus ist damit endgültig.

Schon beim Laubhüttenfest hatte Jesus von seinem Fortgehen gesprochen und das Missverständnis ausgelöst, er wolle sich in die jüdische Diaspora absetzen, um dort zu missionieren. Auch hier verstehen seine Gegner die rätselhafte Andeutung von seinem Ende nicht und missdeuten seine Ankündigung als Selbstmordabsicht. Die Kontrahenten sind so weit auseinander, dass die Kluft zwischen ihnen unüberbrückbar geworden ist. Jesus fasst diese Unvereinbarkeit in die Worte: „Ihr seid von unten, ich bin von oben; ihr seid aus dieser Welt, ich bin nicht aus dieser Welt!" (vgl. Joh 3,31-36). Mit schroffen Worten betont er die Gegensätzlichkeit seines Wesens und erinnert sie daran, dass die Zeit, ihn als „Licht der Welt" anzuerkennen und ihre Finsternis zu verlassen, begrenzt ist. Wer den *kairós* vorüberziehen lässt, für den bleibt Jesus unerreichbar.

Die Schärfe der Auseinandersetzung, die später im weiteren Verlauf von Kapitel 8 noch zunimmt, muss aus der besonderen geschichtlichen Situation verstanden werden, in der sich die johanneischen Gemeinden und die Synagoge einander gegenüberstanden.

Noch einmal bekräftigt Jesus die Dringlichkeit seiner Einladung: Sie werden in ihrem Unglauben sterben, wenn sie bei ihrer Weigerung bleiben, in seiner Person und in seinem Wirken dem „ICH BIN" zu begegnen.

4. **Joh 8,25-29**: Doch ihre Frage „Wer bist du?" offenbart, das „die Juden" ihn nicht einmal ansatzweise verstanden haben und nicht gewillt sind, seiner Einladung zu folgen. Unwirsch entgegnet Jesus: „Was rede ich überhaupt noch mit euch?" Er hat genug von sich gesprochen – ohne positive Resonanz. Eine Fortsetzung der Diskussion macht keinen Sinn mehr. Es gäbe aber noch vieles über sie zu sagen und zu richten, aber das ist nicht sein Auftrag. Anstatt ihre Glaubensverweigerung und damit ihre Schuld aufzudecken, will Jesus sich darauf konzentrieren, der Welt zu sagen, was er „vom Vater gehört hat" und dazu gehört auch, dass er „das Licht der Welt" ist. Das ist seine Sendung.

Wieder verstehen seine Gegner nicht, wovon er spricht. Jesus beendet diese Auseinandersetzung schließlich mit dem Hinweis auf seine Kreuzigung: „Wen *ihr* den Menschensohn erhöht habt, werdet *ihr* erkennen, dass ICH BIN und dass ich nichts von mir aus tue, sondern wie der Vater mich gelehrt hat, so rede ich" (V. 28). Was Jesus in Joh 3,14 mit dem Bild der ehernen Schlange als heilsgeschichtliche Notwendigkeit angedeutet hatte, wird hier als konkretes Geschehen angekündigt. Seine Gegner („ihr") werden ihn ans Kreuz bringen und so ungewollt dazu beitragen, dass der am Kreuz zum Vater erhöhte Menschensohn Lebensangebot Gottes für die Menschen ist – und damit auch für sie. Seine Kreuzigung ist paradoxerweise der „Höhepunkt des Offenbarungs- und Heilgeschehens" (J. Blank). Hier offenbart sich Gottes Liebe zur Welt „bis zuletzt". Das zeigt sich daran, dass Jesus auch in dieser Stunde sich vom Vater geliebt und gehalten weiß. Wer gläubig zu dem am Kreuz Erhöhten aufblickt, wird ewiges Leben haben. Es sieht so aus, als gebe Jesus mit dieser Verheißung seinen Gegnern noch einmal die Chance, mit seiner geöffneten Seite (Joh 19,34) ihre Herzen zu bekehren und in ihm *den* „Ort" der Gottesgegenwart zu erkennen.

Die Freiheit der Gotteskinder: Joh 8,30-47

8 30 Als er das sagte, glaubten viele an ihn. 31 Jesus sagte nun zu den
Juden, die an ihn glaubten: Wenn ihr in meinem Wort bleibt, seid ihr
wahrhaft meine Jünger; 32 und ihr werdet die Wahrheit erkennen, und
die Wahrheit wird euch frei machen. 33 Sie antworteten ihm: Nach-
kommen Abrahams sind wir und nie jemandes Sklaven gewesen. Wie
kannst du sagen: Ihr sollt frei werden? 34 Jesus antwortete ihnen: Amen,
amen, ich sage euch: Jeder, der die Sünde tut, ist Sklave der Sünde. 35
Der Sklave aber bleibt nicht für immer im Haus; der Sohn bleibt für
immer (dort). 36 Wenn nun der Sohn euch frei machen wird, so werdet
ihr wirklich frei sein.

37 Ich weiß, dass ihr Abrahams Nachkommen seid; aber ihr sucht
mich zu töten, weil mein Wort nicht Raum in euch findet. 38 Was ich
beim Vater gesehen habe, das rede ich; und ihr tut, was ihr von eurem
Vater gehört habt. 39 Sie antworteten und sagten zu ihm: Abraham ist
unser Vater. Jesus sagt zu ihnen: Wenn ihr Abrahams Kinder wäret, so
würdet ihr die Werke Abrahams tun; 40 jetzt aber sucht ihr mich zu tö-
ten, einen Menschen, der euch die Wahrheit gesagt hat, die ich von Gott
gehört habe; das hat Abraham nicht getan. 41 Ihr tut die Werke eures
Vaters. Sie sagten zu ihm: Wir sind nicht aus Unzucht hervorgegangen;
wir haben einen Vater, Gott. 42 Jesus sagte zu ihnen: Wenn Gott euer Va-
ter wäre, so würdet ihr mich lieben, denn ich bin von Gott ausgegangen
und gekommen; denn ich bin nicht von mir selbst gekommen, sondern
er hat mich gesandt. 43 Warum versteht ihr meine Rede nicht? Weil ihr
mein Wort nicht hören könnt. 44 Ihr seid aus dem Vater, dem Teufel, und
die Begierden eures Vaters wollt ihr tun. Der ist ein Menschenmörder
von Anfang an und steht nicht in der Wahrheit, weil keine Wahrheit in
ihm ist. Wenn er die Lüge redet, so redet er aus seinem Eigenen, denn er
ist ein Lügner und der Vater der Lüge. 45 Weil ich aber die Wahrheit sage,
glaubt ihr mir nicht. 46 Wer von euch überführt mich der Sünde? Wenn
ich die Wahrheit sage, warum glaubt ihr mir nicht? 47 Wer aus Gott ist,
hört die Worte Gottes. Darum hört ihr nicht, weil ihr nicht aus Gott seid.

5. **Joh 8,30-36**: Aufgrund der vorausgegangenen Rede kommen viele „Juden“ zum Glauben an Jesus. Vermutlich hat Johannes im Folgenden vor allem Judenchristen seiner Zeit im Blick, die in Gefahr sind, vom Glauben an Jesus, den Messias, wieder abzufallen. Jesus beginnt mit einer Verheißung:

Wenn ihr in meinem Wort bleibt,
seid ihr wahrhaft meine Jünger;
ihr werdet die Wahrheit erkennen
und die Wahrheit wird euch frei machen (V. 31f.)

Das Wort Jesu, der ständige Umgang mit ihm, eröffnet einen Lebensraum, ein spirituelles Kraftfeld, in dem eine dauerhafte Glaubensbeziehung zu ihm sich entfalten kann. Das Bleiben in seinem Wort ist das Kriterium für authentische Jüngerschaft und kann durch nichts ersetzt werden. Wer in Hörweite seines Wortes bleibt und es hört, um sein Leben nach ihm auszurichten, wird die Wahrheit erkennen, die Jesus als Gesandter des Vaters zu bezeugen hat: Gottes eigene Wahrheit, seine Liebe zu den Menschen „bis zum äußersten“, „bis zuletzt“ (vgl. Joh 13,1). Wer sich davon berühren lässt, wird frei. Es gibt keine wahre Freiheit ohne Liebe. Diese in der Person Jesu Mensch gewordene Gottesliebe ist an keine Bedingung gebunden und bleibt – wie die Fußwaschung des Judas (Joh 13,1-30) – für jeden Menschen verlässliches Angebot „bis zuletzt“. Die verheißene Freiheit ist kein ein für allemal erreichter Zustand. Sie bedeutet vielmehr ein Unterwegsbleiben in der Hörweite seines Wortes, ein immer neu zu riskierender „Überschritt aus der Unfreiheit in die Freiheit“ (J. Blank).

Auf die Verheißung Jesu reagieren die Angesprochenen empört. Sie empfinden seine Worte als Zumutung. Wie kann er ihre jetzige Situation als unfrei bezeichnen, wo sie doch als Nachkommen Abrahams niemals Sklaven gewesen sind – bis auf den heutigen Tag. Mit Abraham hat Jahwe einen Bund geschlossen (Gen 17). Wer ihm treu ist, hat Teil an der von Gott geschenkten Freiheit.

Doch Jesus geht es um eine viel existenziellere Form von Unfreiheit. Mit großem Nachdruck („Amen, amen, ich sage euch“) weist er sie darauf hin, dass die Verstrickung in die Macht des Bösen die eigentliche Ursache ihrer Unfreiheit ist. Letztes Motiv, sich auf die Sünde einzulassen, ist die Weigerung, sich von Gott lieben zu lassen „bis zum äußersten", „bis zuletzt". Eine rein genealogisch verstandene Abrahamskindschaft, so eine Art Geburtsadel, ist vor Gott wertlos. Wenn sie sich schon als Nachkommen Abrahams verstehen, dann sollen sie sich an seinem Glaubensgehorsam orientieren, mit dem er bei seiner Erprobung (Gen 22,1-19) bis zuletzt ohne Rücksicht und ohne Vorsicht Gott vertraut hat. Der Weg zum Berg im Land Moriah verlangte von ihm den Einsatz seiner ganzen Person, das Hören auf Gottes Wort bis zuletzt und das totale Sich-verlassen auf ihn.

Jesus erläutert seinen Hinweis noch mit einem Vergleich aus der patriarchalischen Welt der Hausgemeinschaft (*oíkos*). Sklaven, Knechte und Mägde gehörten nicht dazu. Sie konnten jederzeit weggeschickt werden wie Hagar von Sara und Abraham, während die Familienmitglieder immer zur Hausgemeinschaft gehörten. Jesus macht ihnen also klar, dass sie als „Knechte" oder „Sklaven" nicht mehr fest zum Haus gehören, und dass er als der „Sohn", der immer beim Vater bleibt, von ihm gesandt ist, sie aus der Verstrickung in das Böse heraus zu führen in die Freiheit der neuen Gottesfamilie. Erst wenn sie die Freiheit des Sohnes, sie zu lieben „bis zuletzt", an sich geschehen lassen, werden sie wirklich frei.

6. **Joh 8,37-47**: In der folgenden Auseinandersetzung (Joh 8,37-51), die an Schärfe auf beiden Seiten kaum mehr zu überbieten ist, wird nicht ganz deutlich, ob Jesus noch die gläubig gewordenen „Juden" (Joh 8,30f.) als Adressaten vor Augen hat. Vielleicht liegt es näher, dass Jesus sich hier an die Juden wendet, die aus seinen Anhängern zu Gegnern und Feinden geworden sind.

Er greift zunächst auf ihr Freiheitsverständnis mit Berufung auf ihre Nachkommenschaft von Abraham zurück (V. 33). Natürlich weiß er, dass diese leibliche Nachkommenschaft im Sinne exilisch-nachexilischer Theologie auf alle Juden zutrifft, aber ihre Mentalität, ihr Verhalten entspricht ganz und gar nicht dem Glaubensweg Abrahams. Wenn sie Jesus, den Gotteszeugen schlechthin, töten wollen, dann kann sein Wort in ihrem Herzen keine Wurzeln geschlagen haben, dann müssen sie einen anderen Vater haben und einen anderen als den, den Jesus bezeugt.

Seine Kontrahenten verstehen Jesu Behauptung, sie würden die Werke *ihres* Vaters tun, als eine Unterstellung: Sie verwahren sich dagegen, einer illegitimen Beziehung zu entstammen. Wenn Jesus ihnen auch die Gotteskindschaft abspricht, dann berührt das ihr Grundbekenntnis zu dem *einen* Gott, wie es im Sch'ma Israel (Dtn 6,4f.) formuliert ist. Trotzig setzen sie dagegen: „*Einen* Vater haben wir: Gott!" Doch wie kann Gott ihr Vater sein, wenn sie den Sohn, der von ihm ausgegangen ist, ablehnen und töten wollen. Wenn Gott wirklich ihr Vater wäre, müsste ihre Liebe zu Gott auch die Liebe zu Jesus als seinem Sohn und Zeugen mit einschließen. Die Kluft zwischen Jesus und seinen Gegnern ist so groß, dass sie seine Sprache nicht verstehen. Ihre Unfähigkeit, Jesu Wort zu hören, wie Israel auf Gott hören soll (Dtn 6,4f), hat ihre Ursache letztlich darin, dass sie den „Teufel" zum Vater haben. Seine total destruktive Macht („Menschenmörder von Anbeginn" und „Vater der Lüge") will mit allen Mitteln verhindern, wozu Jesus gekommen ist: „dass sie das Leben haben und es in Fülle haben (Joh 10,10).

Der furchtbare Vorwurf der Teufelskindschaft stellt die Absicht seiner Gegner, ihn zu töten, in einen neuen Zusammenhang: Die Bosheit, die in ihrem Verhalten zu Tage tritt, ist so ungeheuerlich, dass sie letztlich auf die Macht des Bösen zurückgeführt werden muss. Sie hat eine destruktive Qualität, die menschliches Vermögen und Verantwortung, ohne sie zu leugnen, noch einmal übersteigt. Ohne sich dessen bewusst zu sein, betreiben Jesu Gegner das Werk des Teufels.

Im Gegensatz zum „Vater der Lüge" sind Jesu Worte befreiende Wahrheit. Lüge und Gewalt machen das Leben der Menschen zur Hölle. Sie können davon befreit werden, wenn seine Worte in ihren Herzen eine „Bleibe" finden und zur Umkehr bewegen. Es kann sehr viel kosten, durch allen Widerstand und alle Verharmlosungen hindurch, die Macht von Lüge und Gewalt im eigenen Herzen zu entdecken. Wer sich diesem schmerzlichen Prozess der Aufdeckung und Überführung verweigert, kann nicht aus Gott sein. Er kann die Wahrheit nicht zulassen, die ihn befreit.

Jesus – größer als Abraham: Joh 8,48-59

8 48 Die Juden antworteten und sagten zu ihm: Sagen wir nicht zu
Recht, dass du ein Samariter bist und einen Dämon hast? 49 Jesus ant-
wortete: Ich habe keinen Dämon, sondern ich ehre meinen Vater, und
ihr entehrt mich. 50 Ich aber suche nicht meine Ehre: Es ist einer, der
sie sucht und der richtet. 51 Amen, amen, ich sage euch: Wenn jemand
mein Wort bewahrt, wird er den Tod nicht sehen in Ewigkeit. 52 Die Ju-

den sagten nun zu ihm: Jetzt erkennen wir, dass du einen Dämon hast.
Abraham ist gestorben und die Propheten, und du sagst: Wenn jemand
mein Wort bewahrt, wird er den Tod nicht schmecken in Ewigkeit. [53]
Bist du etwa größer als unser Vater Abraham, der gestorben ist ? Und
die Propheten sind gestorben. Was machst du aus dir selbst? [54] Jesus
antwortete: Wenn ich mich selbst ehre, so ist meine Ehre nichts; es ist
mein Vater, der mich ehrt, von dem ihr sagt: Er ist unser Gott. [55] Und
ihr habt ihn nicht erkannt, ich aber kenne ihn; und wenn ich sagte: Ich
kenne ihn nicht, so würde ich euch gleich sein: ein Lügner. Aber ich
kenne ihn, und ich bewahre sein Wort. [56] Abraham, euer Vater, jubelte,
dass er meinen Tag sehen sollte, und er sah ihn und freute sich. [57] Da
sagten die Juden zu ihm: Du bist noch nicht fünfzig Jahre alt und hast
Abraham gesehen? [58] Jesus sagte zu ihnen: Amen, amen, ich sage euch:
Ehe Abraham ward, bin ich. [59] Da hoben sie Steine auf, um auf ihn zu
werfen. Jesus aber verbarg sich und ging aus dem Tempel hinaus.

Auf diese Anschuldigung der Teufelskindschaft reagieren „die Juden“ nicht weniger emotional: Sie beschimpfen Jesus als „Samariter“, d.h. als Ketzer, und behaupten er sei von einem Dämon besessen. Jesus weist den Vorwurf der Besessenheit zurück und bekennt sich erneut zu seiner einzigartigen Beziehung zum Vater. Wie der bedrohte Gerechte überlässt er sich und den Ausgang seiner „Sache“ Gott, der am Ende das Urteil über seine ungläubigen Gegner sprechen wird.

Noch einmal umwirbt er mit eindringlichen Worten („Amen, amen, ich sage euch“) seine Kontrahenten, sich seinem Wort anzuvertrauen. Wer es im Glauben annimmt und sein Leben danach ausrichtet, „wird den Tod nicht schauen in Ewigkeit“. Sie aber sehen in dieser Einladung eine ungeheure Selbstüberschätzung und eine Bestätigung ihres Vorwurfs, er habe einen Dämon. Wenn schon Abraham und all die großen Propheten gestorben sind, wie kann Jesus sich anmaßen, wie Gott ewiges Leben zu vermitteln. „Wozu machst du dich selbst?“ Ihre Anschuldigung tendiert schon auf Gotteslästerung.

Jesus bekräftigt noch einmal, dass es ihm allein darum geht, den Anspruch Gottes geltend zu machen. Würde er sich dem entziehen, wäre er ein Lügner wie sie (V. 44). Weil sie ihm, der den Vater seinem innersten Wesen nach kennt, nicht glauben, können sie keine wahre Gotteserkenntnis haben. V. 55 ist eine der schwersten Anschuldigungen gegen „die Juden“.

Abraham, auf den sie sich immer wieder berufen, hat sich danach gesehnt, den Tag Jesu, das Kommen des Messias, zu schauen. Es wurde ihm gewährt und erfüllte ihn mit endzeitlicher Freude. Und sie ...?

„Die Juden“ reagieren auf diese Aussage wieder mit einem Missverständnis und mit Ablehnung. Sie verstehen und argumentieren chronologisch, was als endzeitliche Schau des Erzvaters gemeint war. Damit ist der Höhepunkt der Auseinandersetzung erreicht: Zum dritten Mal leitet Jesus seine Aussage mit dem doppelten Amenwort ein und bekennt in Anspielung auf die alttestamentliche Offenbarungsformel: „Ehe Abraham *ward*, BIN ICH!“ Abraham gehört wie jeder Mensch zur geschichtlichen Welt des zeitlichen Werdens und Vergehens. Jesus aber ist „vor Grundlegung der Welt“ (Joh 17,24). Das absolute „ICH BIN“ manifestiert Jesus als göttliche Gegenwart und Offenbarung im Hier und Jetzt und transzendiert zugleich das Werden und Vergehen im geschichtlichen Augenblick. Das „ICH BIN“ im Munde Jesu ist für „die Juden“ Gotteslästerung, auf der die Todesstrafe steht, die sie auf der Stelle vollstrecken wollen. Jesus aber entzieht sich ihrem Zugriff und verlässt den Tempelbezirk. Damit hat der Tempel als Ort der Gottesgegenwart seine Mitte und numinose Anziehungskraft verloren.

*

Zur Erinnerung: Diese mit polemischer Schärfe geführte Auseinandersetzung spiegelt die Spannung zwischen den johanneischen Gemeinden und dem rabbinischen Judentum aus der Sicht des Evangelisten und hat ihren Ursprung nicht in der Zeit des vorösterlichen Jesus. Sie zeigt, wie tief der Graben zwischen beiden ist und wie heftig der Kampf ums Überleben geführt wurde.

KAPITEL 9

Die Heilung des Blindgeborenen: Joh 9,1-41

9 1 Und als er vorüberging, sah er einen Menschen, blind von Geburt. 2
Und es fragten ihn seine Jünger und sagten: Rabbi, wer hat gesündigt,
dieser oder seine Eltern, dass er blind geboren wurde? 3 Jesus antwortete:
Weder dieser hat gesündigt, noch seine Eltern, sondern damit die Werke
Gottes an ihm offenbar werden. 4 Wir müssen die Werke dessen wirken,
der mich gesandt hat, solange es Tag ist; es kommt die Nacht, in der
niemand wirken kann. 5 Solange ich in der Welt bin, bin ich das Licht
der Welt. 6 Als er das gesagt hatte, spuckte er auf die Erde und machte
einen Teig aus dem Speichel und strich den Teig auf seine Augen; 7 und
er sagte zu ihm: Geh, wasch dich im Teich Shiloah! was übersetzt wird:
Gesandter. Da ging er und wusch sich und kam sehend (wieder).

8 Die Nachbarn nun und die, die ihn früher gesehen hatten, dass er
ein Bettler war, sagten: Ist dieser nicht der, der da saß und bettelte? 9
Einige sagten: Er ist es; andere sagten: Nein, sondern er ist ihm ähn-
lich; er sagte: Ich bin es. 10 Sie sagten nun zu ihm: Wie sind denn deine
Augen geöffnet worden? 11 Er antwortete: Der Mensch, der Jesus heißt,
machte einen Teig und bestrich (wörtlich: salbte) meine Augen (damit)
und sagte zu mir: Geh zum Shiloah und wasch dich! Als ich nun weg-
ging und mich wusch, wurde ich sehend. 12 Da sagten sie zu ihm: Wo
ist jener? Er sagt: Ich weiß es nicht.

13 Sie führen ihn, den einst Blinden, zu den Pharisäern. 14 Es war aber
Sabbat, als Jesus den Teig nachte und seine Augen öffnete. 15 Wieder
nun fragten ihn auch die Pharisäer, wie er sehend geworden sei. Er aber
sagte zu ihnen: Einen Teig legte er auf meine Augen, und ich wusch
mich, und ich sehe. 16 Da sagten einige von den Pharisäern: Dieser
Mensch ist nicht von Gott, denn er hält den Sabbat nicht. Andere sag-
ten: Wie kann ein sündiger Mensch solche Zeichen tun? Und es war
Zwiespalt unter ihnen. 17 Sie sagen nun wieder zu dem Blinden: Was
sagst du von ihm, dass er deine Augen geöffnet hat? Er aber sagte: Er
ist ein Prophet.

18 Es glaubten nun die Juden nicht von ihm, dass er blind war und
sehend geworden, bis sie die Eltern dessen riefen, der sehend geworden
war. 19 Und sie fragten sie und sagten: Ist dieser euer Sohn, von dem
ihr sagt, dass er blind geboren wurde? Wie sieht er denn jetzt? 20 Seine

Eltern antworteten und sprachen: Wir wissen, dass dieser unser Sohn ist und dass er blind geboren wurde; [21] wie er aber jetzt sieht, wissen wir nicht, oder wer seine Augen geöffnet hat, wissen wir (auch) nicht. Fragt ihn! Er ist mündig, er wird selbst über sich reden. [22] Dies sagten seine Eltern, weil sie die Juden fürchteten; denn die Juden waren schon übereingekommen, dass, wenn jemand ihn als Messias bekennen würde, er aus der Synagoge ausgeschlossen werden sollte. [23] Deswegen sagten seine Eltern: Er ist mündig, fragt ihn!

[24] Sie riefen nun zum zweiten Mal den Menschen, der blind (gewesen) war, und sagten zu ihm: Gib Gott die Ehre! Wir wissen, dass dieser Mensch ein Sünder ist. [25] Da antwortete er: Ob er ein Sünder ist, weiß ich nicht; eins weiß ich, dass ich blind war und jetzt sehe. [26] Und sie sagten zu ihm: Was hat er dir getan? Wie hat er deine Augen geöffnet? [27] Er antwortete ihnen: Ich habe es euch schon gesagt, und ihr habt nicht gehört. Warum wollt ihr es nochmals hören? Wollt ihr etwa auch seine Jünger werden? [28] Sie beschimpften ihn und sagten: Du bist sein Jünger; wir aber sind des Mose Jünger. [29] Wir wissen, dass zu Mose Gott geredet hat; von diesem aber wissen wir nicht, woher er ist. [30] Der Mann antwortete und sagte zu ihnen: Darin liegt ja gerade das Erstaunliche, dass ihr nicht wisst, woher er ist, und er hat (doch) meine Augen geöffnet. [31] Wir wissen, dass Gott Sünder nicht hört, sondern wenn jemand gottesfürchtig ist und seinen Willen tut, den hört er. [32] Von Anbeginn (der Welt) hat man nicht gehört, dass jemand die Augen eines Blindgeborenen geöffnet habe. [33] Wenn dieser nicht von Gott wäre, so könnte er nichts tun. [34] Sie antworteten und sagten zu ihm: Du bist ganz in Sünden geboren, und du lehrst uns? Und sie stießen ihn aus.

[35] Jesus hörte, dass sie ihn ausgestoßen hatten; und als er ihn fand, sprach er: Glaubst du an den Menschensohn? [36] Er antwortete und sagte: Und wer ist es, Herr, dass ich an ihn glaube? [37] Jesus sagte zu ihm: Du hast ihn gesehen, und der mit dir redet, der ist es. [38] Er aber sagte: Ich glaube, Herr. Und er warf sich vor ihm nieder.

[39] Und es sagte Jesus: Zum Gericht bin ich in diese Welt gekommen, damit die Nichtsehenden sehen und die Sehenden blind werden. [40] Einige von den Pharisäern, die bei ihm waren, hörten dies und sagten zu ihm: Sind denn auch wir blind? [41] Jesus sagte zu ihnen: Wenn ihr blind wäret, so hättet ihr keine Sünde. Nun aber sagt ihr: Wir sehen. So bleibt eure Sünde.

Die Erzählung hat mehrere Ebenen. In dieser Geschichte geht es um den Gegensatz von Blindsein und Sehen. Im letzten Satz des Heilungsberichts in

Vers 7 heißt es, dass der Blinde, den Jesus zum Teich Schiloach geschickt hatte, sehen konnte, als er von dort zurückkam. Der Evangelist verwendet hier für das „Sehen“ das Verb *blepo*. Damit wird das physische Sehen, das Sehen mit den Augen des Leibes bezeichnet. Am Ende der ganzen Geschichte in Vers 37 wird das „Sehen“ des von seiner Blindheit Geheilten mit *horao* wiedergegeben. Dieses Verb steht in den Auferstehungsberichten von Kap 20 immer in Zusammenhang mit dem Wort „glauben“. Auch hier steht es in Verbindung mit dem Wort „glauben“ (V. 38) und meint also das Sehen mit den Augen des Glaubens. Diese Beobachtung macht bereits darauf aufmerksam, dass Sehen und Blindsein in unserer Erzählung auf zwei Ebenen in den Blick zu nehmen sind. Wir werden in das dramatische Geschehen einbezogen, wie ein Mensch durch alle Missverständnisse und Widerstände hindurch zu seiner Identität und zum vollen Glauben an Jesus findet. Dieser dramatische Prozess reflektiert zugleich die Erfahrung der johanneischen Gemeinden mit ihrer jüdischen Umwelt. Diese Dimension des Textes gewinnt heute erneut an Aktualität, insofern Christsein, persönlich gelebter Glaube, auch als tiefe Verbundenheit mit Jesus in Gebet und Anbetung im Widerspruch steht zu den Gepflogenheiten einer nach-christlichen Gesellschaft. Es braucht Mut und Entschiedenheit, diese Beziehung zu leben – bis in die sozialen Konsequenzen hinein. So kann der äußere Weg und der innere Erkenntnis- und Glaubensprozess des Blindgeborenen ein Paradigma für den Glaubensweg bis zur vollen christlichen Identität sein.

1. **Joh 9,1-7**: Im Vorübergehen sieht Jesus einen Bettler, der von Geburt an blind ist. Das Blindsein „von Geburt an“ wird hier eigens betont und soll auf die Größe des Zeichens hinweisen.

Die Frage der Jünger, wer schuld daran sei, dass dieser Mann von Geburt an blind ist, entspricht einer „Denkweise, die sich besonders in der alttestamentlichen Weisheitstradition ausgebildet hat. Gute und böse Taten tragen (demnach) ihre Folgen in sich und haben ganz bestimmte Wirkungen, sowohl für den Einzelnen als auch für die Gemeinschaft. Man kann deshalb auch aus den guten und schlechten Folgen, aus Glück und Unglück, Wohlergehen und Krankheit, Katastrophen usw. auf das gute und böse Verhalten eines Menschen zurückschließen.“ Wenn also einem Menschen „Unglück oder Krankheit zustoßen ..., dann muss ... an irgendeiner Stelle eine böse Tat vorliegen, wenn keine offenkundige, dann doch zumindest eine verborgene.“ Andererseits kann man „zu allen Zeiten die entgegen gesetzten Erfahrungen machen, dass es den guten Menschen schlecht und den Bösen gut geht.“ Wenn aber Gott der Ursprung alles Guten ist, dann können Unglück und Krankheit, Erfahrung von Unrecht „zu den härtesten Anfechtungen des Gottesglaubens werden." Trotz vieler gegenteiliger Aussagen hat sich im einfachen Volk und bei vielen frommen Gläubigen die Überzeugung gehalten, „dass Unglück und Krankheiten Folgen besonderer Sünden" sind (J. Blank).

Jesus verneint die Frage der Jünger nach einer Schuld kategorisch. Vielmehr sollen an dem Blindgeborenen „die Werke Gottes offenbar werden" (V. 3). Auf dem Hintergrund alttestamentlicher Heilserwartungen (Jes 29,18; 35,5 f. u.a.) ist das Sehen der Blinden, das Hören der Tauben, das Springen der Lahmen und das Jauchzen der Stummen wesentlicher Bestandteil der endzeitlichen Sammlung und Wiederherstellung Israels. In der eschatologischen Heilszeit, wie sie das Jesajabuch verkündet, wird Gott sein Volk heilen und führen. Er wird es trösten und seine Wunden verbinden (57,18; 30,26). Kein Mensch wird in jenen Tagen mehr sagen: „Ich bin krank" (33,24), und das ganze Volk wird dann sehen, was die Hände Gottes in seiner Mitte vollbringen (29,23). Die Heilungen Jesu sind auch in dieser Perspektive zu sehen.

Für den Evangelisten ist Jesus „das Licht der Welt", das dem Nichtsehenden das Licht der Augen und das Licht des Glaubens schenkt. Das eigentliche Sehen besteht darin, Jesus zu erkennen. In einem solchen „Erkennen" erschließt sich neues Leben, wird das eigene Dasein auf einen letzten Sinn hin transparent: „Ich bin das Licht der Welt. Wer mir nachfolgt, wird nicht in der Finsternis gehen, sondern wird das Licht des Lebens haben" (Joh 8,12; vgl. 12,46). Der Übergang von der Finsternis zum Licht wird hier noch mit der „Stunde" der Passion in Verbindung gebracht (Joh 9,4). „Die Nacht, in der niemand mehr wirken kann", bezieht sich auf den Tod Jesu und damit auf das Ende seines öffentlichen Wirkens. Die Zeit Jesu, die Zeit, in der er als das „Licht" in der Welt leuchtet, ist begrenzt. Seine Sendung muss in dieser Zeit zur Vollendung gebracht werden. Wenn Jesus hier sagt: „*Wir* müssen wirken...", dann bezieht er die Jünger mit ein, seinen Auftrag zu erfüllen. Die begrenzte Zeit gilt aber auch für die Menschen, die Jesus begegnen und vor der Entscheidung stehen, an ihn zu glauben – wie der Blindgeborene. Damit deutet „Johannes" schon die Schärfe der bevorstehenden Auseinandersetzung zwischen dem Geheilten und den Pharisäern an.

Im Vorübergehen nimmt Jesus Kontakt auf – behutsam, ohne ein Wort zu sagen. Er berührt den Blindgeborenen mit dem Brei aus Speichel und Erde dort, wo er der Heilung bedarf. Er stellt sich auf seine

Wahrnehmungsfähigkeit ein. Erst als der Blinde im Spüren Vertrauen fassen kann, fordert er ihn auf, sich auf sein Wort zu verlassen und selbstständig zum Teich Schiloach zu gehen. Der Blinde muss zunächst den Bereich seiner bisherigen Sicherheiten verlassen. Noch blind – macht er sich auf den Weg und kommt als Sehender zurück.

Der Name des Teiches heißt übersetzt „der Gesandte". Dieser Hinweis macht darauf aufmerksam, dass der Blinde in diesem Wasser durch den „Gesandten *Gottes*" geheilt wurde. Doch in dem Maß, wie sich sein Blick aufhellt, gerät er in immer größere Schwierigkeiten. Die Welt, in die er zurückkehrt, hat auf einmal ihre Geborgenheit verloren.

2. **Joh 9,8-12**: Zunächst bezweifelt man seine Identität. Die Nachbarn und andere Leute, die ihn als Blinden und Bettler kannten, trauen ihren Augen nicht und streiten darüber, ob er es wirklich sei. Es sieht so aus, als hätten *sie* über seine Identität zu entscheiden, bis der Sehendgewordene schließlich aus seiner passiven Haltung heraustritt und sagt: „Ich bin's!" Er schildert genau, was ihm widerfahren ist, doch wo *der Mensch ist, der Jesus heißt*, weiß er nicht. Der Geheilte ist allein mit seiner Erfahrung. Der Weg durch die Finsternis der Menschen ist gefährlicher als der Weg zum Teich Schiloach. Aber wer die Wahrheit tut, kommt ans Licht (Joh 3,21).

3. **Joh 9,13-17**: Die „Sache" wird den Leuten unheimlich. So bringen sie ihn zu den Pharisäern. Damit bekommt das ganze Geschehen einen offiziellen Charakter. Ihre Befragung gleicht auch eher einem Verhör. Noch einmal erzählt der Sehend-gewordene den genauen Hergang seiner Heilung. Er steht zu seiner Erfahrung. Seine Wahrhaftigkeit durchzieht die ganze Erzählung. Da nun an dem Tatbestand nicht zu zweifeln ist, geraten die Pharisäer miteinander in Streit darüber, ob Jesus von Gott oder ein Sünder ist. Da sie zu keiner einhelligen Meinung finden können, fragen sie den Geheilten, was er selbst von Jesus halte. Seine Antwort ist ein erstes Glaubenszeugnis, das die Pharisäer in noch größere Verlegenheit bringt. Der Sehende deutet seine Erfahrung in dem Licht, das sein Leben erhellt: *„Ein Prophet* ist er!"

4. **Joh 9,18-23**: „Die Juden", wie die Gegner Jesu jetzt genannt werden, verfolgen nun die Absicht, die Glaubwürdigkeit des Zeugen in Frage zu stellen und so das Wunder zu leugnen. Sie lassen die Eltern herbeirufen, um seine Identität erneut zu überprüfen. Die Antwort der Eltern lässt

keinen Zweifel, dass der Geheilte ihr Sohn ist. Doch auf die Frage, wie es dazu kam, dass er jetzt sehen kann, verweisen sie auf die Volljährigkeit ihres Sohnes und hüllen sich in Unwissen. Sie haben Angst, von den „Juden" aus der Synagoge ausgeschlossen zu werden. Das hätte für sie schwerwiegende persönliche und soziale Konsequenzen.

Diese Szene bereitet den Leser darauf vor, dass die innere Entwicklung des Geheilten auf ein Bekenntnis zu Jesus als *Messias* (Christus) hinausläuft (V. 22), während die „Juden" sich dieser Herausforderung zum Glauben verweigern.

Die Eltern stehen hier repräsentativ für jene Juden, die zwar an Jesus glauben, aber nicht den Mut aufbringen, diesen Glauben auch öffentlich zu bekunden. Ihre Bemerkung, dass ihr Sohn alt genug sei, um für sich selber zu sprechen, kann auch als Hinweis verstanden werden, dass es in diesem Kapitel um das Erreichen der „Volljährigkeit" im Glauben geht (V. 21.23).

5. **Joh 9,24-34**: Im zweiten und letzten Verhör fordern „die Juden" den Geheilten auf, „Gott die Ehre zu geben". Er soll also im Sinne des Grundbekenntnisses von Dtn 6,4f. vor Gott die Wahrheit sagen und bestätigen, dass Jesus den Sabbat verletzt hat und deshalb Sünder ist. Sie setzen also ihr „Wissen", d.h. ihre Tradition der Toraauslegung, mit der Wahrheit Gottes gleich. Damit verstärken sie den Druck und wollen ihn einschüchtern. Doch der Geheilte bleibt seiner Erfahrung treu und weigert sich, ihrem Druck nachzugeben. Der Sehende antwortet den Wissenden und stellt sie in Frage, indem er sich auf eine andere anerkannte jüdische Tradition beruft. Das ist gefährlich für die Wissenden und für den Sehenden. Die Auseinandersetzung nimmt an Schärfe zu, je unerträglicher die Wahrheit und Unerschütterlichkeit dieses einfachen Mannes für „die Juden" wird. Als dieser sich schließlich dazu bekennt, dass dieser Mann *von Gott* sein müsse, verlassen die Pharisäer endgültig die Ebene der theologischen Argumentation und beginnen damit, ihn zu beschimpfen, schließlich zu diffamieren und zu entwerten. Dann greifen sie zum letzten ihrer autoritären Mittel und stoßen ihn aus ihrer Gemeinschaft aus.

6. **Joh 9,35-38**: Jesus „findet" den Ausgestoßenen (vgl. Joh 1,41.43.45). In der Begegnung mit ihm kommt der Geheilte schließlich zum vollen Glauben an den „*Menschensohn*". Dieser Titel ist bei Johannes als umfassende Glaubensformel zu verstehen, „die Person und Geschick Jesu

in einem Begriff zusammenfasst. Es geht also (hier) um das volle christologische und soteriologische Bekenntnis der johanneischen Gemeinde" (J. Blank).

Glaube und Anbetung sind die Antwort eines Menschen, der nun in einem umfassenden Sinn sehend geworden ist. Es war ein schmerzlicher, an Widerständen gereifter Prozess, in dem auch seine individuelle und soziale Identität gewachsen ist. Es bleibt aber festzuhalten, dass das eigentliche Ziel der Begegnung mit Jesus als dem Leben erhellenden und Sinn erschließenden Licht die *Anbetung* ist.

7. Joh 9,39-41: Während also der Weg des Blindgeborenen immer deutlicher ins *Licht* bis zur Volljährigkeit seines Glaubens an Jesus führt, gibt es auf der anderen Seite bei den Pharisäern die gegenläufige Bewegung in eine immer größere *Finsternis.* Sie verschließen sich der Erfahrung eigener Heilsbedürftigkeit und erweisen sich damit als die Blinden. Ihr „Wissen" hindert sie daran, in Jesu Worten die Wahrheit Gottes zu hören, in seinen Zeichen die Herrlichkeit Gottes zu sehen und in ihm den Sohn Gottes zu erkennen. So hören sie am Ende sein Verdikt, „zum Gericht – oder zur Entscheidung – (*eis krima*) bin ich in diese Welt gekommen..." (V. 39). Jesus gibt einigen Pharisäern, die betroffen auf diese Äußerung reagieren, zu verstehen, dass sie tatsächlich etwas gesehen haben. Sie waren Zeugen einer unglaublichen Heilung und Zeugen eines umfassenden Bekenntnisses, mit dem der Geheilte sich Jesus angeschlossen hat. Und dennoch weigern sie sich, daraus Folgerungen zu ziehen.

*

Der dramatische Verlauf der ganzen Geschichte zeigt, dass im Wachsen von persönlicher Identität und personalem Glauben bestimmte Reifungs- und Heilungsschritte nicht zu überspringen sind, sonst bleibe ich blind für die Wirklichkeit, die Jesus mir eröffnen will. Dieser Prozess zeigt auch, dass sich mein Sinnhorizont und meine Lebenseinstellung zwangsläufig verfinstern, wenn ich den Leben erhellenden und Sinn erschließenden Erfahrungen meines Lebens nicht treu bleibe. Unsere Entwicklung verlangt immer wieder von uns, vertraute Bindungen und Sicherheiten aufzugeben, uns aus Milieu bedingten Wertauffassungen, Grundhaltungen und Verhaltensweisen ebenso zu lösen wie aus manchen überkommenen Ausdrucksformen unseres Glaubens.

Schauen wir noch einmal zurück auf den Prozess der Verfinsterung auf Seiten der Pharisäer. Was hat die leidenschaftliche und schließlich gewalttätige Auseinandersetzung mit der Erfahrung des Blindgeborenen ausgelöst? Was ist der eigentliche Grund für den Ausbruch einer so zerstörerischen Aggressivität? Die Pharisäer stehen für Menschen, die sich durch ihr „Wissen" der Erfahrung eigener Heilsbedürftigkeit beraubt haben. Das Dunkle und Unerlöste in ihnen, ihre Fähigkeit zum Minderwertigen und Bösen darf sich ihnen nicht zeigen. Das würde ein Gefühl von Schuld und Wertlosigkeit in ihnen hervorrufen und ihr Selbstbild erschüttern. In der Begegnung mit dem von seiner Blindheit Geheilten spüren sie unausweichlich: Wenn es stimmt, was dieser Mann sagt, wenn also Jesu Wirken göttlichen Ursprungs ist, dann ist einer ihrer zentralsten Werte religiöser Überzeugung und damit auch ihre Einstellung zu Jesus in Frage gestellt. Die Erfahrung und das Bekenntnis des Geheilten wird von ihnen als existenzielle Bedrohung erlebt. Deshalb versuchen sie zunächst, die Ursache aller Beunruhigung und Aufregung wegzudisputieren, sie umzudenken und zu entwerten. Sie verschanzen sich hinter ihrem (theologischen) Wissen und finden Argumente, mit denen sie sich vor der ungewohnten Nähe göttlichen Lichts zu schützen hoffen. Als alle Versuche vor der Wahrhaftigkeit des Geheilten scheitern, schlägt ihre Unsicherheit in Bosheit um und wird aggressiv. Was sie selbst nicht anerkennen sollen, dürfen andere nicht behaupten. Sie bringen ihre Amtsautorität ins Spiel und verlangen Widerruf. Als auch das nicht fruchtet, entlarvt sich das ganze Ausmaß ihres Schattens. In wütender Verblendung kündigen sie die Gemeinschaft auf.

Wer sich vor der Erschütterung seines Selbstbildes zu immunisieren versucht, wird unfähig, seine eigene Minderwertigkeit wahrzunehmen und sich selbst zu begegnen. Das Heilungsangebot Jesu für Menschen dieser Art wird in dem Heilungs- und Erhellungsprozess des Blinden deutlich, der sich von Jesus an seiner wundesten Stelle berühren lässt und von ihm zum vollen personalen Glauben geführt wird.

KAPITEL 10

Die Hirtenrede: Joh 10,1-21

10,1 Amen, amen, ich sage euch: Wer nicht durch die Tür hineingeht in
den Schafpferch, sondern anderswo hinübersteigt, der ist ein Dieb und
ein Räuber. 2 Wer aber durch die Tür hineingeht, ist Hirte der Schafe.
3 Diesem öffnet der Türhüter, und die Schafe hören seine Stimme, und
er ruft die eigenen Schafe mit Namen und führt sie heraus. 4 Wenn er
die eigenen Schafe alle herausgebracht hat, geht er vor ihnen her, und
die Schafe folgen ihm, weil sie seine Stimme kennen. 5 Einem Fremden
aber werden sie nicht folgen, sondern werden vor ihm fliehen, weil sie
die Stimme der Fremden nicht kennen. 6 Diese Bildrede sagte Jesus zu
ihnen; sie aber verstanden nicht, was es war, das er zu ihnen sagte.

7 Jesus sagte nun wieder zu ihnen: Amen, amen, ich sage euch: Ich
bin die Tür zu den Schafen. 8 Alle, die vor mir gekommen sind, sind
Diebe und Räuber; aber die Schafe haben nicht auf sie gehört. 9 Ich bin
die Tür; wenn jemand durch mich hineingeht, wird er gerettet werden
und wird ein- und ausgehen und Weide finden. 10 Der Dieb kommt nur,
um zu stehlen und zu schlachten und zu verderben. Ich bin gekommen,
damit sie Leben haben und es in Fülle (Überfluss) haben.

11 Ich bin der gute Hirte; der gute Hirte setzt sein Leben ein für die
Schafe. 12 Wer Mietling (Lohnknecht) und nicht Hirte ist, wer die Schafe
nicht zu eigen hat, sieht den Wolf kommen und lässt die Schafe im
Stich und flieht – und der Wolf reißt und zerstreut sie – 13 weil er ein
Mietling ist und sich um die Schafe nicht kümmert.

14 Ich bin der gute Hirte; und ich kenne die Meinen, und die Meinen
kennen mich, 15 wie der Vater mich kennt und ich den Vater kenne; und
ich setze mein Leben ein für die Schafe. 16 Und ich habe (noch) andere
Schafe, die nicht aus diesem Pferch sind; auch diese muss ich herbei
bringen, und sie werden meine Stimme hören, und es wird sein eine Her-
de, cin Hirte. 17 Darum liebt mich der Vater, weil ich mein Leben gebe, um
es wieder zu nehmen. 18 Niemand nimmt es von mir, sondern ich gebe es
von mir aus. Ich habe die Vollmacht, es zu geben, und habe Vollmacht, es
wieder zu nehmen. Dieses Gebot habe ich von meinem Vater empfangen.

19 Wieder entstand eine Spaltung unter den Juden wegen dieser Wor-
te. 20 Es sagten aber viele von ihnen: Er hat einen Dämon und ist von Sin-
nen. Was hört ihr auf ihn? 21 Andere sagten: Diese Worte sind nicht die
eines Besessenen. Kann etwa ein Dämon die Augen von Blinden öffnen?

1. **Joh 10,1-6:** Mit der Einleitung „Amen, amen, ich sage euch" wird die folgende Rede als göttliche Offenbarung besonders herausgehoben. Wie Joh 9,39-41 richtet sie sich an die Pharisäer und spiegelt in ihrer „polemischen Schärfe" die Auseinandersetzung mit der Synagoge nach 70 n. Chr. Alttestamentlicher Hintergrund dieser Bild- oder „Rätselrede" (*paroimía*) dürfte vor allem die große Rede gegen die „Hirten Israels" im Buch Ezechiel (Ez 34) sein, eine Anklage gegen die gesamte Führungsschicht, die sich selbst weidet und sich nicht um die Schafe kümmert: „Das Schwache habt ihr nicht gestärkt, das Kranke nicht geheilt, das Verletzte nicht verbunden, das Versprengte nicht zurück geführt, das Verirrte nicht gesucht und das Starke habt ihr misshandelt" (Ez 34,4). Darum schreitet Jahwe gegen diese Hirten ein und nimmt sich selbst seiner Herde an. Er sucht sie und holt sie zurück. Er führt sie auf gute Weide und sorgt für sie, wie es recht ist (Ez 34,10-16). Er wird einen einzigen Hirten aus dem Hause David einsetzen. Der soll sie weiden und Jahwe wird ihr Gott sein (Ez 34,23f).

Die Bildrede aus dem Hirtenleben setzt voraus, dass die Hirten ihre kleinen Herden gegen Abend in einen gemeinsamen Pferch treiben, der des Nachts bewacht wird, um die Schafe vor Dieben und wilden Tieren zu schützen. Der Wächter kennt alle Hirten. Sie haben freien Zugang, wenn sie am Morgen kommen, um ihre Schafe zu rufen und auf die Weide zu führen. Die Tiere kennen die Stimme ihres Hirten, wenn er sie beim Namen ruft. Vor einem Fremden würden sie weglaufen.

Doch die Pharisäer verstehen nicht den Sinn der Bildrede. Sie können nicht erfassen, was für Glaubende offenkundig ist. Die Augen ihres Herzens bleiben – wie nach der Heilung des Blindgeborenen – verschlossen.

2. **Joh 10,7-10:** Die „Rätselrede" wird zunächst mit dem Bild von der Tür und dann mit dem Bild vom guten Hirten christologisch ausgedeutet. Dazu wiederholt Jesus das doppelte Amenwort aus der Einleitung. Er ist der einzig legitime Zugang zu den Schafen und der alleinige Zugang zum Heil, zum „Leben in Fülle" (V. 10). Mit den „Dieben und Räubern", die vor ihm kamen, sind wohl in Anspielung auf Ez 34 alle gemeint, die ihr Hirtenamt missbraucht haben. Nur wer durch *die Tür*, die Jesus ist, ein und ausgeht, wird Weide finden. „Weide finden" ist ein Bild für die Fülle an Lebensmöglichkeiten, die sich nur durch ihn erschließen. „Diese Einzigkeit Jesu ist der Grund dafür, dass das Bild

von der *einen* Tür (V. 7) in das Bild des *einen* Hirten übergeht, der allein rechtmäßigen Zugang zu den Seinen hat (V. 8) und ihnen das ewige Leben gibt (V. 10)" (U. Wilckens).

3. **Joh 10,11-18:** Mit V. 11 beginnt die eigentliche Hirtenrede. Jesus ist *der gute Hirte,* weil ihm das Leben seiner Schafe kostbarer ist als sein eigenes. Darin unterscheidet er sich grundlegend von allen, die ihre Hirtenaufgabe nur gegen Bezahlung wahrnehmen und bei Gefahr die Herde im Stich lassen, sodass der Wolf leichte Beute hat.

Der Grund für den Lebenseinsatz des guten Hirten ist ein tiefes gegenseitiges Kennen und Umeinanderwissen zwischen ihm und seinen Schafen. Diese innere, freisetzende personale Beziehung hat ihren Ursprung und ihr Maß in der Einheit und Liebe zwischen Jesus und dem Vater. In den ICH-BIN-Worten Jesu spricht Gottes ICH-BIN.

Mit den „anderen Schafen, die nicht aus diesem Pferch sind", kommen die Christen aus den Heiden in den Blick, die nach Ostern zu der einen Herde des guten Hirten gehören. Auch sie werden auf seine Stimme hören und sich von ihm führen lassen. Johannes hat ein universales, die gesamte Menschheit umfassendes Kirchenverständnis.

Die Liebe Gottes zur Welt vollendet sich in der Lebenshingabe Jesu. In seinem Leben, Sterben und Auferstehen beginnt die „Sammlung aller in der Welt zerstreuten Gotteskinder". Wie Jesus in Freiheit und Gehorsam sein Leben für die Seinen einsetzt, so hat er aus der wesenhaften Gemeinschaft mit dem Vater die Vollmacht, es wieder zu nehmen. Das ist seine ihm vom Vater anvertraute Sendung.

Diese Aussage geht über alle anderen urchristlichen Auferstehungszeugnisse hinaus. Sie ist das Fundament für das Vertrauen, sich in einem letzten und umfassenden Sinn bei Jesus, dem „guten Hirten", geborgen und aufgehoben zu wissen.

4. **Joh 10,19-21:** Als Reaktion auf diese Rede entsteht „unter den Juden" Streit. Die einen halten Jesus für verrückt und besessen, andere sind von seinen Worten so beeindruckt, dass sie nachdenklich fragen, ob denn ein Besessener Blinden die Augen öffnen könne. Ihre Nachdenklichkeit macht sie offen für ein Verständnis Jesu und den Glauben an ihn (vgl. Joh 10,42).

Jesus auf dem Tempelweihfest: Erneute Auseinandersetzung: Joh 10,22-39

10 22 Es war damals das Fest der Tempelweihe in Jerusalem; es war Win-
ter. 23 Und Jesus ging umher im Tempel, in der Säulenhalle Salomos.
24 Da umringten ihn die Juden und sagten zu ihm: Wie lange hältst du
uns in Spannung? Wenn du der Messias bist, so sage es uns frei heraus.
25 Jesus antwortete ihnen: Ich habe es euch gesagt, und ihr glaubt nicht.
Die Werke, die ich im Namen meines Vaters tue, die geben Zeugnis von
mir; 26 aber ihr glaubt nicht, denn ihr seid nicht von meinen Schafen.
27 Meine Schafe hören meine Stimme, und ich kenne sie, und sie folgen
mir; 28 und ich gebe ihnen ewiges Leben, und sie gehen nicht zugrunde
in Ewigkeit, und niemand wird sie aus meiner Hand reißen. 29 Mein
Vater, der sie mir gegeben hat, ist größer als alle, und niemand kann
sie aus der Hand meines Vaters reißen. 30 Ich und der Vater sind eins.

31 Da hoben die Juden wieder Steine auf, um ihn zu steinigen. 32
Jesus antwortete ihnen: Viele gute Werke habe ich euch von meinem
Vater gezeigt. Für welches dieser Werke wollt ihr mich steinigen? 33 Die
Juden antworteten ihm: Wegen eines guten Werkes steinigen wir dich
nicht, sondern wegen Lästerung, und weil du, der du ein Mensch bist,
dich selbst zu Gott machst. 34 Jesus antwortete ihnen: Steht nicht in
eurem Gesetz geschrieben: «Ich habe gesagt: Götter seid ihr» ? 35 Wenn
er die Götter nennt, an die das Wort Gottes erging – und die Schrift
kann nicht aufgelöst werden – 36 wie sagt ihr dann zu dem, den der
Vater geheiligt und in die Welt gesandt hat: Du lästerst, weil ich sagte:
Sohn Gottes bin ich? 37 Wenn ich nicht die Werke meines Vaters tue,
so glaubt mir nicht! 38 Wenn ich sie aber tue, so glaubt den Werken,
wenn ihr (schon) mir nicht glaubt, damit ihr erkennt und versteht, dass
der Vater in mir ist und ich im Vater! 39 Da suchten sie wieder, ihn zu
greifen, und er entging ihrer Hand.

5. **Joh 10,22-30**: Dieser Abschnitt erzählt von einer Auseinandersetzung zwischen Jesus und den Juden im Winter zur Zeit des Lichterfestes (Chanukka). Es wird in Erinnerung an die Wiedereinweihung des Tempels durch Judas Makkabäus und seine Leute (164 v. Chr.) gefeiert, nachdem der heilige Ort unter Antiochus IV. Epiphanes entweiht worden war (vgl. 1 Makk 4,36-59).

Jesus hält sich in der „Säulenhalle Salomos", dem traditionellen Lehrort im Tempel auf, als die „Juden" ihn plötzlich umringen. Es sieht so aus, als wollten sie ihn nicht mehr loslassen, bis er die Frage, ob er der Messias sei, in ihrem Sinne eindeutig beantwortet hat. Im Kontext des Vorausgegangenen hat Jesus im Bild der Tür und vor allem im Bild des guten Hirten bereits die nicht zu überbietende Antwort auf die Messiasfrage gegeben. Die Aufforderung, Jesus solle jetzt endlich offen zu ihnen reden, kommt aus der Haltung des Unglaubens. Jedes weitere Wort von ihm könnte daher nicht zu der verlangten Klärung führen (vgl. Joh 9,27). So antwortet Jesus auch entsprechend und verweist auf seine „Werke", die sie ja – wie die Heilung des Blindgeborenen – selbst zur Kenntnis genommen haben. Er hält ihnen entgegen, dass sie nicht glauben, weil sie nicht zu seinen Schafen gehören. Würden sie dazu gehören, könnten sie seine Rede als ein „offenes" und nicht als ein „rätselhaftes" Wort verstehen.

Jesus greift das Motiv von der Nähe und Vertrautheit zwischen Hirt und Herde noch einmal auf und verstärkt es mit dem Hinweis, dass diese enge Beziehung von niemand auseinander gerissen werden kann. Denn er und der Vater sind eins (V. 30). Sein Wirken in der Welt gründet letztlich in seiner Einheit mit Gott. Diese Selbstoffenbarung geht über alles hinaus, was in den anderen neutestamentlichen Schriften über das Verhältnis zwischen Jesus und dem Vater formuliert ist.

6. **Joh 10,31–39**: Die Selbstaussage Jesu: „Ich und der Vater sind eins" ist für jüdische Ohren eine Ungeheuerlichkeit. Sie verstehen sie als Gotteslästerung und wollen ihn auf der Stelle steinigen (vg. Lev 24,11–16). In dieser brenzligen Situation, umringt von allen Seiten, ergreift Jesus das Wort und zeigt sich als Herr der Lage. Er verweist wieder auf „die vielen guten Werke", die er vor ihren Augen aus seiner Verbindung mit dem Vater gewirkt hat, und fragt sie, für welches dieser Werke sie ihn steinigen wollen. In diesen „Werken" ist doch Gottes Herrlichkeit aufgeleuchtet und deutlich geworden, dass er „von Gott" ist (vgl. Joh 9,33).

Die „Juden" empören sich gegen den Vorwurf, sie wollten ihn wegen eines seiner Werke töten. Sie wollen ihn nach dem Gesetz steinigen, weil er als Mensch sich Gott gleich gemacht hat. Damit hat er die Einzigkeit Gottes in Frage gestellt und in unverantwortlicher Weise das erste Gebot des Dekalogs verletzt.

Wenn man in Jesus nur einen Menschen sieht, dessen Heimatort und Familie bekannt sind, dann ist die Reaktion auf Jesu Selbstaussage: „Ich und der Vater sind eins" verständlich. Nur wer im Glauben Jesus als den Mensch gewordenen Sohn Gottes sieht, versteht dieses Wort als Bekenntnis zur Einzigkeit Gottes, an der es aus neutestamentlicher Sicht keine Abstriche geben darf.

Jesus versucht nun, ihren Vorwurf nach Art rabbinischer Schriftauslegung zu entkräften. Dabei kann man eine Stelle ohne Rücksicht auf ihren Textzusammenhang für die eigene Beweisführung heranziehen. Jesus zitiert einen Vers aus Psalm 82: „Ich habe gesagt: Ihr seid Götter" (V.6a) und versteht ihn in Übereinstimmung mit jüdischen Auslegern als an die Israeliten gerichtet. Er zieht dann nach rabbinischer Regel den Schluss vom „Geringeren auf das Größere": Wenn Gott schon damals die Israeliten Götter genannt hat, dann gilt das doch umso mehr für den Gesandten und Offenbarer Gottes, der jetzt vor ihnen steht. Jesus kann sich also für seine Aussage auf die Schrift berufen, die nicht außer Kraft gesetzt werden darf.

Doch dieses einschränkende Verständnis seiner Gottessohnschaft relativiert Jesus gleich wieder mit dem erneuten Hinweis auf die „guten Werke", die seine Einheit mit Gott bezeugen. Darauf hin versuchen sie wieder, ihn in ihre Gewalt zu bringen, doch er entzieht sich ihrem Zugriff. Jesus hat es nicht vermocht, dass die „Juden" seine Werke als die Werke Gottes anerkennen (vgl. Joh 9,3).

Jesu Rückzug über den Jordan: Joh 10,40-42

10 [40] Und er ging wieder weg auf die andere Seite des Jordan an den
Ort, wo Johannes zuerst getauft hatte, und er blieb dort. [41] Und viele
kamen zu ihm und sagten: Johannes hat (zwar) kein Zeichen getan;
alles aber, was Johannes von diesem gesagt hat, war wahr. [42] Und viele
glaubten dort an ihn.

Nach dieser Konfrontation zieht Jesus sich in jene Gegend zurück, wo mit dem Wirken des Täufers alles begonnen und Johannes ihn zum ersten Mal als Sohn Gottes bezeugt hat (Joh 1,34). Viele kommen zu ihm und bezeugen nun ihrerseits, dass der Täufer zwar keine Zeichen gewirkt hat, aber alles wahr ist, was er über Jesus gesagt hat. Mit diesem Bekenntnis stehen die „vielen" im Gegensatz zu den „Juden", die das Zeugnis des Täufers gehört haben, ihm aber nicht gefolgt sind und so nicht zum Glauben an ihn gefunden haben. Gleichwohl kommen jetzt an diesem Ort des Anfangs viele zum Glauben an Jesus, den Sohn Gottes.

KAPITEL 11

Die Auferweckung des Lazarus: Joh 11,1-46

11 1 Es war aber einer krank, Lazarus, aus Bethanien, aus dem Dorf der
Maria und ihrer Schwester Martha. 2 Maria aber war es, die den Herrn
mit Öl gesalbt und seine Füße mit ihren Haaren getrocknet hatte; ihr
Bruder Lazarus war krank. 3 Da sandten die Schwestern zu ihm (Jesus)
und ließen ihm sagen: Herr, siehe, der, den du lieb hast, ist krank! 4
Als aber Jesus das hörte, sagte er: Diese Krankheit ist nicht zum Tod,
sondern um der Herrlichkeit Gottes willen, damit der Sohn Gottes durch
sie verherrlicht werde. 5 Es liebte aber Jesus Martha und ihre Schwester
und den Lazarus. 6 Als er nun hörte, dass er krank sei, blieb er noch
zwei Tage an dem Ort, wo er war. 7 Danach erst sagt er zu den Jün-
gern: Lasst uns wieder nach Judäa gehen. 8 Die Jünger sagen zu ihm:
Rabbi, eben suchten die Juden dich zu steinigen, und wieder gehst du
dort hin? 9 Jesus antwortete: Hat der Tag nicht zwölf Stunden? Wenn
jemand am Tag umhergeht, stößt er nicht an, weil er das Licht dieser
Welt sieht; 10 wenn aber jemand in der Nacht umhergeht, stößt er an,
weil das Licht nicht in ihm ist.

11 Dies sagte er, und danach sagt er zu ihnen: Lazarus, unser Freund,
schläft; aber ich gehe hin, damit ich ihn aufwecke. 12 Da sagten die
Jünger zu ihm: Herr, wenn er schläft, wird er gesund werden. 13 Jesus
aber hatte von seinem Tod gesprochen: sie aber meinten, er rede von
der Ruhe des Schlafes. 14 Darauf sagte ihnen Jesus gerade heraus: La-
zarus ist gestorben; 15 und ich bin froh um euretwillen, dass ich nicht
dort war, damit ihr glaubt; aber lasst uns zu ihm gehen. 16 Da sagte
Thomas, der auch Zwilling genannt ist, zu den Mitjüngern: Lasst auch
uns gehen, damit wir mit ihm sterben.

17 Als nun Jesus kam, fand er ihn schon vier Tage im Grab liegen. 18
Bethanien aber war nahe bei Jerusalem, etwa fünfzehn Stadien weit; 19
und viele von den Juden waren zu Martha und Maria gekommen, um
sie wegen ihres Bruders zu trösten. 20 Martha nun, als sie hörte, dass
Jesus komme, ging ihm entgegen. Maria aber blieb im Haus sitzen. 21 Da
sagte Martha zu Jesus: Herr, wenn du hier gewesen wärest, wäre mein
Bruder nicht gestorben; 22 aber auch jetzt weiß ich, dass alles, was du
von Gott erbittest, Gott dir geben wird. 23 Jesus sagt zu ihr: Dein Bruder
wird auferstehen. 24 Martha sagt zu ihm: Ich weiß, dass er auferstehen

wird bei der Auferstehung am letzten Tag. [25] Jesus sagte zu ihr: Ich bin
die Auferstehung und das Leben; wer an mich glaubt, wird leben, auch
wenn er gestorben ist; [26] und jeder, der lebt und an mich glaubt, wird
nicht sterben in Ewigkeit. Glaubst du das? [27] Sie sagt zu ihm: Ja, Herr,
ich glaube, dass du der Messias bist, der Sohn Gottes, der in die Welt
kommen soll.

[28] Und als sie dies gesagt hatte, ging sie hin und rief heimlich ihre
Schwester Maria und sagte: Der Lehrer ist da und ruft dich. [29] Als sie
es hörte, stand sie schnell auf und ging zu ihm. [30] Jesus aber war noch
nicht in das Dorf gekommen, sondern war an dem Ort, wo Martha ihm
begegnet war. [31] Als nun die Juden, die bei ihr im Haus waren und sie
trösteten, sahen, dass Maria schnell aufstand und hinausging, folgten
sie ihr, da sie meinten, sie gehe zum Grab, um dort zu weinen. [32] Als
nun Maria dorthin kam, wo Jesus war, und ihn sah, fiel sie ihm zu Fü-
ßen und sagte zu ihm: Herr, wenn du hier gewesen wärest, wäre mein
Bruder nicht gestorben. [33] Als nun Jesus sah, dass sie weinte und die
Juden weinten, die mit ihr gekommen waren, ergrimmte er im Geist
und wurde erschüttert [34] und sagte: Wo habt ihr ihn hingelegt? Sie
sagen zu ihm: Herr, komm und sieh! [35] Jesus weinte. [36] Da sagten die
Juden: Siehe, wie lieb hat er ihn gehabt! [37] Einige aber von ihnen sag-
ten: Konnte der, der die Augen des Blinden geöffnet hat, nicht (auch)
bewirken, dass auch dieser nicht stirbt?

[38] Jesus ergrimmt wieder in seinem Innern und kommt zum Grab. Es
war aber eine Höhle, und ein Stein lag davor. [39] Jesus sagt: Nehmt den
Stein weg! Sagt zu ihm die Schwester des Verstorbenen, Martha: Herr,
er riecht schon, denn er ist vier Tage hier. [40] Jesus sagt zu ihr: Habe
ich dir nicht gesagt, wenn du glaubst, wirst du die Herrlichkeit Gottes
sehen? [41] Sie nahmen nun den Stein weg. Jesus aber hob die Augen
empor und sprach: Vater, ich danke dir, dass du mich erhört hast. [42]
Ich wusste, dass du mich allezeit erhörst; doch wegen der Volksmenge
willen, die dabei steht, habe ich es gesagt, damit sie glauben, dass du
mich gesandt hast. [43] Und als er dies gesagt hatte, rief er mit lauter
Stimme: Lazarus, komm heraus! [44] Und der Verstorbene kam heraus,
an Füßen und Händen mit Totenbinden umwickelt, und sein Gesicht
war mit einem Schweißtuch umbunden. Jesus sagt zu ihnen: Löst die
Binden und lasst ihn gehen! [45] Viele nun von den Juden, die zu Maria
gekommen waren und sahen, was er getan hatte, glaubten an ihn. [46]
Einige aber von ihnen gingen hin zu den Pharisäern und sagten ihnen,
was Jesus getan hatte.

Die Erzählung von der Auferweckung des Lazarus bildet den Höhepunkt der „Zeichen" im Johannes-Evangelium. Sie ist zugleich der Auftakt zur Leidensgeschichte, da dieses „Zeichen" unmittelbar zum Anlass für den Beschluss des Hohen Rates wird, Jesus zu töten. Dieses letzte große „Zeichen" Jesu ist also schon eng mit seinem Todesschicksal verbunden und gibt eine Deutung seiner Passion: Sie ist letztlich kein „Weg zum Tod", sondern ein „Weg „durch den Tod hindurch zur Verherrlichung, zur Auferstehung und zum Leben" (J. Blank).

1. **Joh 11,1-10:** Jesus wird zum kranken Lazarus nach Bethanien gerufen. Seine beiden Schwestern Maria und Martha, die mit ihm in dem kleinen Dorf nahe bei Jerusalem wohnen, schicken zu ihm und bitten ihn, seinen Freund in dieser bedrohlichen Lage nicht im Stich zu lassen: „Herr, siehe, der, den du lieb hast (*philo*), ist krank!"

In der Bemerkung, dass Maria es war, „die den Herrn mit Öl gesalbt und seine Füße mit ihren Haaren getrocknet hat", klingt schon das Ende Jesu an (Joh 12,7f).

Der Evangelist betont, dass Jesus mit den beiden Schwestern und ihrem Bruder Lazarus in Liebe und Freundschaft (*agapo*) verbunden ist. Sie gehören zu den Seinen, von denen es beim Abschiedsmahl heißt, dass er sie liebte „bis zuletzt" (Joh 13,16).

Jesu erste Reaktion auf die Nachricht, dass sein Freund erkrankt sei, gibt einen Hinweis, wie sein befremdliches Verhalten zu deuten ist: Ähnlich wie beim Blindgeborenen soll auch diese „Krankheit" der Verherrlichung Gottes dienen. In der Art, wie Jesus auf die Bitte der beiden Schwestern eingeht, wird Gottes Herrlichkeit aufleuchten, und sie werden erfahren, dass er sie liebt „bis zur Vollendung". Nur in dieser österlichen Sichtweise führt die Krankheit des Lazarus „nicht zum Tod".

Jesus wartet noch zwei Tage, bis er mit seinen Jüngern nach Judäa aufbrechen will. Sein Wirken hat seinen eigenen Kairos. Auch hier bleibt er dem Zugriff menschlicher Erwartungen entzogen (vgl. Joh 2,3f). Der Aufbruch nach Judäa in die Nähe Jerusalems ist der Aufbruch in die Passion. Die Jünger spüren, welche Gefahren der Weg in sich birgt, und es regt sich Widerstand dagegen. Mit dem Bildwort vom „Licht dieser Welt" entgegnet er ihnen, dass die Zeit seines Wirkens noch nicht zu Ende ist. Sie hängt nicht von bestimmten Vorsichtsmaßregeln ab, sondern allein vom Willen des Vaters. Solange der Vater seine Zeit bestimmt, können Menschen nichts gegen ihn ausrichten. Und solange die Jünger in Jesus das Licht der Welt sehen, können sie nicht zu Fall kommen. Wer mit ihm geht, braucht sich nicht zu ängstigen. Denn er „wird nicht in der Finsternis umher gehen, sondern er wird das Licht des Lebens haben“ (Joh 8,12).

2. **Joh 11,11-16:** Im folgenden Gespräch mit seinen Jüngern informiert Jesus sie in bildhafter Rede über den Tod des Lazarus. Doch sie missverstehen seine Metapher und meinen, wenn er schläft, wird er wieder gesund werden. Das klingt so, als bräuchten sie nicht mehr nach Bethanien zu gehen. Da macht Jesus ihnen unmissverständlich klar, dass Lazarus gestorben ist, und fügt hinzu, dass er sich um ihretwillen freut, nicht dort gewesen zu sein, „damit ihr glaubt.“ Es geht ihm letztlich darum, dass sie wie beim ersten großen „Zeichen“ in Kana (Joh 2,11) so auch beim letzten seine Herrlichkeit aufscheinen sehen und an ihn glauben.

Als Jesus nun zum wiederholten Mal (V. 7) nach Judäa aufbrechen will, sagt Thomas zu den anderen Jüngern, was wohl alle befürchten: „Lasst uns mit ihm gehen, um mit ihm zu sterben!“ Bei Jesus „bleiben“ (vgl. Joh 1,38f.) bedeutet Schicksalsgemeinschaft mit ihm „bis zum Einsatz des eigenen Lebens“ (J. Beutler) und ist als Aufforderung an die Leser zu verstehen, sich auf ein Leben in Widerspruch und Bedrohung einzulassen – mit allen Konsequenzen (vgl. Joh 12,24-26; 15,18-16,4a).

3. **Joh 11,17-27:** Als Jesus in Bethanien ankommt, liegt Lazarus schon vier Tage im Grab. Nach jüdischer Auffassung verlässt das Leben nach drei Tagen den Verstorbenen endgültig. Er ist also unwiederbringlich tot. Wegen der Nähe zu Jerusalem sind viele Juden aus der Stadt nach Bethanien gekommen, um Martha und Maria in ihrer Trauer beizustehen.

Kaum hat Martha von der Ankunft Jesu gehört, geht sie ihm entgegen, während Maria zuhause bleibt. Obwohl Lazarus gestorben ist und begraben wurde, ist ihr Vertrauen zu Jesus unerschütterlich geblieben: „Aber auch jetzt weiß ich, um was du Gott bittest, wird Gott dir geben“ (Joh 11,22). Sie überlässt es ihm, ob und wie er seine helfende Macht gebrauchen will.

Jesus antwortet zunächst mit der Zusage, dass Lazarus auferstehen wird, was Martha in herkömmlicher Weise als Auferstehung am Letzten Tag versteht und voll bejaht. Vielleicht schwingt in ihrer Antwort auch eine gewisse Resignation mit: Am Letzten Tag wird mein Bruder auferstehen, aber jetzt ist er uns genommen und fehlt uns. Doch sie muss ihre Erfahrung von Sterben und Tod, ihre Hoffnung auf Leben und Auferstehung noch einmal hinter sich lassen, als Jesus ihr nun unvermittelt und völlig überraschend offenbart:

> „*ICH BIN* die Auferstehung und das Leben.
> Wer an mich glaubt, wird leben, auch wenn er stirbt;
> und jeder, der lebt und an mich glaubt,
> wird in Ewigkeit nicht sterben. *Glaubst du das?*" (V. 25 f).

„Hier spricht der Einzige, der mit dem einzig-einen Gott von Dtn 6,4f. eines ist: der Sohn des Vaters". In diesem Satz „kulminiert und konzentriert sich ... alles, was Jesus zuvor als Offenbarung von sich selbst und von der Heilswirkung des Glaubens an ihn gesagt und zugesagt hat" (U. Wilckens). Wer an Jesus als „die Auferstehung und das Leben" glaubt, wer m.a.W. auf diese Zusage hin sein Leben ausrichtet, hat Teil am Neuen Leben und „wird leben, auch wenn er stirbt". Das Sterben bleibt niemanden erspart und der menschliche Tod bleibt als Anfechtung für den Glauben an die Auferstehung und an das Leben, das Jesus ist. So wird Martha im Angesicht des Todes von Lazarus, ihrem Bruder, im Umkreis von Grab und Verwesung gefragt: Glaubst du, dass Jesus *das Leben* ist, und dass Auferstehung aus der Sinnlosigkeit und der Macht des Todes mit seinen vielen Gesichtern *schon jetzt* geschieht?

In der Antwort Marthas spiegelt sich das christologische Bekenntnis noch pointierter als im Bekenntnis des Simon Petrus (Joh 6,69): „Ja, Herr, ich glaube fest (*pepisteuka*): Du bist der Messias (Christus), der Sohn Gottes, der in die Welt kommt" (V. 27). Das Perfekt drückt die Endgültigkeit ihres wahren Glaubens aus. „Dieser Glaube ist das, worum es im ganzen Christsein und so auch im ganzen Buch des Johannes-Evangeliums geht (Joh 20,31a). Denn im Glauben an Jesus, den Christus, den Sohn Gottes, hat ein Mensch Leben, ewiges Leben (Joh 20,31b)" (U. Wilckens).

Martha gehört zu den Sterblichen, von denen Jesus sagt: „Wer mein Wort hört und dem glaubt, der mich gesandt hat, hat ewiges Leben: er kommt nicht ins Gericht, sondern ist aus dem Tod ins Leben hinüber gegangen" (Joh 5,24).

In der Selbsterschließung Jesu und dem gläubigen Bekenntnis der Martha liegt der *theologische* Höhepunkt der Lazarusgeschichte. Was hier im Wort gesagt ist, entfaltet sich nun auf der Ebene des Zeichens. Martha hat in Jesus den Tod durchschaut. Vom neuen Leben erfüllt, ruft sie ihre Schwester.

4. **Joh 11,28-37**: Martha informiert Maria „heimlich", damit sie Jesus allein begegnen kann. Im gleichen Augenblick (*tachú*) steht sie auf und geht zu ihm. Mit denselben Worten wie Martha begrüßt sie Jesus. Doch anders als ihre Schwester scheint Maria trostlos in ihrer Trauer und ohne Hoffnung auf Leben – wie die Juden, die ihr gefolgt sind in der Meinung, sie ginge zum Grab ihres Bruders. Sie sind die eigentlichen Toten, die Jesus „rufen" will. Ihr hemmungsloses Weinen und Klagen (*klaio*) ist Ausdruck ihrer Ohnmacht und Ausweglosigkeit gegenüber dem Tod des Lazarus und offenbart die ganze Trostlosigkeit ihres Unglaubens.

Als Reaktion darauf „ergrimmt" Jesus „im Geist und ist erschüttert". Diese starke doppelte Gemütsbewegung zeigt seinen Unwillen gegenüber dem Unglauben der Trauernden, der nicht über den Tod hinaus sieht. Jesus ist aufgebracht über ihr Klagen im Angesicht des Lebens, das in seiner Person vor ihnen steht. In Zorn und Trauer weint er über die geistig Toten, die sich nicht zum Neuen Leben erwecken lassen. Es ist aber nicht auszuschließen, dass die Erschütterung Jesu sich (auch) auf seine eigene Passion bezieht, die nun unausweichlich wird, und dass sein Weinen auch Ausdruck seiner Verbundenheit mit dem Schmerz der Trauernden ist.

Die Reaktion der „Juden" auf Jesu Tränen bereitet schon die unmittelbar bevorstehende Spaltung unter ihnen vor. Die einen deuten es wohlwollend, die anderen nehmen Anstoß daran und kritisieren ihn.

In Martha und Maria begegnen uns zwei Menschen, die in ihrem Glauben an Jesus und in ihrer Einstellung zum Tod verschieden sind und in Spannung zu einander stehen. Vermutlich hatte der Evangelist mit diesen unterschiedlichen Haltungen und Einstellungen in seinen Gemeinden zu tun.

4. **Joh 11,38-46**: Die Geschichte nähert sich nun ihrem *erzählerischen* Höhepunkt. Der Evangelist steigert die Spannung mit verschiedenen Elementen der Verzögerung.

Jesus „ergrimmt noch einmal“ und kommt in dieser Gemütsbewegung zum Grab, einer Höhle, die mit einem Stein verschlossen ist. Auf seine Aufforderung hin, den Stein vom Grab zu entfernen, wendet Martha ein, dass der Tote bereits vier Tage im Grab liegt und stinkt. Die Konfrontation mit dem Zustand der Verwesung und so mit dem augenscheinlich definitiven Ende des Lazarus betont noch einmal, wie unvorstellbar groß und ungeheuerlich das „Zeichen“ ist. Es sieht so aus, als sei Martha dabei, am Grab, in der unmittelbaren Nähe von Tod und Verwesung (wieder) zur „Schwester des Toten“ zu werden. In dieser Spannung erinnert sie Jesus noch einmal daran: „Wenn du glaubst, wirst du die Herrlichkeit Gottes schauen.“

Als das Grab dann geöffnet ist, beginnt Jesus zum Vater zu beten und offenbart so vor aller Augen seine tiefe Verbundenheit und Gemeinschaft mit Gott. „Die bevorstehende Auferweckung ... wird Gottes Tat sein, in der er seine Herrlichkeit erweisen wird als Vorauszeichen der Auferweckung Jesu, in der Gott seinen Sohn verherrlichen wird“ (U. Wilckens). Jesus dankt dem Vater, dass er sein Gebet jetzt erhört, wie er es immer getan hat. Sein Dankgebet soll die umstehende Menge als Zeugen dieses gewaltigen „Zeichens“ zum Glauben an Jesus als den „Gesandten Gottes“ bewegen.

Danach ruft er mit lauter Stimme den Toten bei seinem Namen – heraus aus den Fängen des Todes. Lazarus kehrt zurück ins *alte* Leben als ein *Neuer*. Er gehört zu den Toten, die die Stimme des Gottessohnes hören: „Es kommt die Stunde, und jetzt ist sie da, in der die Toten die Stimme des Gottessohnes hören, und die sie hören, werden leben“ (Joh 5,25). *Jetzt ist die Stunde da!* Lazarus ist Modell des glaubenden Menschen, der sich von Jesus zum neuen Leben erwecken lässt.

Unter dem Eindruck dieses Zeichens kommt es zur Spaltung unter den Juden. Auch hier hat das Offenbarwerden seiner „Herrlichkeit“ nicht bei allen eine positive Wirkung für den Glauben. Einige können in Jesus nichts „Größeres“ sehen, obwohl alles „vor ihren Augen“ geschah (vgl. Joh 12,37).

Der Todesbeschluss des Hohen Rates: Joh 11,47-54

11 [47] Da versammelten die Hohenpriester und die Pharisäer den Hohen
Rat und sagten: Was tun wir? Denn dieser Mensch tut viele Zeichen.
[48] Wenn wir ihn so lassen, werden alle an ihn glauben, und die Römer
werden kommen und uns den Ort und das Volk wegnehmen. [49] Einer
aber von ihnen, Kajaphas, der jenes Jahr Hoherpriester war, sagte zu
ihnen: Ihr wisst (gar) nichts [50] und überlegt auch nicht, dass es für euch
nützlich ist, dass ein Mensch für das Volk stirbt und nicht das ganze
Volk zugrunde geht. [51] Dies aber sagte er nicht aus sich selbst, sondern
weil er jenes Jahr Hoherpriester war, weissagte er, dass Jesus für das
Volk sterben sollte; [52] und nicht für das Volk allein, sondern damit er
auch die zerstreuten Kinder Gottes zur Einheit zusammenführe. [53] Von
jenem Tag an beschlossen sie, ihn zu töten.
[54] Jesus ging nun nicht mehr öffentlich unter den Juden umher, son-
dern ging von dort weg in die Gegend nahe bei der Wüste, in eine Stadt
mit Namen Ephraim; und dort verweilte er mit den Jüngern.

Einige von den Juden, die miterlebt hatten, was am Grab des Lazarus geschehen war, informierten die Pharisäer. Der Hohe Rat wird einberufen, um zu diskutieren, wie man darauf reagieren soll. Sie können nicht bestreiten, dass Jesus „viele Zeichen tut". Aber darin wittern sie auch gleich die Gefahr, dass die Jesusbewegung zu einer großen messianischen Bewegung werden könnte, was die Römer auf keinen Fall dulden würden. Sie würden ihnen den Tempel (den „Ort") „nehmen" und die Machtposition der gesamten Führungsschicht ein für allemal beenden. In dieser prekären Situation ergreift der amtierende Hohepriester Kajaphas das Wort, rüffelt den mangelnden Realitätssinn der Versammlung und verlangt, Jesus bei nächster Gelegenheit zu ergreifen und an die Römer auszuliefern: „Es ist besser für euch, dass ein Mensch für das Volk stirbt, als dass das ganze Volk zugrunde geht" (V. 50). Diese realpolitische Sicht wird schnell beschlussreif und zeigt deutlich, wie sehr die hohenpriesterlichen Familien zum eigenen Machterhalt um „Ruhe und Ordnung" besorgt sind.

Doch das „Machtwort" des Kajaphas ist gegen sein Wissen und Wollen ein prophetisches Wort über die Heilsbedeutung des Todes Jesu. In all der machtpolitischen Inszenierung wird plötzlich auf geheimnisvolle

Weise sichtbar, dass Gott am Werk ist. Das mindert nicht die Verantwortung des Hohenpriesters und des Hohen Rates, aber es macht deutlich, dass die Macht des Bösen noch einmal umfangen ist von Gottes Heilswirken für sein Volk und für alle „in der Welt zerstreuten Gotteskinder". Er will sie zu einem Volk zusammenführen. Dahinter steht das prophetische Motiv von der endzeitlichen Sammlung der Zerstreuten, die der gute Hirt Jesus durch seinen Tod ermöglicht. Johannes deutet also das Wort des Kajaphas als stellvertretenden Sühnetod von universaler Bedeutung. Das steht bewusst am Ende der Erzählung von der Auferweckung des Lazarus.

Jesus zieht sich wieder aus Judäa zurück und hält sich mit den Jüngern an einem Ort auf, der in der Nähe der Wüste liegt.

Das letzte Paschafest Jesu: Joh 11,55-57

11 [55] Es war aber nahe das Pascha der Juden, und viele gingen aus dem
Land hinauf nach Jerusalem vor dem Pascha, um sich zu reinigen. [56]
Sie suchten nun Jesus und sagten, als sie im Tempel standen, untereinander: Was meint ihr? Wird er nicht zu dem Fest kommen? [57] Es hatten
aber die Hohenpriester und die Pharisäer Befehl gegeben, wenn jemand
wisse, wo er sei, dass er es anzeigen solle, damit sie ihn ergriffen.

Das bevorstehende Paschafest zieht Scharen von Pilgern aus dem ganzen Land zum Tempel nach Jerusalem. Im Mittelpunkt ihres Interesses steht Jesus. Sie sind voller Spannung, ob er diesmal zum Fest kommt, zumal der Hohe Rat einen öffentlichen Haftbefehl gegen ihn erlassen hat.

Für Jesus wird es das letzte Paschafest sein. Am Rüsttag um die sechste Stunde, zu der Zeit, da man die Lämmer schlachtet, wird Jesus zur Kreuzigung geführt.

Manche Exegeten sehen in der Lazarusgeschichte bereits den Übergang zur Passion und lassen den zweiten Hauptteil des Evangeliums mit Joh 11,1 beginnen.

Exkurs: Zum johanneischen Zeichenverständnis

Der Begriff *semeion*/Zeichen gehört zur besonderen theologischen Sprache des Johannesevangeliums (2,11.18.21; 3,2; 4,48.54; 6,2.14.26.30; 7,31; 9,16; 10,41; 11,47: 12,18.37; 20,30), insgesamt also 17 mal.
Das griech. Wort *semeion* bedeutet zunächst soviel wie „Kennzeichen, Merkmal, Hinweis". „Zeichen" hat eine Hinweisfunktion. Es will auf etwas aufmerksam machen und eine bestimmte Erkenntnis vermitteln.
In der Septuaginta (LXX) ist *semeion* die Übersetzung des hebräischen Wortes *ot*. *ot* ist ein Vorgang, ein Ereignis, das eine Erkenntnis vermitteln oder zu einer Verhaltensweise bewegen will. Bei den „Zeichen" in der Schöpfung und in der Geschichte geht es letztlich um die Anerkennung Jahwes, der sich darin als der handelnde und anwesende Gott bezeugt. So begegnet uns im Alten Testament das „Zeichen" als Glaubenszeichen, das zur Anerkennung des göttlichen Beauftragten, z.B. des Mose, des Elija und damit zum Glauben an Jahwe selbst führen soll (z.B. Ex 14,31; 1 Kön 18,30-39).

Die „Zeichen" haben auch im Johannesevangelium eine besondere Hinweis- und Offenbarungsfunktion: Sie liegt vor allem darin, dass sie den Charakter des Wunderhaften ins Unübersehbare steigern:

- Bei der Hochzeit zu Kana stiftet Jesus eine Überfülle an Wein: 480 – 720 l (Joh 2, 1-11).
- Die Heilung des kranken Sohnes des königlichen Beamten geschieht über eine Entfernung von Kana nach Kafarnaum (Joh 4,46-54).
- Der Kranke am Teich von Bethesda ist bereits seit 38 Jahren gelähmt, und eine Heilung erscheint aussichtslos (Joh 5,1-16).
- Nach der Speisung einer „großen Volksmenge" mit fünf Gerstenbroten und zwei Fischen bleiben am Ende zwölf Körbe mit Brotresten übrig (Joh 6,1-15).
- Jesus geht bei Nacht, bei Sturm und starkem Wellengang über den See zum Boot der Jünger (Joh 6,16-21).
- Bei der Heilung des Blinden wird ausdrücklich erwähnt, dass er von Geburt an blind war (Joh 9,1-7).
- Vom toten Lazarus wird gesagt, dass er bereits vier Tage im Grab liegt und schon stinkt (Joh 11,38-46).

Hier werden also die Wunder Jesu als „Zeichen" der messianischen Heilszeit dargestellt, die einfach nicht übersehen werden können. Sie wollen zum Glauben an Jesus und seine göttliche Sendung bewegen (Joh 2,11.23; 4,48;

6,2). In seinem messianischen Wirken sollen die Menschen Gott entdecken. Die „Zeichen“ provozieren, so dass man an einer Stellungnahme zu Jesus nicht vorbeikommt.

Darüber hinaus haben die „Zeichen“ im Johannesevangelium einen christologischen Bezug und symbolischen Charakter. Sie sollen die „Herrlichkeit Jesu“ (vgl. Joh 1,14) als die Herrlichkeit des fleischgewordenen Logos, des Messias (Christus) und Offenbarers Gottes aufleuchten lassen (vgl. Joh 2,11; 9,3; 11,15).

Der christologische Symbol- und Offenbarungsgehalt der „Zeichen“ wird in den Offenbarungsreden deutlich. So weist das Brotwunder hin auf das „wahre Lebensbrot“, die Blindenheilung auf das „Licht der Welt“, die Auferweckung des Lazarus auf die „Auferstehung und das Leben“.

Für sich genommen sind die Wunder zweideutig. Deshalb ersparen sie niemand eine Glaubensentscheidung. So gehört zur johanneischen Darstellung der „Zeichen“ auch die kritische Abwertung des Wunders und des Wunderglaubens: „Wenn ihr nicht Zeichen und Wunder seht, glaubt ihr nicht!“ sagt Jesus zunächst zum königlichen Beamten des Herodes.

Gerade die „Zeichen“ stellen den Menschen vor die Glaubensentscheidung, und dabei geht es nicht darum, ob man an Wunder, sondern ob man an Jesus glauben will. Das wird z.B. an der Konfrontation Jesu mit dem Volk nach der wunderbaren Speisung (Joh 6,1-15) deutlich. Den Menschen, die ihn suchen, hält er entgegen, dass sie ihn nicht suchen, weil sie das „Zeichen“ gesehen haben, sondern weil sie von den Broten gegessen haben und satt geworden sind (Joh 6,26). Ihre Suchbewegung bleibt beim vordergründig Wunderhaften stehen und erfasst nicht den Zeichen- und Offenbarungscharakter des Wunders. Die folgende Auseinandersetzung zeigt, worum es Jesus geht und wie groß das Missverständnis auf Seiten des Volkes ist.

Als „Zeichen“ sind die Wunder Hinweise und haben untergeordnete Bedeutung. Der rechte Glaube kann ohne sie auskommen. So enthalten die „Zeichen“ den Anstoß, an Jesus zu glauben oder an Jesus Ärgernis zu nehmen. Am Beispiel des heidnischen königlichen Beamten zeigt Johannes, was in seinen Augen der Glaube ist, der Jesus sucht: „Der Mann glaubte dem Wort, das Jesus zu ihm gesagt hatte, und machte sich auf den Weg“ – ohne Zeichen und Wunder zurück nach Kafarnaum (Joh 4,50).

Das Thema „glauben und sehen von Wundern“ wird ausdrücklich in der Begegnung des Auferstandenen mit Thomas behandelt. Jesus sagt ihm: „Weil du mich gesehen hast, glaubst du. Selig sind, die nicht gesehen haben und doch glauben.“ Das ist eine deutliche Kritik an denen, die das Sehen von Wundern zur Bedingung des Glaubens machen und denen das Zeugnis des Wortes nicht genügt.

Alle sieben Zeichen finden sich in der ersten Hälfte des Johannesevangeliums (Joh 2-11). In Joh 12,37-43 gibt der Evangelist eine Rückschau auf diese Zeichen und spricht von dem Unvermögen, damit bei den Juden Glauben zu wecken: „Obwohl Jesus so viele Zeichen vor ihren Augen getan hatte, glaubten sie nicht an ihn (Joh 12,37).

Am ursprünglichen Ende des Evangelium (Joh 20,30f.) gibt der Evangelist eine positive Rückschau auf die Zeichen im Blick auf die Glaubenden: „Noch viele andere Zeichen, die in diesem Buch nicht aufgeschrieben sind, hat Jesus vor den Augen seiner Jünger getan. [31] Diese aber sind aufgeschrieben, damit ihr glaubt, dass Jesus der Messias ist, der Sohn Gottes, und damit ihr durch den Glauben das Leben habt in seinem Namen."

KAPITEL 12

Die Salbung Jesu in Bethanien: Joh 12,1-11

12 [1] Jesus kam sechs Tage vor dem Pascha nach Bethanien, wo Lazarus
war, den Jesus aus den Toten auferweckt hatte. [2] Sie bereiteten ihm nun
dort ein (Fest)Mahl, und Martha diente (bei Tisch); Lazarus aber war ei-
ner von denen, die mit ihm zu Tisch lagen. [3] Da nahm Maria ein Pfund
echtes, sehr kostbares Nardenöl und salbte die Füße Jesu und trocknete
seine Füße mit ihren Haaren. Das Haus aber wurde von dem Duft des
Salböls erfüllt. [4] Es sagt aber Judas, der Iskariot, einer von seinen Jün-
gern, der ihn überliefern sollte: [5] Warum ist dieses Salböl nicht für drei-
hundert Denare verkauft und (das Geld) den Armen gegeben worden? [6]
Er sagte dies aber nicht, weil er für die Armen besorgt war, sondern weil
er ein Dieb war und die Kasse hatte und beiseite schaffte, was eingelegt
wurde. [7] Da sagte Jesus: Lass sie! Damit sie es aufbewahre für den Tag
meines Begräbnisses! [8] Denn die Armen habt ihr allezeit bei euch, mich
aber habt ihr nicht allezeit.

[9] Die große Volksmenge aus den Juden erfuhr nun, dass er dort sei;
und sie kamen nicht nur wegen Jesus, sondern damit sie auch den La-
zarus sähen, den er aus den Toten auferweckt hatte. [10] Die Hohenpries-
ter aber beschlossen, auch den Lazarus zu töten, [11] weil viele von den
Juden um seinetwillen hingingen und an Jesus glaubten.

Die Geschichte von der Salbung Jesu in Bethanien steht in dem größeren Zusammenhang des Abschnitts Joh 11,47-12,50, in dem es um die unmittelbare Vorbereitung der Passion Jesu geht.

1. **Joh 12,1-8:** „Sechs Tage vor dem Paschafest“ kommt Jesus wieder nach Bethanien. Wie Johannes das öffentliche Wirken Jesu (Joh 1,19-2,11) im Zeitraum einer Woche beginnen lässt, so leitet er mit dieser Zeitangabe die letzte Woche seines Wirkens ein – im Blick auf das Urfest Israels (Ex 12). Am Anfang die Hochzeit zu Kana, ein Fest, zu dem auch Jesus und seine ersten Jünger geladen sind, am Ende ein festliches Mahl für Jesus, an dem auch seine Jünger teilnehmen. In Kana die Überfülle des Weines, in Bethanien die verschwenderische Fülle an Nardenöl. Waren seine Jünger bei der Hochzeit zu Kana vor allem dazu gerufen, seine „Herrlichkeit“ zu sehen und an ihn zu glauben, so ist es

auch in der letzten Woche die Absicht Jesu, dass die Jünger in seiner Liebe „bis zuletzt“ (Joh 19,30) seine „Herrlichkeit“ sehen und an ihn glauben .

Der Hinweis auf die *Auferweckung* des Lazarus erinnert an das „Zeichen“, in dessen Horizont diese Woche zu betrachten ist. Man bereitet Jesus ein Mahl, bei dem auch Lazarus unter den Tischgenossen ist. Für gewöhnlich sind Frauen bei einem solchen Mahl nicht zugegen, es sei denn in einer dienenden Funktion wie Martha hier. Umso ungewöhnlicher muss also der Auftritt ihrer Schwester *Maria* wirken. Sie kommt mit einer verschwenderischen Fülle überaus kostbaren Salböls zu Jesus, salbt ihm damit die Füße und trocknet sie mit ihren Haaren. Der Duft des echten Nardenöls erfüllt das ganze Haus.

Da äußert einer der Jünger, Judas Iskariot, seinen Unwillen und nennt das Tun Marias eine unverantwortliche Verschwendung. Der Vorwurf gilt indirekt Jesus selbst, der eine solche Verschwendung nicht zurückweist, sie vielmehr an sich geschehen lässt.

Jesus nimmt Maria in Schutz und lenkt die Aufmerksamkeit auf seinen nahen Tod: Mich aber habt ihr nicht immer bei euch. Jesus sieht tiefer und nimmt in der verschwenderischen Geste Marias ihre ganze Liebe und Zuneigung entgegen. Ihre Liebe zu ihm ist echt und kostbar wie das Salböl, das sie vergießt.

Vielleicht hat der Wohlgeruch des Salböls auch eine symbolische Bedeutung. Er steht im Gegensatz zum Geruch des Todes, an den die Lazarusgeschichte erinnert (Joh 11,39). Der Duft des Öls könnte auch Ausdruck dafür sein, dass sich durch die Geste Marias die Atmosphäre im „ganzen Haus“ verändert hat. Jedenfalls zeigt die Salbung in Bethanien, dass Jesus am Beginn seiner Leidenswoche verschwenderische Liebe erfahren hat, eine Liebe, die den Tag seines Begräbnisses überdauern wird. Ihr lauteres Tun ist prophetisches Handeln in der Hoffnung, die über den Tod hinausweist. Ohne diese Hoffnung gehen auch die Armen zugrunde.

Vor der „lichten Gestalt“ Marias hebt sich in dieser Erzählung umso dunkler die Gestalt des *Judas Iskariot* ab. Der Evangelist charakterisiert ihn als einen Mann mit habgieriger Gesinnung und niederen Motiven. Er ist geradezu das Gegenbild des guten Hirten (Joh 10,1.10.12.13). Welche Abgründe und Untiefen können sich selbst in „einem von seinen Jüngeren“ auftun! Alexander Solschenizyn sagt einmal: „Selbst in einem vom Bösen besetzten Herzen hält sich ein Brückenkopf des Guten; selbst im gütigsten Herzen ein uneinnehmbarer Schlupfwinkel des Bösen". Der spätere Verrat des Judas wird bereits in Joh 6,71 angekündigt und in dieser Geschichte wiederholt. Irgendwann hatte der Verrat im Herzen dieses rätselhaften Jüngers begonnen. In Joh 6,70c wird er von Jesus bereits als „Teufel" (*diábolos*) bezeichnet. Allmählich war die innere Trennung vom gemeinsamen Leben mit den Brüdern gewachsen, während äußerlich alles noch lange beim Alten blieb. Wer wie Judas an Jesus vorbei seinen eigenen Weg verfolgt, wird schließlich auf Trennung drängen, wenn nicht zum Verräter werden.

Und doch wird Judas Iskariot zunächst ein Mann nach dem Herzen Gottes gewesen sein. Was kann einen solchen Menschen dazu bringen, aus seiner Berufung heraus zu fallen? Vielleicht hat die Zwiespältigkeit, wie sie der Evangelist beschreibt, ihre Ursache darin, dass Judas von Anfang an Jesus nicht sein volles Vertrauen geschenkt hat. Vielleicht gab es seit der ersten Begegnung diesen feinen Riss zwischen Vertrauen und Eigensinn in seiner Beziehung zu Jesus. Es gibt Momente in unserem Leben, wo reines Vertrauen und reiner Gehorsam gegenüber Gott unerbittlich eingefordert werden. Es gibt Situationen, in denen wir scheitern und möglicherweise daran zerbrechen, wenn wir aus dem Vertrauen herausfallen. In 1 Sam 15 macht der Seher Samuel dem König Saul unmissverständlich klar, dass „Gehorsam gegenüber der Stimme des Herrn" besser ist als Opfer, und dass sein Trotz und seine Widerspenstigkeit ebenso schlimm sind wie Götzendienst und Frevel.

Was immer die Ursache für die Tat des Judas (Joh 13,27) war, in dieser Erzählung werden zwei gegensätzliche Weisen einer Christusbeziehung wie Licht und Schatten nebeneinander gestellt.

2. **Joh 12,9–11**: Als es bekannt wird, dass Jesus in Bethanien zu Gast ist, kommt eine große Menschenmenge (*óchlos polýs*) dorthin, um Jesus und Lazarus zu sehen. Das beunruhigt die Hohenpriester, vor allem, weil viele Juden wegen der Auferweckung des Lazarus an Jesus glauben. So beschließen sie, auch ihn zu töten. Lazarus wird zum Repräsentanten der bedrohten Christen, die zur Zeit des Evangelisten um ihr Leben bangen müssen (vgl. Joh 9,18–23).

Der Einzug Jesu in Jerusalem: Joh 12,12-19

12 [12] Am folgenden Tag, als die große Volksmenge, die zu dem Fest ge-
kommen war, hörte, dass Jesus nach Jerusalem komme, [13] nahmen sie
die Palmzweige und gingen hinaus, ihm entgegen, und schrieen: Ho-
sanna! Gepriesen sei, der da kommt im Namen des Herrn, und der Kö-
nig Israels! [14] Jesus aber fand einen jungen Esel und setzte sich darauf,
wie geschrieben steht: [15] »Fürchte dich nicht, Tochter Zion! Siehe, dein
König kommt, sitzend auf einem Eselsfüllen.« [16] Dies verstanden seine
Jünger zuerst nicht; jedoch als Jesus verherrlicht war, da erinnerten sie
sich, dass dies von ihm geschrieben war und sie ihm dies getan hatten.
[17] Es bezeugte nun die Volksmenge, die bei ihm war, dass er Laza-
rus aus dem Grab gerufen und ihn aus den Toten auferweckt habe. [18]
Darum ging ihm auch die Volksmenge entgegen, weil sie hörten, dass
er dieses Zeichen getan hatte. [19] Da sagten die Pharisäer zueinander:
Ihr seht, dass ihr gar nichts ausrichtet; siehe, alle Welt läuft ihm nach.

1. **Joh 12,12-16**: Am folgenden Tag wird Jesus vor den Toren Jerusalems ein festlicher Empfang bereitet. Scharen von Festpilgern ziehen ihm mit Palmzweigen entgegen und wollen ihn wie einen König in die Stadt holen. Sie begrüßen ihn als „König Israels" mit dem Ruf aus Psalm 118,25f. Das Wort „Hosanna" bedeutet im Hebräischen: „Errette doch!" Man kann es auch übersetzen mit: „Ach, Herr, bring doch Hilfe!" oder: „Ach, Herr, gib doch Gelingen!" Bei der Menge hat sich der Hosannaruf in einen messianischen Jubelruf verwandelt. Doch es wird nicht deutlich, in welchem Sinn sie das Königtum Jesu verstehen. Die Palmzweige erinnern eher an die Hoffnung auf einen davidischen Messias, der mit Gewalt die römische Besatzungsmacht vertreiben wird (vgl. 1 Makk 13,51). Palmzweige galten als Zeichen des Triumphs. Als unter Judas Makkabäus der Tempel wieder eingeweiht wurde (160 v. Chr.) trug man bei der Feier Palmzweige in den Händen (2 Makk 10,7).

Jesus aber demonstriert den ganz anderen Charakter seines Königtums dadurch, dass er einen kleinen jungen Esel (*onárion*) „findet" und auf ihm in die Stadt reitet. Damit erfüllt er die Verheißung von Sach 9,9:

> „Fürchte dich nicht, Tochter Zion,
> Siehe, Dein König kommt und sitzt auf einem Eselsfüllen."

Jesus ist das genaue Gegenbild eines Machthabers, der auf andere herunterherrscht. Seine Autorität ist nicht von dieser Welt. Der Charakter seiner Herrschaft ist nicht leicht zu fassen, sodass seine Jünger die Schrift und die Ereignisse beim Einzug in Jerusalem erst verstehen, als sie sich nach seiner Auferstehung daran erinnern.

2. **Joh 12,17-19:** Zum Schluss macht Johannes darauf aufmerksam, dass die vielen Menschen, die durch die Auferweckung des Lazarus zum Glauben an Jesus gekommen waren, diese Tat bezeugen, sodass die Menge auf ihr Wort hin ihm entgegen geht. Die Pharisäer aber sind über den großen Zulauf bestürzt und frustriert. Die Notwendigkeit, Jesus zu töten (Joh 11,53), wird jetzt für sie noch dringlicher.

Die Bewegung, dass Menschen durch ein Zeichen zum Glauben an Jesus finden und ihn bezeugen, sodass andere es hören und Jesus entgegengehen (mit vielleicht noch ungeläuterten Hoffnungen), scheint über die aktuelle Situation hinaus zu weisen.

Die Stunde der Entscheidung: Joh 12,20-36

12 20 Es waren aber einige Griechen unter denen, die hinaufkamen, um
auf dem Fest anzubeten. 21 Diese nun kamen zu Philippus von Bethsai-
da in Galiläa und baten ihn und sagten: Herr, wir möchten Jesus sehen.
22 Philippus geht und sagt es Andreas, es gehen Andreas und Philippus
und sagen es Jesus. 23 Jesus aber antwortet ihnen und sagt: Gekom-
men ist die Stunde, dass der Menschensohn verherrlicht wird. 24 Amen.
amen, ich sage euch: Wenn das Weizenkorn nicht in die Erde fällt und
stirbt, bleibt es allein; wenn es aber stirbt, bringt es viel Frucht. 25 Wer
sein Leben liebt, verliert es; und wer sein Leben in dieser Welt hasst,
wird es zum ewigen Leben bewahren. 26 Wenn mir jemand dient, folge
er mir nach! Und wo ich bin, da wird auch mein Diener sein. Wenn mir
jemand dient, wird der Vater ihn ehren.
27 Jetzt ist meine Seele erschüttert. Und was soll ich sagen? Vater,
rette mich aus dieser Stunde? Doch darum bin ich in diese Stunde ge-
kommen. 28 Vater, verherrliche deinen Namen! Da kam eine Stimme aus
dem Himmel: Ich habe ihn verherrlicht und werde ihn wieder verherr-
lichen. 29 Die Volksmenge nun, die dabei stand und es hörte, sagte, es
habe gedonnert; andere sagten: Ein Engel hat mit ihm geredet. 30 Jesus
antwortete und sagte: Nicht um meinetwillen ist diese Stimme gesche-
hen, sondern um euretwillen. 31 Jetzt ist das Gericht dieser Welt; jetzt

wird der Fürst dieser Welt hinausgeworfen werden. 32 Und ich, wenn ich erhöht bin von der Erde, werde alle zu mir ziehen. 33 Dies aber sagte er, um anzudeuten, welchen Tod er sterben werde.
34 Es antwortete ihm nun die Volksmenge: Wir haben aus der Tora gehört, dass der Messias bleibt in Ewigkeit, und wieso sagst du, dass der Menschensohn erhöht werden muss? Wer ist dieser, der Menschensohn? 35 Da sagte Jesus zu ihnen: Noch eine kurze Zeit ist das Licht bei euch. Wandelt, solange ihr das Licht habt, damit nicht Finsternis euch ergreife! Und wer in der Finsternis wandelt, weiß nicht, wohin er geht.
36 Solange ihr das Licht habt, glaubt an das Licht, damit ihr Söhne des Lichtes werdet! Dies sagte Jesus und ging weg und verbarg sich vor ihnen.

Der Abschnitt bildet eine Gesamtschau des johanneischen Heilsverständnisses.

1. **Joh 12, 20-26**: Unter den Festpilgern, die zur Paschafeier nach Jerusalem hinauf gezogen waren, um im Tempel anzubeten, sind auch einige Griechen. Sie gehören zu den „Gottesfürchtigen", die über das Judentum zum Monotheismus gefunden hatten. Sie wollen „Jesus sehen" und bitten Philippus um Vermittlung. Zusammen mit Andreas geht er zu Jesus und sie tragen ihm die Bitte der Griechen vor. Seltsamerweise geht Jesus mit keinem Wort auf ihr Anliegen ein und die Griechen verschwinden unvermittelt wieder von der Erzählebene. Wie ist diese befremdlich anmutende Reaktion Jesu zu verstehen?

Vermutlich will der Evangelist darauf hinweisen, dass für die Griechen als den Repräsentanten der künftigen Kirche aus den Heiden jetzt noch nicht der Zeitpunkt gekommen ist, Jesus zu „sehen", d.h. an ihn zu glauben. Ihre Stunde kommt erst nach der Stunde seiner Verherrlichung, die nun unmittelbar bevorsteht. Die Zeit für die Kirche aus den Heiden bricht erst nach Ostern an, wenn sie durch das Zeugnis der Jünger an Jesus glauben, ohne ihn zu sehen (Joh 20,29). Erst dann werden auch die Jünger selbst verstehen, was sie mit Jesus erlebt haben – durch das Wirken des Geistes (Joh 12,16; 16,13).

„Aller nachösterlicher Glaube bleibt am „Sehen" des irdischen Weges ... Jesu orientiert. Der Geist „erinnert" an Jesu Worte und Zeichen (Joh 14,26). In diesem Sinn erfüllt das Johannesevangelium als ganzes für alle Leser der späteren Kirche die Bitte der Griechen an Philippus: „Herr, wir wollen Jesus sehen!" (U. Wilckens).

Die Stunde der Entscheidung bricht an. Dreimal hatte „Johannes" in vorausgehenden Kapiteln angekündigt, dass sie noch nicht gekommen sei (Joh 2,4; 7,30; 8,20), und dreimal weist er darauf hin, dass sie nun da ist (Joh 12,23; 13,1; 17,1): die Stunde der Verherrlichung des Menschensohnes, wie sie Jesus im Gespräch mit Nikodemus angedeutet hat (Joh 3,13f). Der Evangelist gebraucht den Titel „Menschensohn" vor allem an Stellen, wo die Einheit und Verbundenheit Jesu mit dem Vater zentral zum Ausdruck gebracht werden soll. Jesu Sendung vom Vater vollendet sich in seinem Kreuzestod und darin erfüllt sich die Liebe Gottes zur Welt (Joh 3,16). Das ist der Schlüssel zum Verständnis dieser „Stunde".

In dieser Perspektive sind die folgenden drei Jesuslogien (V. 24-26) zu verstehen. Johannes leitet sie ein mit den Worten: „Amen, amen, ich sage euch..." und betont damit ihren Offenbarungscharakter. „Weil Jesus von Gott kommt und als der Sohn des Vaters zu Gott gehört, ist sein Wort unmittelbar Gottes Wort ... und darum die Wahrheit" (U. Wilckens). Mit dem Bildwort vom Weizenkorn spricht Jesus von seinem eigenen Tod, aus dem alle „Frucht", alles Heil erwächst. Die Heilswirkung seines Todes zeigt sich darin, dass Menschen fähig werden, wie Jesus den Weg des Weizenkorns zu gehen und sich hinein nehmen zu lassen in Gottes Liebe zur Welt. Das Wort vom Hassen des eigenen Lebens meint die entschiedene Abkehr von einer Lebenseinstellung, in welcher der eigene Vorteil der einzige Lebensinhalt ist. Es geht um eine affektive, aggressive Distanzierung von allem, was uns dazu verführt, den eigenen Lebenssinn zu verfehlen.

Das dritte Logion vom „Dienen" bekräftigt noch einmal den Weg des Weizenkorns als Weg zur Verherrlichung mit Jesus beim Vater. Wie Jesus das Leben gewann, so wird sich auch den Jüngern in seiner Nachfolge das Leben erschließen.

2. **Joh 12,27-33:** Nach diesen Worten erfährt Jesus plötzlich eine ganz tiefe seelische Erschütterung. Alles Kraftvolle ist verstummt: „Was soll ich sagen? Vater, rette mich aus dieser Stunde". Das Erschrecken über seinen eigenen Tod währt nur einen Moment. Im Blick auf seine Sendung bekräftigt er: „Vater, verherrliche Deinen Namen!" Er will bewusst in die Stunde seines Todes hinein gehen und so Gottes Liebe zur Welt und seine Liebe zu den Seinen (Joh 13,1) zur Vollendung bringen. Diese Einheit und Verbundenheit mit dem Vater bezeugt „eine Stimme

aus dem Himmel“: „Ich habe ihn verherrlicht und werde ihn wieder verherrlichen!“ Vom Beginn seines öffentlichen Wirkens (Joh 2,11) bis in die Stunde seines Todes ruht Gottes Herrlichkeit auf ihm.

Das Erschrecken über den eigenen bevorstehenden Tod kann uns ebenso plötzlich überfallen und erschüttern. Die Entschiedenheit, sich dann bewusst dem Geheimnis des Weizen auszuliefern, hat Jesus seine „Stunde“ bestehen lassen.

Die umstehende Volksmenge versteht die Himmelstimme nicht. Einige haben den Eindruck, es habe gedonnert, andere meinen, ein Engel habe gesprochen. Jesus aber stellt klar, dass diese Stimme dem Volk gilt. Sie ist das Signal für die Stunde der Entscheidung, die „jetzt“ begonnen hat. Die Wende in seinem Innern vom Erschrecken über die Macht der Finsternis zur Entschiedenheit seiner Liebe „bis zum Letzten“ vollendet sich, wenn Jesus am Kreuz von der Erde zum Vater „erhöht“ allen die Kraft seiner Liebe zugänglich macht. Diese Liebe „bis zum Letzten“ entscheidet den Machtkampf mit dem Herrscher dieser Welt, ja er ist „jetzt“ schon definitiv entschieden. Deshalb können „alle“ Menschen zu Jesus finden. „Alle“ zieht er zu sich. So ist die Erhöhung des Menschensohnes „ein Ereignis von universaler Heilsbedeutung“ (J. Blank).

3. **Joh 12,34-36**: Doch die Menge versteht die Heilszusage Jesu nicht. Aus ihrer Tradition und ihrem Schriftverständnis erhebt sie den Einwand, dass die Herrschaft des Messias „bis in Ewigkeit“ sein wird (vgl. Jes 9,6; Ez 37,25). Was ist das für ein Menschensohn, der „erhöht“, also gekreuzigt werden muss! (An dieser Stelle werden offensichtlich Messias und Menschensohn gleich gesetzt). Die Menge erfasst nicht, dass das Erhöhtwerden am Kreuz auch die Verherrlichung beim Vater und so sein Bleiben in Ewigkeit bewirkt, wie das vierte Gottesknechtslied andeutet (Jes 52,13-53,12). Dieses Sterben*müssen* des Weizenkorns bleibt für sie unverständlich, ja widersinnig.

Jesus geht auf ihre Argumentation nicht ein. Seine Passion, sein Tod und seine Auferstehung sind *die* Antwort auf die Frage, wer dieser Menschensohn sei. Stattdessen ruft er mit letzter Eindringlichkeit zum Glauben an das Licht, das nur noch kurze Zeit bei ihnen ist. Wer sich diesem Licht öffnet, kann von der Finsternis nicht überwältigt werden. Aber es gibt auch die Möglichkeit, dass ein Mensch in diesem Licht die ganze Wahrheit seines Lebens „vor sich“ sieht und er sich ihr dennoch versagt. Das Schlusswort knüpft ahnungsvoll eine Verbindung zu dem

Vers aus dem Prolog: „Und das Licht scheint in der Finsternis und die Finsternis hat es nicht erfasst" (Joh 1,5).

Nach dieser Rede zieht sich Jesus zurück und meidet die Begegnung mit der Menge.

Rückblick auf das öffentliche Wirken Jesu: Joh 12,37–43

12 [37] Obwohl er so viele Zeichen vor ihnen getan hatte, glaubten sie
nicht an ihn, [38] damit das Wort des Propheten Jesaja erfüllt würde, das
er sagte: «Herr, wer hat unserer Verkündigung geglaubt, und wem ist
der Arm des Herrn offenbart worden?» [39] Darum konnten sie nicht glau-
ben, weil Jesaja wieder gesagt hat: [40] «Blind gemacht hat er ihre Augen
und verstockt ihr Herz, damit sie nicht sehen mit den Augen und (nicht)
verstehen mit dem Herzen und (nicht) sich bekehren und ich sie heile.»
[41] Dies hat Jesaja gesagt, weil er seine Herrlichkeit sah und von ihm
redete. [42] Dennoch aber glaubten auch von den Oberen viele an ihn;
doch wegen der Pharisäer bekannten sie es nicht, damit sie nicht aus
der Synagoge ausgeschlossen würden; [43] denn sie liebten die Ehre bei
den Menschen mehr als die Ehre bei Gott.

1. **Joh 12,37–40:** Der Rückblick beginnt mit der Feststellung, dass die „Juden" nicht an Jesus glaubten, obwohl er so viele Zeichen vor ihnen gewirkt hat. Für die junge christliche Gemeinde war es ein großes Problem, ein Rätsel, warum das Volk Israel, das durch eine jahrhundertelange Geschichte von Gott auf den Messias vorbereitet wurde, in seiner großen Mehrheit nicht an Jesus geglaubt hat. Johannes stellt die Frage unter dem Eindruck der Trennung von Synagoge und christlicher Gemeinde. Warum konnte das Christentum nur durch eine Ablösung vom Judentum zur universalen Kirche werden? Darauf konnte es nur eine Antwort aus der Schrift geben. Der Evangelist sieht sie zunächst im Lied vom leidenden Gottesknecht. Dort heißt es zu Beginn:

> *Herr, wer hat unserer Verkündigung geglaubt?*
> *Und der Arm des Herrn, wem ist er offenbar geworden (Jes 53,1).*

Die Botschaft des vierten Gottesknechtsliedes ist so fremd, so unbegreiflich, dass niemand ihr geglaubt oder im Schicksal des Knechtes Gottes Heilswirken erkannt hat. Wie es dem Knecht Jahwes ergangen ist, so ist es auch Jesus ergangen. In seinem Schicksal erfüllt sich das des Gottesknechts. Die erste Antwort sieht also den Unglauben als Erfüllung des Prophetenwortes.

Dann fügt der Evangelist noch eine weitere Erklärung aus der Berufungsgeschichte des Propheten Jesaja hinzu: Sie *konnten* nicht glauben, weil „er" ihre Augen blind gemacht und ihr Herz verstockt hat (Jes 6,9f). Bei diesem geheimnisvollen Verstockungsbefehl lässt Johannes das Nicht-hören weg und benennt „nur" die Verblendung der Augen und die Verhärtung des Herzens. Damit verweist er zurück auf Vers 37, wonach die Menschen Jesu Taten nicht mit den Augen des Glaubens wahrgenommen und deshalb nicht als Zeichen erkannt haben. Die Herrlichkeit (Joh 2,11), die in Jesu Taten dem glaubenden Herzen aufleuchten, blieb ihnen verborgen.

Doch das Verstockungsmotiv aus Jes 6,9f zur theologischen Erklärung für den Unglauben der „Juden" bleibt rätselhaft, wenn man bei Johannes Gott als das Subjekt der Verblendung und Verstockung seines Volkes annimmt. Wie lässt sich das mit dem Gottesbild vereinbaren, das uns sonst in seinem Evangelium begegnet? Mir scheint die Möglichkeit nicht abwegig, das Subjekt der Verblendung und Verhärtung hier im „Herrscher dieser Welt" (Joh 12,31) zu sehen. Der Erhöhte wird nicht aufhören, auch die zu sich zu ziehen (Joh 12,32), die jetzt nicht an ihn glauben.

2. **Joh 12, 41-43**: Nach Johannes hat der Prophet Jesaja bei seiner Vision der Herrlichkeit Jahwes die Herrlichkeit Jesu, des Messias, gesehen, ähnlich wie Abraham den Tag des Messias gesehen hat (Joh 8,56-58). Der Evangelist bezieht also die Gottesvision des Propheten auf Jesus und interpretiert so das Verstockungsmotiv christologisch, was das Verständnis der Stelle jedoch nicht erleichtert.

Die Rede von der Verblendung der Augen und der Verhärtung des Herzens erfährt jedoch dadurch eine gewisse Einschränkung, dass „viele" von den führenden Männern an Jesus glauben, sich jedoch nicht öffentlich zu ihm bekennen. Der Ausschluss aus der Synagoge mit seinen familiären, sozialen und wirtschaftlichen Konsequenzen ist für sie ein zu hohes Risiko. Der Glaube an Jesus verlangt aber ein klares Bekenntnis. Es reicht nicht, Sympathisant zu sein. Wer dazu nicht bereit ist, dem ist – nach Johannes – mehr an der Ehre bei den Menschen als an Gottes Ehre gelegen (vgl. Joh 5,41-44).

Wo immer auch die Ursachen für die schmerzliche Erfahrung des Unglaubens liegen mögen, Gottes Handeln bleibt letztlich „Geheimnis, in dem alles gründet, was Gott ist, will, sagt und tut" (U. Wilckens).

Epilog – Leidenschaftlicher Aufruf zum Glauben: Joh 12,44-50

12 [44] Jesus aber rief und sagte: Wer an mich glaubt, glaubt nicht an
mich, sondern an den, der mich gesandt hat; [45] und wer mich sieht,
sieht den, der mich gesandt hat. [46] Ich bin als Licht in die Welt gekom-
men, damit jeder, der an mich glaubt, nicht in der Finsternis bleibe; [47]
und wenn jemand meine Worte hört und nicht befolgt, so richte ich ihn
nicht, denn ich bin nicht gekommen, dass ich die Welt richte, sondern
dass ich die Welt rette. [48] Wer mich verwirft und meine Worte nicht
annimmt, hat den, der ihn richtet: das Wort, das ich geredet habe, das
wird ihn richten am letzten Tag. [49] Denn ich habe nicht aus mir selbst
geredet, sondern der Vater, der mich gesandt hat, er hat mir ein Gebot
gegeben, was ich sagen und was ich reden soll; [50] und ich weiß, dass
sein Gebot ewiges Leben ist. Was ich nun rede, rede ich so, wie mir der
Vater gesagt hat.

Nach dem Rückzug Jesu (Joh 12,36) überrascht es zunächst, dass er hier noch einmal mit einer öffentlichen Rede auftritt. Sie ist eine Zusammenfassung seiner Botschaft und will die bleibende Heilsbedeutung seiner Offenbarung und ihren endzeitlichen Entscheidungscharakter für alle Menschen noch einmal mit allem Nachdruck ins Bewusstsein bringen. Das „Rufen" (wörtlich: schreien – *krádzo*) kennzeichnet die Rede nochmals als Offenbarungsrede, die er so laut vor der Öffentlichkeit zur Geltung bringt, dass man sie nicht überhören kann.

1. **Joh 12,44f.**: Jesus rief:

„Wer an mich glaubt, glaubt nicht an mich,
sondern an den, der mich gesandt hat;
Und wer mich sieht, sieht den, der mich gesandt hat" (V. 44f).

Das ist *die* zentrale Aussage der johanneischen Offenbarungstheologie. Jesus ist die „Epiphanie Gottes" (J. Blank). Wer ihn sieht, sieht den Vater. Wer ihn hört, hört den Vater (Joh 14,10). Im Menschen Jesus begegnet Gott den Menschen. Der Glaube an Jesus und der Glaube an Gott sind ein und dasselbe, weil Jesus und der Vater eins sind (Joh 10,30).

Das richtet sich zur Zeit des Evangelisten vor allem an die „Juden“, die eine solche Einheit und Verbundenheit Jesu mit Gott als Verstoß gegen das Grundbekenntnis Israels von der Einzigkeit Gottes (Dtn 6,4f) betrachten. Aber auch für den christlichen Glauben und seine Frömmigkeit ist die Einzigkeit Gottes im Einssein von Vater und Sohn eine immer wieder einzuholende Herausforderung.

2. **Joh 12,46-50**: Diese Einheit Jesu mit Gott wird im Folgenden weiter ausgeführt, zunächst mit dem Lichtmotiv, das vom Prolog an (Joh 1,9) im Evangelium immer wieder anklingt. Als Gesandter des Vaters ist Jesus als das Licht in die Welt gekommen. In seinem Leben und Wirken ist Gottes Lebensabsicht mit den Menschen aufgeleuchtet als Existenzerhellung und Lebensorientierung in der Finsternis ihres Daseins. Zugang zu dem Licht erhält, wer es aus innerer Freiheit ergreift, d.h. an Jesus glaubt. Der Glaube bewährt sich, wenn ich im Kraftfeld seiner Worte bleibe und mein Leben nach ihnen ausrichte.

Wer aber den Worten Jesu nicht glaubt, den wird nicht Jesus richten, sondern sein Wort, das er ablehnt. Die Offenbarung Gottes in Jesus bleibt Heilsbotschaft, bleibt Evangelium. Ebenso bleibt unsere Freiheit, unsere Selbstverantwortung für das Heil, für das Gelingen unseres Lebens. Das ist der eigentliche Sinn des Gerichtsgedankens. Am Ja oder Nein zu Jesus hier und jetzt entscheidet sich die Teilhabe am Heil der Endzeit, weil Jesu Wort das Wort *Gottes* ist, das er in seinem Namen verkündet.

So eindringlich und leidenschaftlich Jesus in seiner letzten öffentlichen Rede davor warnt, ihn und seine Verkündigung abzulehnen, so erfüllt ist er vom „ewigen Leben“, das denen zuteil wird, die an ihn glauben und in seinem Wort bleiben. So hat der Epilog am Ende des öffentlichen Wirkens Jesu eine Entsprechung im Prolog vor Beginn seines öffentlichen Lebens, dessen Heilszusage denen gilt, die ihn aufnehmen und an seinen Namen glauben: Sie schauen seine Herrlichkeit und empfangen aus seiner Fülle Gnade über Gnade (Joh 1,12.14.16).

Das Angebot des Glaubens bleibt in seiner Ernsthaftigkeit und Dringlichkeit für die Synagoge bestehen.

ZWEITER HAUPTTEIL
Kapitel 13-20:
Die Offenbarung Jesu vor den Seinen

KAPITEL 13

Im zweiten Hauptteil steht die „Stunde“ Jesu im Mittelpunkt. Sie ist die geheime Entelechie, die von innen her sich entfaltende Gestalt seines Lebens und seiner Sendung im Gehorsam gegenüber dem Vater, der ihm alles in die Hände gegeben hat.

Die Fußwaschung: Joh 13,1-20

13 [1] Vor dem Paschafest aber, als Jesus wusste, dass seine Stunde ge-
kommen war, aus dieser Welt hinüber zu gehen zum Vater – da er die
Seinen, die in der Welt waren, geliebt hatte, liebte er sie bis zuletzt (bis
zum äußersten, bis ans Ende). [2] Und beim Mahl, als der Teufel schon
dem Judas, Simons Sohn, dem Iskariot, es ins Herz gegeben hatte, dass
er ihn ausliefere, [3] steht Jesus – im Bewusstsein, dass der Vater ihm
alles in die Hände gegeben und dass er von Gott ausgegangen war und
zu Gott gehe – [4] von dem Mahl auf und legt das Obergewand ab; und
er nahm ein Leinentuch und umgürtete sich. [5] Dann gießt er Wasser in
das Becken und fing an, die Füße der Jünger zu waschen und mit dem
Leinentuch abzutrocknen, mit dem er umgürtet war.

[6] Er kommt nun zu Simon Petrus; der spricht zu ihm: Herr, du wäschst
meine Füße? [7] Jesus antwortete und sagt zu ihm: Was ich tue, verstehst du
jetzt nicht, du wirst es aber später verstehen. [8] Petrus sagt zu ihm: Nie und
nimmer sollst Du meine Füße waschen! Jesus antwortete ihm: Wenn ich
dich nicht wasche, hast du keinen Teil an mir. [9] Simon Petrus sagt zu ihm:
Herr, nicht meine Füße allein, sondern auch die Hände und das Haupt!
[10] Jesus sagt zu ihm: Wer gebadet ist, braucht sich nur noch die Füße zu
waschen. Er ist ganz rein; und ihr seid rein, aber nicht alle. [11] Denn er
kannte den, der ihn auslieferte; darum sagte er: Nicht alle seid ihr rein.

[12] Als er nun ihre Füße gewaschen und sein Obergewand genommen
hatte, legte er sich wieder zu Tisch und sagt zu ihnen: Wisst ihr, was ich

euch getan habe? [13] Ihr nennt mich Lehrer und Herr, und ihr sagt es mit Recht, denn ich bin es. [14] Wenn nun ich, der Herr und der Lehrer, eure Füße gewaschen habe, sollt auch ihr einander die Füße zu waschen. [15] Denn ein Beispiel habe ich euch gegeben, dass auch ihr tut, wie ich euch getan habe. [16] Amen, amen, ich sage euch: Ein Sklave ist nicht größer als sein Herr, auch ein Gesandter nicht größer als der, der ihn gesandt hat. [17] Wenn ihr dies wisst, selig seid ihr, wenn ihr es tut!

[18] Nicht von euch allen rede ich, ich weiß, welche ich erwählt habe; aber damit die Schrift erfüllt werde: „Der mein Brot isst, hat seine Ferse gegen mich aufgehoben." [19] Jetzt schon sage ich es euch, ehe es geschieht, damit ihr glaubt, wenn es geschieht, dass ich es bin. [20] Amen, amen, ich sage euch: Wer einen aufnimmt, den ich senden werde, nimmt mich auf; wer aber mich aufnimmt, nimmt den auf, der mich gesandt hat.

Mit der Fußwaschung beginnt das Geheimnis der Passion Jesu im engeren Sinn. In dieser Zeichenhandlung scheint das Ende des Weges auf, den Jesus im Gehorsam gegenüber dem Willen des Vaters gehen wird (vgl. Joh 4,34).

1. **Joh 13,1-5**: „Vor dem Paschafest aber, als Jesus wusste, dass seine Stunde gekommen war, aus dieser Welt hinüber zu gehen zum Vater ..." Von Anfang an hat Jesus auf diese „Stunde" hin gelebt (vgl. Joh 2,4). Immer wieder weist das Evangelium auf „seine Stunde" hin (Joh 4,21; 7,30; 8,20; 12,23.27). Sie ist die geheime Entelechie, die von innen her sich entfaltende Gestalt seines Lebens und seiner Sendung.

Es gibt Stunden im Leben eines Menschen, in denen er die ganze Wahrheit seines Lebensauftrags vor sich sieht. Es gibt Situationen, die uns den schicksalhaften Gehorsam spüren lassen, der uns abverlangt wird, soll unser Leben gelingen. Das sind Stunden, die einen deutlichen Geschmack von Vergänglichkeit und Ewigkeit zugleich haben, – Stunden, in denen das Geheimnis unseres Lebens sich anzeigt, damit es sich vollende.

„Vor dem Paschafest aber ..." Jetzt beginnt die „Stunde", in der Jesus aus dieser Welt hinübergeht zum Vater, und seine Liebe zu den Seinen in der Welt sich entäußert bis zum äußersten (*eis télos*).

Jesus „weiß", dass seine „Stunde" durch den Verrat eines seiner Jünger herbeigeführt wird. Er weiß zugleich, dass ihm der Vater „*alles* in die Hand gegeben hat", *alles*, was für die Erfüllung „seines Werkes" (vgl. Joh 4,34) notwendig ist. Die Macht des Bösen hat keine Macht über ihn (Joh

14,30c). Diese Freiheit wird ihn nicht verlassen, bis seine „Stunde“ sich vollendet (Joh 19,28). Es ist eine eigentümliche Erfahrung, wie Gehorsam und Freiheit ineinander gehen, wenn es darum geht, Gottes Willen zu erfüllen und sein Werk zu vollenden.

Was am Kreuz geschehen wird (vgl. Joh 19,30), geschieht jetzt – im Zeichen der Fußwaschung. Jesus, der „Lehrer und Herr“, beugt sich vor jedem einzelnen seiner Jünger – der Schöpfer vor seinem Geschöpf. Diese Freiheit, seine Liebe „bis zum äußersten“, „bis zuletzt“, schließt auch den mit ein, der längst beschlossen hat, ihn zu verraten und auszuliefern. An Judas, dem Sohn des Simon Iskariot, erfährt Jesus die Ohnmacht seiner Freiheit, die Machtlosigkeit seiner Liebe „bis zum äußersten“, „bis zuletzt“.Die Fußwaschung ist ein „Zeichen“ (*semeion*) und hat wie alle anderen Zeichen im Johannesevangelium einen verborgenen Sinn, der erst „später“, nach Jesu Auferstehung sich erschließen kann. In diesem zeichenhaften Geschehen leuchtet eine Freiheit auf, ein Gottes-„bild“, das erschüttert und wehrlos macht. Nicht einmal ein jüdischer Sklave durfte zu einem so erniedrigenden Dienst herangezogen werden.

2. **Joh 13,6-11**: Simon Petrus spürt das Befremdende in Jesu Freiheit und sträubt sich mit allen Fasern seines Wesens dagegen: „Nie und nimmer sollst du mir die Füße waschen!“ Er versteht die Geste Jesu auf rein menschlicher Ebene und erfasst nicht, dass darin Jesu innere Haltung zum Ausdruck kommt, mit der er in seine Passion geht. „Worte ewigen Lebens“ (Joh 6,68) – davon lässt er sich berühren, aber nicht von Händen, die geöffnet sind, auch das Schmutzige und Schweißige seiner Füße anzufassen, das Dunkle und Unerlöste in ihm heilend zu umfassen. Petrus versteht noch nicht, denn wo er steht, ist für Jesu Freiheit noch kein Platz. Er spürt noch nicht die geheimnisvolle Seite in dem, was da vor sich geht. Er wird aber „später“ verstehen, wenn der Beistand, der Hl. Geist, ihn zur Freiheit Jesu befreit (Joh 14,26; 16,13).

Wer kann schon verstehen, dass er in dem Maß zu sich selbst findet, als er – sich loslassend – diese Entäußerung Jesu annimmt und buchstäblich „das Letzte“ an sich geschehen lässt? Petrus hat noch nicht die Stunde tiefster Erschütterung durchlitten, *von sich aus* dem nicht folgen können, den er liebt. Er begreift noch nicht, zu welcher Liebe (Joh 21,15) Jesus ihn befreien will. Solange diese Bekehrung noch aussteht, bleibt seine Freundschaft mit Jesus eine gefährliche Täuschung. Die Stunde tiefster Ohnmacht wird ihn erst fähig machen, sich führen zu lassen, wohin er nicht will .... (Joh 21,18) in der Freiheit dessen, der ihm die Füße gewaschen hat.

Auf die zweite noch entschiedenere Ablehnung des Petrus (V.8a) verdeutlicht Jesus ihm die Konsequenzen seiner Weigerung: Wer sich nicht von ihm die Füße waschen lässt, hat keine Gemeinschaft mehr mit ihm. Nur wer seinen Kreuzestod (im Zeichen der Fußwaschung) annimmt, kann mit ihm eine neue und dauerhafte Verbindung eingehen. Gemeinschaft mit ihm - das ist das Entscheidende, das versteht auch Petrus. Wenn es *darum* geht, dann soll Jesus ihm auch Haupt und Hände waschen. Doch Petrus denkt in den Kategorien einer rituellen Reinigung und versteht nicht das Beziehungsangebot Jesu. Auch dieses Missverständnis muss noch ausgeräumt werden: „Wer gebadet ist", sagt Jesus, „braucht sich nur noch die Füße zu waschen. Er ist ganz rein." M.a.W.: Wer sich auf die Zeichenhandlung Jesu einlässt und seinen Sklavendienst annimmt, ist ganz hineingenommen in die Liebe Jesu zu den Seinen „bis zuletzt" und damit „ganz rein".

Diese Szene zeigt das ganze Unvermögen des Petrus, zu verstehen, dass es Gemeinschaft mit Jesus nur gibt im Gefälle der „Stunde", die jetzt gekommen ist: da der Schöpfer (Joh 1,3) sich niederbeugt vor seinem Geschöpf, auch vor dem, der ihn verleugnet. Wer sich die Ent-äußerung Jesu gefallen lässt, hat Teil an ihm und seinem „Hinübergehen" aus dieser Welt zum Vater.

Durch die Taufe sind wir eingetaucht und bleibend hinein genommen in das zeichenhafte Geschehen bei diesem Abschiedsmahl. Aber wir bleiben Sünder und bedürfen immer wieder der Vergegenwärtigung dieses Zeichens, damit wir durch alle Erschütterung hindurch an uns geschehen lassen, was Petrus in der Begegnung mit dem Auferstandenen am Ostermorgen zuteil wird (Joh 21,15-19). Petrus wird erst dann verstehen, dass es keine Brüche und Abgründe, keine Verstrickung in Schuld und Sünde gibt – so tief, dass sie nicht von Jesus berührt und von seiner Vergebung eingeholt werden könnten. Dann erst wird er verstehen, dass er nicht verstanden hat, als sein „Herr und Lehrer" (Joh 13,13) ihm die Füße gewaschen hat.

3. **Joh 13,12-17:** Als Jesus allen die Füße gewaschen hatte, zog er sein Obergewand wieder an und legte sich wieder zu Tisch. Wie er vorher beim Mahl aufgestanden war und sein Obergewand abgelegt hatte, um seinen Freunden (Joh 15,15) den niedrigsten Dienst zu tun, so zieht er

jetzt sein Gewand wieder an und geht wieder an seinen Platz als ihr „Lehrer und Herr". Diese Zeichenhandlung erinnert als Ganze an den Christushymnus des Philipperbriefes (2,5-11) und macht anschaulich, bis in welch abgründige Tiefen unsere Erlösungsbedürftigkeit reicht. In der Weise, wie Jesus sich den Seinen hier zeigt, wird eine Souveränität sichtbar, die dem ganzen Geschehen Hoheit und Würde gibt.

Der Auftrag, seinem Beispiel zu folgen und einander die Füße zu waschen, ist mit einer Seligpreisung verbunden. Dieses Wort wäre eine Überforderung, wenn wir es als Appell an unseren Leistungswillen verstehen. Das kann nicht gemeint sein. Vielmehr sollen die Seinen sich – wie Petrus – von der Freiheit Jesu befremden und sich von ihr berühren lassen, damit sie und durch sie andere erfahren, dass jeder einzelne Mensch in seiner Liebe „bis zuletzt" aufgehoben ist.

4. **Joh 13, 18-20**: Aber es bleibt auch die dunkle Möglichkeit, dass einer sich der Liebe Jesu „bis zuletzt" versagt. Das Abschiedsmahl steht auch im Schatten des Verrats. Gleich dreimal kommt der in den Blick (Joh 13,2.11.18), der sein Herz der Freiheit dieser „Stunde" verschließt: *Judas*. Doch die Entäußerung Jesu an die Seinen und ihre Teilhabe an seiner Sendung wird durch den Verrat nicht in Frage gestellt. Niemand hat letztlich Macht über den, der mit dem Vater eins ist und sich ihnen geoffenbart hat als der „ICH BIN" (Joh 13,13).

Johannes weist mit dem „Zeichen" der Fußwaschung und seiner Deutung darauf hin, dass kirchliches Handeln seine Glaubwürdigkeit und Autorität verliert, wenn es nicht mehr als *Jesus gemäß* erkennbar ist. Kirche entsteht da, wo Menschen sich von Jesus so entäußern lassen, dass keiner mehr Macht über den anderen hat. Dann erst können alle eins sein (17,21). Selig seid ihr, wenn ihr das verstanden habt und danach handelt (13,17).

Ankündigung der „Auslieferung": Joh 13,21-30

13 [21] Als Jesus das gesagt hatte, wurde er im Geist erschüttert und bezeugte und sagte: Amen, amen, ich sage euch: Einer von euch wird mich ausliefern. [22] Die Jünger blickten einander an, in Verlegenheit darüber, von wem er rede. [23] Einer von seinen Jüngern, den Jesus liebte, lag zu Tisch an der Brust Jesu. [24] Diesem nun winkt Simon Petrus zu, er solle fragen, wer es sei, von dem er rede. [25] Jener lehnt sich an die

Brust Jesu und sagt zu ihm: Herr, wer ist es? [26] Jesus antwortete: Der ist es, für den ich den Bissen eintauchen und ihm geben werde. Er tauchte den Bissen ein, nimmt ihn und gibt ihn dem Judas, Simons Sohn, dem Iskariot. [27] Und nach dem Bissen fuhr dann der Satan in ihn. Jesus sagt nun zu ihm: Was du tust, tu bald! [28] Keiner aber von den zu Tisch Liegenden verstand, wozu er ihm dies sagte: [29] Denn einige meinten, weil Judas die Kasse hatte, dass Jesus zu ihm sage: Kaufe, was wir für das Fest benötigen, oder dass er den Armen etwas geben solle. [30] Als nun jener den Bissen genommen hatte, ging er sogleich hinaus. Es war aber Nacht.

5. **Joh 13,21-30**: Nach diesen Worten kommt eine tiefe Erschütterung über Jesus und deutlicher als zuvor versichert er seinen Jüngern, das einer aus ihrem Kreis ihn „ausliefern" (*paradídomi*) werde. Einer, den er selbst „ausgewählt" hat, wird sich gegen ihn wenden (Joh 13,18). Die Jünger reagieren auf diese Ankündigung mit banger, stummer Ratlosigkeit. Da wendet sich Petrus einem Jünger zu, der an der Seite Jesu zu Tische liegt, und gibt ihm durch ein Zeichen zu verstehen, er solle sich bei Jesus erkundigen, wer es denn sei, von dem er spreche. Dieser Jünger wird als der charakterisiert, „den Jesus liebte". Er ist im Johannesevangelium eine geheimnisvolle Gestalt. Von seinem ersten Erscheinen hier beim Abschiedsmahl bis zu den Erzählungen im Nachtragskapitel bleibt er namenlos. Er taucht an allen fünf Stellen ohne Einführung auf und verschwindet dann wieder von der Erzählebene. Sein besonderer Platz an der Seite Jesu hat symbolische Bedeutung: Wie im Prolog der einzig geborene Sohn Gottes „am Herzen, wörtlich: Schoß (*kólpos*) des Vaters" war (Joh 1,18) und aus dieser unmittelbaren Nähe den Menschen seine Lebensabsichten erschlossen hat, so unmittelbar vertraut ist hier die Nähe (*kólpos*) zwischen Jesus und dem „Jünger, den Jesus lieb*te*". Das Imperfekt drückt die Dauerhaftigkeit dieser Beziehung aus.

Simon Petrus weiß um die Nähe dieses Jüngers zu Jesus und bittet ihn in dieser beklommenen Situation, von Jesus zu erfahren, wer der Verräter ist. Dieser folgt dem Wink des Petrus und Jesus antwortet auf eine Weise, die den Verräter aus dem Dunkel seiner Heimlichkeit holt – mit einer Geste, die eigentlich Mahlgemeinschaft ausdrückt (U. Wilckens).

Dieser Jünger taucht also unvermittelt hier zum ersten Mal auf – beim Anbruch der „Stunde", in der die Liebe Jesu zu den Seinen sich

„vollenden" wird. Da der Evangelist zu Beginn des Abschiedsmahles ausdrücklich betont, dass Jesus „die Seinen" *allesamt* von Anfang an geliebt und ihnen seine Liebe auch in der Passion „bis zum Ende", bis zur Vollendung seiner Sendung bewahrt, kann „der Jünger, den Jesus liebte", nicht jemand sein, den Jesus in seiner Liebe den anderen vorgezogen hätte. Wie in dieser Gestalt das Jüngersein bespielhaft anschaulich wird, so in der Gestalt des Judas das Gegenteil. Als dieser aus der Hand Jesu den Bissen genommen hatte, „fuhr der Satan in ihn". Beide „Mächte" sind in der intimen Atmosphäre des Abschiedsmahles wirksam: Jesu Liebe „bis zuletzt", die mit dem Bissen als Zeichen der Verbundenheit Judas auch jetzt noch erreichen will, und die zerstörerische Macht des Bösen, der Judas sich ausliefert. Jesu Nähe kann sein Herz nicht mehr berühren. Jüngersein bewegt sich im Spannungsfeld dieser beiden Möglichkeiten: sich lieben lassen oder sich verweigern.

Als Judas den Bissen genommen hatte, ging er *sofort* hinaus in die „Nacht", in die Nacht der Verweigerung. Vielleicht ist auch das letzte Wort, das Jesus im Johannesevangelium zu Judas sagt, eine letzte Konfrontation, mit der er seinen Jünger erschüttern will. Die anderen Jünger aber erfassen nicht, wozu Jesus ihn auffordert. Seine Worte werden sich ihnen erst nachösterlich erschließen.

Verherrlichung und Abschied: Joh 13,31-38

13 31 Als er nun hinausgegangen war, sagt Jesus: Jetzt ist der Men-
schensohn verherrlicht, und Gott ist verherrlicht in ihm. 32 Wenn Gott
verherrlicht ist in ihm, wird auch Gott ihn verherrlichen in sich selbst,
und er wird ihn bald verherrlichen. 33 Kinder, noch kurze Zeit bin ich
bei euch; ihr werdet mich suchen, und wie ich den Juden sagte: Wohin
ich gehe, könnt ihr nicht hinkommen, so sage ich jetzt auch euch. 34 Ein
neues Gebot gebe ich euch, dass ihr einander liebt, wie ich euch geliebt
habe, damit auch ihr einander liebt. 35 Daran werden alle erkennen, dass
ihr meine Jünger seid, wenn ihr Liebe untereinander habt. 36 Simon
Petrus sagt zu ihm: Herr, wohin gehst du? Jesus antwortete ihm: Wohin
ich gehe, dorthin kannst du mir jetzt nicht (nach)folgen; du wirst mir
aber später (nach)folgen. 37 Petrus spricht zu ihm: Herr, warum kann
ich dir jetzt nicht (nach)folgen? Mein Leben will ich für dich einsetzen.
38 Jesus antwortet: Dein Leben willst du für mich einsetzen? Amen,
amen, ich sage dir, der Hahn wird nicht krähen, bis du mich dreimal
verleugnet hast.

6. **Joh 13,31- 38:** Nachdem Judas sich von ihnen getrennt hatte und allein in die Nacht hinausgegangen war, beginnt für Jesus die Stunde der Verherrlichung und für die Jünger die Stunde des Abschieds. Fünfmal steht in den ersten beiden kunstvoll gestalteten Versen 31 und 32 das Wort „verherrlichen". Es ist im Blick auf Jesu Kreuzestod als Vollendung seiner Sendung vom Vater zu verstehen. In diesem „einzigartigen Offenbarungsgeschehen" erfüllt sich die Liebe Gottes zur Welt (Joh 3,16). So ist die Verherrlichung Jesu zugleich die Verherrlichung Gottes und damit zentraler Ausdruck für die Einheit Jesu mit dem Vater über sein in den Tod gegebenes Leben hinaus. Doch wie sich im Sterben Jesu die Einheit von Vater und Sohn verwirklicht, so wird sein Tod für die Jünger zur Trennung: „Wohin ich gehe, könnt ihr nicht hinkommen." Hier wählt Jesus wieder eine Anrede, die das Herz der Jünger erreichen und stärken will: Kinder (*teknía*).

Um seinen Abschied zu bewältigen, gibt er ihnen ein „neues *Gebot*": Sie sollen einander so lieben, *wie er sie geliebt hat.* Seine Liebe zu ihnen ist und bleibt also die unversiegbare Quelle und das Vermächtnis für die Zeit seiner Abwesenheit. Hier klingt noch einmal die Deutung der Fußwaschung an (Joh 13,15-17). Das „neue *Gebot*" ist ein eindrücklicher Impuls, aus dieser Quelle, aus diesem Vermächtnis zu leben, damit andere erfahren, woher ihre Kraft zu lieben kommt, und sie sich als seine Jünger erweisen.

Doch die Jünger sind von der angekündigten Trennung emotional so getroffen, dass sie noch gar nicht in der Lage sind, auf Jesu Vermächtnis zu reagieren. Auf die bange Frage des Petrus: „Herr, wohin gehst Du?", antwortet Jesus, dass es „jetzt" nicht möglich ist, ihm (nach) zu folgen (*akolouthein*), fügt aber hinzu, dass Petrus ihm „später" (nach)folgen (*akolouthein)* wird. Ebenso wenig, wie Petrus die symbolhafte Tiefe der Fußwaschung verstanden hat, erkennt er jetzt, das Jesu „Weggehen" seinen nahen Tod als Vollendung und Erfüllung seines Weges zum Vater bedeutet und dass seine Verbindung zum irdischen Jesus enden wird. Seine Schicksalsgemeinschaft mit ihm (Joh 21,18f) wird erst möglich, wenn Jesus von der Erde erhöht ist und auch ihn zu sich zieht (Joh 12,32). Trotz aller Beteuerungen konfrontiert ihn Jesus mit seiner Wirklichkeit: Noch vor dem nächsten Hahnenschrei wird Petrus dreimal leugnen, Jünger Jesu zu sein.

Manche Exegeten lassen die erste Abschiedsrede Jesu schon mit Joh 13,31 beginnen, nachdem Judas den Abendmahlssaal verlassen hat.

KAPITEL 14

Die erste Abschiedsrede: Joh 14,1-31

14 1 Nicht erschüttern lasse sich Euer Herz. Glaubt an Gott und glaubt
an mich! 2 Im Hause meines Vaters sind viele Wohnungen. Wenn es
nicht so wäre, hätte ich dann zu euch gesagt: Ich gehe hin, euch einen
Platz zu bereiten? 3 Und wenn ich hingehe und euch einen Platz bereite,
komme ich wieder und werde euch zu mir nehmen, damit auch ihr seid,
wo ich bin. 4 Und wohin ich gehe, ihr wisst den Weg.

5 Sagt zu ihm Thomas: Herr, wir wissen nicht, wohin du gehst. Und wie
können wir den Weg (dorthin) wissen? 6 Jesus sagt zu ihm: Ich bin der
Weg und die Wahrheit und das Leben. Niemand kommt zum Vater, au-
ßer durch mich. 7 Wenn ihr mich erkannt habt, werdet ihr auch meinen
Vater erkennen; und von jetzt an kennt ihr ihn und habt ihn gesehen.
8 Philippus sagt zu ihm: Herr, zeige uns den Vater, und es genügt uns.
9 Jesus sagt zu ihm: So lange Zeit bin ich bei euch, und du hast mich
nicht erkannt, Philippus? Wer mich gesehen hat, hat den Vater gese-
hen. Wieso sagst du: Zeige uns den Vater? 10 Glaubst du nicht, dass ich
im Vater bin und der Vater in mir ist? Die Worte, die ich zu euch rede,
sage ich nicht von mir selbst aus; der Vater aber, der in mir bleibt, tut
seine Werke. 11 Glaubt mir, dass ich im Vater bin und der Vater in mir
ist; wenn nicht, dann glaubt (wenigstens) wegen der Werke! 12 Amen,
amen, ich sage euch: Wer an mich glaubt, der wird auch die Werke tun,
die ich tue, und wird größere als diese tun, denn ich gehe zum Vater. 13
Und was ihr bitten werdet in meinem Namen, das werde ich tun, damit
der Vater verherrlicht werde im Sohn. 14 Wenn ihr mich etwas bitten
werdet in meinem Namen, werde ich es tun.

15 Wenn ihr mich liebt, werdet ihr meine Gebote halten; 16 und ich wer-
de den Vater bitten, und er wird euch einen anderen Beistand geben,
damit er bei euch sei in Ewigkeit, 17 den Geist der Wahrheit, den die
Welt nicht empfangen kann, weil sie ihn nicht sieht und nicht kennt.
Ihr kennt ihn, denn er bleibt bei euch und wird in euch sein.

18 Ich werde euch nicht als Waisen zurücklassen, ich komme zu euch.
19 Noch kurze Zeit, und die Welt sieht mich nicht mehr; ihr aber seht
mich: denn ich lebe, und auch ihr werdet leben. 20 An jenem Tag werdet
ihr erkennen, dass ich in meinem Vater bin und ihr in mir seid und ich

in euch bin. [21] Wer meine Gebote hat und sie hält, der ist es, der mich liebt; wer aber mich liebt, wird von meinem Vater geliebt werden; und ich werde ihn lieben und mich ihm offenbaren.

[22] Judas, nicht der Iskariot, sagt zu ihm: Herr, wie kommt es, dass du dich uns offenbaren willst und nicht der Welt? [23] Jesus antwortete und sagte zu ihm: Wenn jemand mich liebt, wird er mein Wort halten, und mein Vater wird ihn lieben, und wir werden zu ihm kommen und Wohnung bei ihm nehmen. [24] Wer mich nicht liebt, hält meine Worte nicht; und das Wort, das ihr hört, ist nicht meins, sondern das des Vaters, der mich gesandt hat.

[25] Dies habe ich zu euch gesagt, während ich bei euch bin. [26] Der Beistand aber, der Heilige Geist, den der Vater senden wird in meinem Namen, der wird euch alles lehren und euch an alles erinnern, was ich euch gesagt habe.

[27] Frieden lasse ich euch, meinen Frieden gebe ich euch; nicht wie die Welt (ihn) gibt, gebe ich (ihn) euch. Nicht erschüttern lasse sich Euer Herz und ängtige sich nicht. [28] Ihr habt gehört, dass ich euch gesagt habe: Ich gehe weg und komme (wieder) zu euch. Wenn ihr mich liebtet, würdet ihr euch freuen, dass ich zum Vater gehe, denn der Vater ist größer als ich. [29] Und jetzt habe ich es euch gesagt, ehe es geschieht, damit ihr glaubt, wenn es geschieht. [30] Nicht mehr viel werde ich mit euch reden, denn es kommt der Fürst der Welt; und über mich hat er keine Macht; [31] aber damit die Welt erkenne, dass ich den Vater liebe und tue, wie mir der Vater geboten hat. – Steht auf, lasst uns von hier weggehen!

Die Abschiedsreden sind ähnlich wie das Buch Deuteronomium eine literarische Fiktion. In ihnen spricht der gegenwärtige erhöhte Herr in die kritische Situation der Gemeinden, die durch die „Abwesenheit“ Jesu und durch die ständige Auseinandersetzung mit der „Welt“ sich in ihrem Glauben angefochten und verunsichert und in ihrem Zusammenhalt bedroht sehen. Als Randgruppen ohne gesellschaftliche und politische Anerkennung sind sie der Feindschaft und Willkür ihrer ungläubigen Umwelt ausgesetzt. Dabei ist die Trennung von ihren jüdischen Landsleuten und ehemaligen Glaubensbrüdern besonders schmerzlich. In keinem Teil des Neuen Testaments wird die Bedrängnis der Jüngergemeinden so eingehend reflektiert.

In der ersten Abschiedsrede haben wir eine Konzentration johanneischer Theologie wie sonst nirgendwo im ganzen Evangelium.

1. **Joh 14,1-4:** „Nicht erschüttern lasse sich euer Herz! Glaubt an Gott und glaubt an mich!" Diese eindringliche Aufforderung zum Glauben ist hineingesprochen in eine Situation totaler Verunsicherung. Die bevorstehende Trennung von Jesus (Joh 13,33) hat die Jünger in einer Weise überrascht und getroffen, als hätte man ihnen den Boden unter den Füßen weggezogen. Wie sollen sie ohne ihn, ohne seine Worte und Zeichen in einer Welt ständiger Bedrohung und Anfeindung in seinem Wort bleiben und die Wahrheit erkennen, die frei macht (vgl. Joh 8,31f.)? Angst bemächtigt sich ihrer und erschüttert ihr Selbstvertrauen. Johannes spricht aus der Situation der Jüngergemeinde, die durch die „Abwesenheit" Jesu und durch die ständige Konfrontation mit der „Welt" sich bedroht, angefochten und verunsichert erfährt. Diese Auseinandersetzung gehört aber zur geschichtlichen Situation des Glaubens. Sie ist als Herausforderung zu verstehen, sich der Angst und Verunsicherung nicht auszuliefern, sondern zu *glauben*, d.h. sich festzumachen in Gottes Zuwendung und Treue zum Menschen, „johanneisch": in seiner Liebe „bis zum äußersten", „bis zuletzt", wie die Jünger sie in Jesus konkret an sich erfahren haben. Sein „Fortgehen" gibt ihnen erst die Möglichkeit, zu glauben und sich als seine Jünger zu erweisen (vgl. Joh 8,31). Dem Evangelisten geht es durchgängig um den Glauben an den *einen* Gott (Dtn 6,4), der mit dem Glauben an Jesus als dem einzig geborenen Sohn Gottes identisch ist. So könnte man die Aufforderung Jesu sinngemäß auch übersetzen: Glaubt an Gott, indem ihr an mich glaubt.

Jesus verbindet seine Aufforderung zum Glauben mit der Verheißung, dass er nur fortgeht, um ihnen als Sohn im Hause seines Vaters einen Platz zu bereiten. Dann wird er wiederkommen und sie heimholen, damit sie für immer bei ihm sind. Seine „Abwesenheit" wird also nur von kurzer Dauer sein. Mögen seine Jünger in dieser Zeit auch heimatlos, bedroht und angefeindet sein, im Hause seines Vaters gibt es für jeden einen sicheren Ort der Geborgenheit, wo sein Leben in der Gemeinschaft mit Jesus bei Gott zur Vollendung kommt. Das Heimholen geschieht nach Johannes in der Todesstunde. Es kommt also darauf an, *jetzt* in seinem Wort zu bleiben und die Wahrheit zu erkennen, die frei setzt (vgl. Joh 8,31f.). Der Weg Jesu zum Vater ist auch die Orientierung für ihr Leben in der Zeit seiner „Abwesenheit". „Wenn sein Weg zu ihrem Weg wird, dann wird auch sein Ziel zu ihrem Ziel" (L. Schenke).

Das Stichwort „Fortgehen“ wird nun in Joh 14,5-17 und das Stichwort „Wiederkommen“ in Joh 14,18-26 weiter ausgeführt.

2. **Joh 14,5-14**: Für Thomas aber liegt das Ziel des Weges noch ganz im Unklaren. In seiner Frage spiegelt sich der Orientierungsverlust der Gemeinde(n): „Wie können wir den Weg wissen?“ Sie suchen nach verbindlichen Perspektiven für ihr Leben als Christen. Jesus antwortet entsprechend verbindlich: „ICH BIN der Weg und die Wahrheit und das Leben, niemand kommt zum Vater außer durch mich.“ In seiner Person und in der Ausrichtung ihres Lebens auf den Weg, den er „bis zuletzt“ mit ihnen gegangen ist, „haben“ sie den einzig möglichen Zugang zum Vater. In seiner unverbrauchten Treue eröffnet Jesus den Jüngern eine Qualität von Leben, Sinn und Glück, die so kein Mensch geben kann. Wer ihn als den Weg, die Wahrheit und das Leben annimmt, kommt ans Ziel alles menschlichen Sehnens und Suchens. „Diese radikale Exklusivität, in der aller Glaube an Gott in den Glauben an Jesus integriert ist, hat ihren Grund in der radikalen Zuwendung Gottes zu den Menschen in seinem Mensch-gewordenen Sohn“ (U. Wilckens). Wenn die Jünger im Gekreuzigten den zum Vater Erhöhten erkannt haben, werden sie auch erkennen, dass er mit Gott eins ist. Und das gilt für das Hier und Jetzt und den ganzen Weg, den sie mit Jesus gegangen sind.

Doch Philippus hat noch nicht begriffen, dass sie den Vater sehen, wenn sie Jesus vor Augen haben. Er hat nicht erkannt, wer in Jesus eigentlich vor ihnen steht und zu ihnen spricht. Jesus bekräftigt noch einmal: „Wer mich gesehen hat, hat den Vater gesehen.“ Alles, was er zu ihnen gesagt und vor ihren Augen vollbracht hat, ist nur aus der wechselseitigen Einheit und Verbundenheit mit dem Vater möglich und verständlich. Diese Transparenz des Vaters im Sohn „ist das eigentliche Geheimnis der Offenbarung Gottes in Jesus“ (U. Wilckens). Wer sich diesem Geheimnis öffnet, wird nach Jesu Fortgang sein Wirken fortsetzen und sogar noch Größeres vollbringen – über den bisherigen Raum des Wirkens Jesu und seine Lebenszeit hinaus. So bleibt Jesu Wirken und Gottes Gegenwart in der Welt präsent. Das Fortgehen Jesu ist also die Voraussetzung für einen neuen Anfang und ein größeres Wirken.

Die Einheit mit dem Vater wird sich in Zukunft darin zeigen, dass alles, was die Jünger unter Berufung auf ihn von Gott erbitten, in Erfüllung gehen wird – durch Jesus: „Ich werde es tun!“ Das Ziel seines neuen Wirkens durch die Jünger ist dasselbe wie vor seinem Weggang: Die Verherrlichung des Vaters im Sohn.

3. **Joh 14,15-17:** Bevor Jesus seinen Jüngern den Heiligen Geist verheißt, fordert er sie auf, seine Liebe zu ihm im Bewahren (*teréo*) seiner Gebote lebendig zu halten. Mit den Geboten sind seine Worte gemeint (vgl. Joh 8,31; 13,14-16. 35f.). Es geht um eine verbindliche, ehrfürchtig liebende Ausrichtung auf das, was Jesus gesagt, gewirkt und gelebt hat.

Damit das gelingen kann, verheißt er seinen Jüngern „einen anderen Beistand", der für immer bei ihnen bleibt. Wie Jesus bisher als Zeuge für die Wahrheit Gottes mit ihnen unterwegs war, so soll nach seinem Fortgehen der Geist diese Rolle übernehmen. „Als Geist der Wahrheit" wird er in ihrer Gemeinschaft die Jesusoffenbarung präsent und aktuell halten. In der Bewegung des Geistes werden sie das Wirken Jesu erkennen. So wie Jesus das gelehrt und getan hat, was er beim Vater gesehen hat (vgl. Joh 5,19; 8,38), so wird der Geist nicht aus sich selbst reden (Joh vgl. 16,13). Die Wahrheit des Geistes erweist sich daran, dass er der Offenbarung Jesu nichts hinzufügt. Anderes als die Jünger hat die „Welt" keinen Zugang zu Gott, weil er nur im Glauben an Jesus erkannt werden kann.

4. **Joh 14,18-21:** Jesus kündigt des Jüngern nicht nur den Geist als „einen anderen Beistand" an, er spricht jetzt auch von seinem eigenen Kommen, damit sie nicht wie verwaiste Kinder verlassen und hilflos zurück bleiben. Nur noch kurze Zeit und die „Welt" wird ihn für erledigt halten. Sie aber werden den Gekreuzigten als Lebenden erfahren und an seiner Lebendigkeit teilhaben. Dieses Kommen wird sich „an jenem Tag" ereignen, d.h. an Ostern. Dann werden sie das Geheimnis der Offenbarung Gottes in Jesus, in das sie einbezogen sind, erkennen: die Transparenz des Vaters im Sohn und ihre (der Jünger) wechselseitige Einheit und Verbundenheit mit dem Auferstandenen. Doch diese Erfahrung wird sich nicht nur auf „jenen Tag" beschränken. Wo immer ein Mensch zum Glauben an den Auferstandenen kommt und die Einheit und Verbundenheit zwischen Vater und Sohn und zwischen dem Sohn und den Seinen erkennt, ist Ostern. Das Wiederkommen Jesu vermittelt also den Jüngern eine einzigartig innige Gemeinschaft mit dem Geheimnis Gottes: Hinein genommen zu sein in die Liebe, die den Vater mit Jesus verbindet. Sie ist *die* Vorgabe für das Halten seiner Gebote, für das Bleiben in seinem Wort.

5. **Joh 14,22-24:** Noch ein dritter Jünger, der andere Judas, zeigt mit seiner Frage, dass er Jesus noch nicht verstanden hat: „Herr, was bedeutet es, dass du dich uns offenbaren willst und nicht der Welt?" Sie bezieht sich auf Jesu Verheißung in V. 19, dass die Welt ihn bald nicht mehr sehen wird. Der Unglaube der „Welt" ist für die Jüngergemeinde ein ungelöstes Problem, das sie immer wieder verunsichert. Kann der Auferstandene sich den „Ungläubigen nicht so eindeutig manifestieren, dass sie zum Glauben an ihn kommen?" Das Geheimnis der Jesusoffenbarung bleibt der „Welt" unzugänglich, weil es kein „Gegenstand" ist, der sich von einem neutralen Standpunkt aus objektiv erschließen lässt. Deswegen betont Jesus mit seiner Antwort noch einmal, dass es einen Zugang zu diesem Geheimnis nur für die gibt, die in seinem Wort bleiben. Im liebenden Sich-ausrichten auf das, was Jesus gesagt, gewirkt und gelebt hat, erfährt der Jünger, dass Vater und Sohn gemeinsam bei ihnen „Wohnung nehmen". Die „Bleibe" des Jüngers in seinem Wort ist die Voraussetzung für die „Bleibe" von Vater und Sohn in ihm. Im wechselseitigen „Bleiben" wird der Einzelne und wird die Gemeinde zum „Ort" der Gottesgegenwart, zum „Ort" seiner Offenbarung.

Im selben Atemzug warnt Jesus vor falscher Sicherheit: „Wer mich nicht liebt, der hält meine Worte nicht." Die Autorität und Verbindlichkeit seines Wortes liegt darin, dass es zugleich das Wort des Vaters ist, der sich im Sohn offenbart.

6. **Joh 14,25-31:** Mit V. 25 kommt die Situation der „Abwesenheit" und die Sendung des Heiligen Geistes wieder in den Blick. In dieser Zeit der Bedrohung, Anfechtung und Unsicherheit wird er den Jüngern als Tröster beistehen und sie alles lehren und an alles erinnern, was Jesus gesagt hat. Lehren und Erinnern sind zwei Aspekte, mit dem der Geist die Jünger tröstet: Er wird die Jesusoffenbarung in ihrer Ganzheitlichkeit und Lebendigkeit vergegenwärtigen und sie in ihrer Tiefendimension erschließen. Das Erinnern meint also ein neues Verstehen, ein geistgewirktes Erfassen und Aktualisieren von dem, was sie von Jesus gehört und mit ihm erlebt haben, für das Hier und Jetzt (vgl. Joh 2,18-22).

Zum Abschied gibt Jesus den Jüngern *seinen* Frieden. Für ihn ist das Fortgehen die Rückkehr zum Vater; nicht das Ende seines irdischen Wirkens, sondern seine Vollendung (vgl. Joh 19,30). Der Abschied stimmt ihn nicht traurig. Er ist vielmehr ein Grund zur Freude.

Auch der Ausblick auf das Wiedersehen (Joh 14,19.28) und das Heimholen der Jünger (Joh 14,3), die Gewissheit, dass sie in der Kraft des Geistes noch Größeres vollbringen werden (Joh 14,12) – all das wird sich ihnen erschließen und ihnen Frieden geben.

Zwar können sie seine Worte jetzt noch nicht begreifen, aber „an jenem Tag", nach seiner Auferstehung, wird sich ihre Trauer in Freude, ihre Erschütterung und Angst in Zuversicht wandeln. Sein Friede hat eine andere Qualität als der Friede, den die „Welt" durch Lüge und Gewalt, durch Angst und Befriedung menschlicher Grundbedürfnisse vorübergehend zustande bringt. Noch einmal fordert Jesus seine Jünger auf: „Nicht erschüttern lasse sich euer Herz und ängstige sich nicht!" Sie sollen sich über seinen Weggang freuen, denn er ist die Voraussetzung für den Frieden, den ihr Herz ergreifen wird. Ohne seinen Abschied wird der Vater den Geist nicht senden, der sie an alles erinnert und alles erfüllt, was er ihnen verheißen hat. „Größer" ist der Vater, weil er der Ursprung (*kólpos*) der Sendung des Sohnes und des Geistes ist. Erst der Abschied ermöglicht den Seinen eine Teilhabe am Leben Gottes, die mehr ist als alle Gemeinschaft mit Jesus vorher. Erst dann wird der Friede seine volle Kraft in der Jüngergemeinschaft entfalten. Wenn das Wirklichkeit wird, werden sie zum vollen Glauben an das Geheimnis Gottes kommen, der aber in dieser „Welt" immer angefochten bleibt.

Nicht mehr viel wird Jesus mit den Jüngern reden, denn „der Herrscher der Welt" (vgl. Joh 12,31; 16,11) ist schon unterwegs. Judas Iskariot hatte den Abendmahlssaal bereits verlassen (Joh 13,30), um die Gefangennahme Jesu in Gang zu setzen. Doch ihm gegenüber hat der Satan (vgl. Joh 13,27) nur so viel Macht, als ihm von oben gegeben ist. Johannes sieht in der Passion Jesu eine heilsgeschichtliche Auseinandersetzung, die kosmische Dimensionen hat, in der die Macht des Bösen durch die Liebe Jesu zum Vater und zu den Seinen „bis zum äußersten", „bis zuletzt" endgültig gebrochen wird.

Mit der Aufforderung Jesu: „Steht auf! Lasst und von hier weg gehen!" schließt die Abschiedsrede.

*

Man erwartet nun den Beginn der Passion (Joh 18,18). Stattdessen folgt eine zweite Abschiedsrede. Vermutlich ein späterer Entwurf, in dem die aktuelle Situation der Gemeinde ausführlicher zur Sprache kommt. Dieser Teil ist allem Anschein nach zu einem späteren Zeitpunkt an dieser Stelle eingefügt worden. Die Aufforderung zum Aufbruch kann so als Einladung verstanden werden, „Jesus auf dem Weg zum Kreuz zu folgen. In der Tat werden die Leser in den Kap. 15 und 16 auf die Erfahrung des Hasses der Welt (Joh 15,18-16,4a) und der Verfolgung (Joh 16,4b-7) vorbereitet. Die Welt wird sich über die Situation der Jünger freuen, und sie werden Trauer empfinden (Joh 16,6.20-22). Und doch können die Jünger Vertrauen schöpfen: Jesus, der ihnen voraus gegangen ist, hat die Welt besiegt (Joh 16,33). Diese Situation bestimmt auch das Abschiedsgebet Jesu in Joh 17“ (J. Beutler).

KAPITEL 15 UND 16

Die zweite Abschiedsrede: Joh 15,1-16,33

1. Der Weinstock und die Reben: Joh 15,1-8

15 1 Ich bin der wahre Weinstock, und mein Vater ist der Winzer. 2
Jede Rebe an mir, die keine Frucht bringt, nimmt er weg; und jede, die
Frucht bringt, reinigt er, damit sie mehr Frucht bringt. 3 Ihr seid schon
rein durch das Wort, das ich zu euch gesagt habe. 4 Bleibt in mir und
ich in euch! Wie die Rebe nicht aus sich Frucht bringen kann, es sei
denn, sie bleibt am Weinstock, so (könnt) auch ihr nicht (Frucht brin-
gen), es sei denn, ihr bleibt in mir. 5 Ich bin der Weinstock, ihr seid die
Reben. Wer in mir bleibt und ich in ihm, der bringt viel Frucht, denn
getrennt von mir könnt ihr nichts tun. 6 Wenn einer nicht in mir bleibt,
wird er weggeworfen wie die Rebe und verdorrt; und man sammelt sie
und wirft sie ins Feuer, und sie verbrennen. 7 Wenn ihr in mir bleibt
und meine Worte in euch bleiben, (dann) bittet, was ihr wollt, und es
wird euch geschehen. 8 Darin wird mein Vater verherrlicht, dass ihr viel
Frucht bringt und meine Jünger werdet.

Der erste Abschnitt mit dem „wahren Weinstock“ ist in seiner Textgestalt durch zwei markante Wortfelder gekennzeichnet, die inhaltlich miteinander verbunden sind: *Fruchtbringen* (6x) und *bleiben* (11x). Sie haben ihre Mitte im Bildwort vom (wahren) Weinstock (3x).

Wie die Hirtenrede (Joh 10,1-21) beginnt die zweite Abschiedsrede mit einem kraftvollen Bildwort: „ICH BIN der *wahre* Weinstock!“ Ursprünglich war der Weinstock ein Symbol für Israel, den Gott selbst als edles und fruchtbares Gewächs gepflanzt hat, der aber verwildert und entartet ist (vgl. Jer 2,21; Hos 10,1). Jetzt überträgt Jesus das Symbol für Israel auf sich und tritt damit an seine Stelle. Als Sohn und Offenbarer des Vaters ist er selbst der Ursprung und die bleibende Mitte des neuen Gottesvolkes. Sein Vater ist der Winzer, dessen ganze Sorge dahin geht, dass jede einzelne Rebe so viel Frucht wie nur möglich bringt. So schneidet er „in der Winterzeit“ die trockenen Rebzweige heraus und „im Frühjahr“, wenn die Zweige treiben, entfernt er alle überflüssigen Triebe.

Es geht also um ein fruchtbares, gelingendes Leben. Dazu ist es notwendig, dass wir auf die Wachstumsgesetze achten, die uns eingestiftet sind, *um* ihnen zu gehorchen. So werden wir durchlässig für den Lebenssaft, der vom wahren Weinstock kommt. Dabei ist es wichtig, die Angst zu überwinden, den göttlichen Lebensstrom durch alle Räume unseres Wesens dringen zu lassen – bis zu den Schattengestalten, die wir vom Leben ausgeschlossen haben. Wo dieser Lebenssaft durchfließt, da reinigt er und läutert, da bringt er Wachstum und Reife. Wer am Weinstock bleibt, kennt den Schmerz, wenn das Winzermesser die fruchtlosen Reben wegschneidet und die Zweige reinigt, die Frucht tragen, damit sie *mehr* Frucht bringen. Dieses „mehr" ist nicht aszetisch, aus einem Leistungsdenken heraus, zu verstehen, sondern als ein Geschehen-lassen aus einem inneren Spüren, aus einer inneren Bewegung und Dynamik heraus. Das gilt für den Einzelnen ebenso wie für eine Gemeinschaft, die sich am Wort und Leben Jesu orientiert.

Seine Zusicherung, dass die Jünger schon rein sind durch das Wort, das er zu ihnen gesprochen hat (V. 3), meint die Bereitschaft, ihr Leben fruchtbar werden zu lassen durch das „Bleiben" in seinem Wort (Joh 8,31), durch das „Bleiben" am Weinstock. Wer am Weinstock bleibt, trennt sich von Liebgewonnenem, wenn es fällige Änderungen blockiert; lässt Erprobtes und Vertrautes zurück, wenn es neue Erfahrungen verhindert; gibt Gewohnheiten auf, wenn sie Entwicklungen hemmen; löst sich notfalls aus Beziehungen, wenn sie die hier gemeinte Fruchtbarkeit mindern oder gar zerstören. Wo immer ein Mensch sich den Zugang zu seinem Lebensstrom verschließt und sich von der Quelle entfernt, die seinen inneren Weg bestimmt, wird er zum fruchtlosen Rebholz. „Denn getrennt von mir könnt ihr nichts tun" (V. 5). Es gibt kein „Fruchtbringen" ohne das „Bleiben in ihm", und es gibt kein „Bleiben in Jesus", das nicht auf Dauer Früchte trägt. Fruchtlosigkeit ist ein Hinweis auf Lebensverweigerung.

Wenn unser Leben und unser Bitten überein stimmt mit dem Fruchtbringen und dem „mehr" Fruchtbringen, dann wird alles in Erfüllung gehen. Im Bild der Rebzweige, die am Weinstock bleiben und Frucht bringen, kommen wir in Berührung mit unserem ureigensten Wesen, mit dem tiefsten Grund unseres Seins. In diesem Bild leuchtet das Geheimnis des Lebens auf, das uns von Gott zukommen will: „Sie tragen Frucht noch im Alter und bleiben voll Saft und Frische" (Ps 92,15). Im Fruchtbringen *werden* wir Jünger und verherrlichen den Vater. Im

Fruchtbringen wachsen wir zu einer Gemeinschaft, in der keiner mehr Macht über den anderen hat: keine Herren, keine Abhängigen, dann ist Kirche.

2. Das Bleiben in der Liebe: Joh 15,9-17

15 9 Wie der Vater mich geliebt hat, so habe ich euch geliebt. Bleibt in
meiner Liebe! 10 Wenn ihr meine Gebote haltet, werdet ihr in meiner
Liebe bleiben, wie ich die Gebote meines Vaters gehalten habe und in
seiner Liebe bleibe. 11 Dies habe ich zu euch gesagt, damit meine Freude
in euch sei und eure Freude vollkommen werde.

12 Dies ist mein Gebot, dass ihr einander liebt, wie ich euch geliebt
habe. 13 Größere Liebe hat niemand als die, dass er sein Leben einsetzt
für seine Freunde. 14 Ihr seid meine Freunde, wenn ihr tut, was ich euch
gebiete. 15 Nicht mehr nenne ich euch Sklaven, denn der Sklave weiß
nicht, was sein Herr tut; euch aber habe ich Freunde genannt, weil ich
alles, was ich von meinem Vater gehört, euch kundgetan habe. 16 Nicht
Ihr habt mich erwählt, sondern ich habe euch erwählt und euch dazu
bestimmt, dass ihr hingeht und Frucht bringt und eure Frucht bleibt,
damit, was (immer) ihr den Vater bitten werdet in meinem Namen, er
euch gebe. 17 Dies gebiete ich euch, dass ihr einander liebt!

Im Folgenden wird das Thema „Fruchtbringen" weiter geführt und vertieft.

Jesus liebt die Jünger so bedingungslos, wie der Vater den Sohn liebt. Diese Verlässlichkeit in der Beziehung ist die Voraussetzung und Herausforderung für ihr Verhalten untereinander (vgl. Joh 13,34f.). Das Fruchtbringen und Jünger*werden* zeigt sich in der bedingungslosen Annahme und Zuwendung im Miteinander, wie Jesus es ihnen mit der Fußwaschung verdeutlicht hat. Wer in seiner Gesinnung und in seinem Handeln sich von diesem Beispiel leiten lässt (Joh 13,15), wird eine neue Gestimmtheit an sich erfahren, eine Freude, hinein genommen zu sein in das Geheimnis dessen, der am Herzen des Vaters ruht und uns hat schauen lassen seine Herrlichkeit (vgl. Joh 1,14.18). Diese Freude ist wie der Friede (Joh 14,27) die endzeitliche Gabe des Auferstandenen. Sie hat österliche Qualität.

Dieser Friede und diese Freude ermöglichen eine atemberaubende Freiheit. Schon in der Hirtenrede hatte Jesus gesagt: „Darum liebt mich der Vater, weil ich mein Leben hingebe, um es wieder zu nehmen. Niemand kann es mir entreißen, sondern ich gebe es von mir aus hin. Ich habe die Macht, es hinzugeben, und die Macht, es wieder zu nehmen. Dieses Gebot habe ich von meinem Vater empfangen" (Joh 10,17f.). Wenn also seine Lebenshingabe aus einer solchen Freiheit heraus geschieht, dann zeigt sich darin die unauslotbare Tiefe der Freundschaft, die Jesus mit seinen Jüngern verbindet. Sie ermöglicht ein Vertrauensverhältnis und eine Offenheit, die unsere menschliche Brüchigkeit und Abgründigkeit aushält und übersteigt. Sie ist die Gewähr dafür, dass unser Leben auf eine unverbrauchte Weise fruchtbar sein kann, seine Qualität nicht verliert.

3. Der Hass der Welt: Joh 15,18-16,4a

15 [18] Wenn die Welt euch hasst, so wisst, dass sie mich vor euch gehasst
hat. [19] Wenn ihr von der Welt wäret, würde die Welt (euch als) das Ihre
lieben; weil ihr aber nicht von der Welt seid, sondern ich euch aus der
Welt erwählt habe, darum hasst euch die Welt. [20] Denkt an das Wort,
das ich euch gesagt habe: Nicht größer ist der Sklave als sein Herr.
Wenn sie mich verfolgt haben, werden sie auch euch verfolgen; wenn
sie mein Wort gehalten haben, werden sie auch das eure halten. [21] Aber
dies alles werden sie euch antun um meines Namens willen, weil sie
den nicht kennen, der mich gesandt hat. [22] Wenn ich nicht gekommen
wäre und zu ihnen geredet hätte, hätten sie keine Sünde; jetzt aber ha-
ben sie keinen Vorwand für ihre Sünde. [23] Wer mich hasst, hasst auch
meinen Vater. [24] Wenn ich nicht die Werke unter ihnen getan hätte,
die kein anderer getan hat, hätten sie keine Sünde; jetzt aber haben
sie sie gesehen und doch hassen sie mich und meinen Vater. [25] Aber
(das geschieht,) damit das Wort erfüllt wird, das in ihrer Tora geschrie-
ben steht: »Sie haben mich ohne Grund gehasst.« [26] Wenn der Beistand
kommt, den ich euch vom Vater senden werde, der Geist der Wahrheit,
der vom Vater ausgeht, wird er Zeugnis von mir geben. [27] Aber auch ihr
werdet Zeugnis geben, weil ihr von Anfang an bei mir seid.

16 [1] Das habe ich zu euch gesagt, damit ihr nicht zu Fall kommt. [2]
Sie werden euch aus der Synagoge ausschließen; es kommt sogar die
Stunde, dass jeder, der euch tötet, meint, Gott einen Dienst zu tun. [3]
Und dies werden sie tun, weil sie weder den Vater noch mich erkannt
haben. [4] Aber das habe ich zu euch geredet, damit ihr, wenn ihre Stunde
kommt, daran denkt, dass ich es euch gesagt habe.

Mit 15,18 lenkt der Evangelist den Blick wieder auf die konkrete Situation der Gemeinde. Als Randgruppe ohne gesellschaftliche und politische Anerkennung wird sie gehasst und verfolgt. Die Bedrohung kann so weit gehen, dass Mitglieder aus der Synagoge ausgeschlossen oder gar getötet werden. Die Feindschaft der „Juden" ist wohl der Hauptgrund für die Schärfe, mit der die johanneische Gemeinde gegen die „Juden" polemisiert, die hier mit der ungläubigen Welt einfach gleich gesetzt werden. Jesus erinnert seine Jünger daran, dass der Hass der „Welt" und ihre Verfolgung geradezu ein Kriterium für die Echtheit ihrer Nachfolge ist: Wenn sie ihn gehasst und verfolgt haben, werden sie das auch ihnen antun (Joh 16,18.20). Die Ursache für diese Schicksalsgemeinschaft sieht Johannes in ihrer Zugehörigkeit zu Jesus, letztlich aber darin, dass die „Juden" Gott nicht kennen, der ihn als Offenbarer in diese Welt gesandt hat.

Jesus gebraucht in diesem Zusammenhang ein Wort aus den Psalmen: „Sie haben mich grundlos gehasst" (Ps 35,19). Da er dieses Schriftwort in seinem Schicksal und dem seiner Jünger erfüllt sieht, scheint er anzudeuten, dass auch der völlig unbegründete Hass der „Welt" noch einmal umfangen ist von Gottes Plan und damit einen Sinn hat.

Die Ablehnung und Verfolgung durch ihre jüdischen Landsleute und ehemaligen Glaubensbrüder hat die Jünger in eine prekäre Situation gebracht, die für manche zu einer ernsten Glaubensprüfung wurde. Deshalb verheißt Jesus noch einmal (Joh 14,16f.25) das Kommen des Geistes. Er wird ihnen in der Not ihres Glaubens beistehen und sie in der Treue zu Jesus bestärken, sodass sie selbst in der Lage sind, für ihn Zeugnis abzulegen.

Das Zeugnis des Geistes wird wohl in einer inneren Gewissheit bestehen, die die Jünger befähigt, in einer ungläubigen und feindlich gesinnten Öffentlichkeit sich zu Jesus als den Messias und Gottessohn zu bekennen. Dazu sind in besonderer Weise die Jünger bestimmt, die „von Anfang an", d.h. seit Beginn des öffentlichen Wirkens Jesu mit ihm zusammen waren.

Mit einem Ausblick auf die zu erwartende Verfolgungssituation endet dieser Abschnitt. Jesus hat ihnen dies (*tauta*) vorausgesagt, damit sie, wenn es eintrifft, sich an seine Worte erinnern und nicht zu Fall kommen. Der Ausschluss aus der Synagoge mit seinen weit reichenden sozialen Folgen, die Situation, als Minderheit in einer Gesellschaft zu leben, die ihnen keinen Rückhalt bot und mit Anfeindungen und Verfolgungen ihnen das Leben schwer machte, war für die kleinen johanneischen Gemeinden eine ungeheure Herausforderung.

Die Anfänge der Entfremdung zwischen Juden und Christen sind äußerst belastet. Je mehr man den Kontakt miteinander scheute, desto mehr schossen Verdächtigungen und Anfeindungen ins Kraut. Deshalb ist es notwendig, den historischen Kontext dieser biblischen Texte jeweils genau und differenziert zu betrachten und keine falschen dogmatischen Schlüsse daraus ziehen. Menschen und Gemeinschaften, die ihr Leben auf das ausrichten, was Jesus gesagt, gewirkt und gelebt hat, müssen damit rechnen, in sein Schicksal einbezogen zu werden. „Der Widerstand gegen die Offenbarung hat mit dem Kreuz nicht aufgehört. Er richtet sich jetzt gegen die glaubende Gemeinde, die das Zeugnis der Offenbarung festhält und der Welt gegenüber vertritt" (J. Blank).

4. Der Beistand des Geistes: Joh 16,4b-15

16 [4b] Dies aber habe ich euch von Anfang an nicht gesagt, weil ich
bei euch war. [5] Jetzt aber gehe ich zu dem, der mich gesandt hat, und
keiner von euch fragt mich: Wohin gehst du? [6] Aber weil ich dies zu
euch gesagt habe, hat Trauer euer Herz erfüllt. [7] Doch ich sage euch
die Wahrheit: Es ist nützlich für euch, dass ich weggehe, denn wenn
ich nicht weggehe, wird der Beistand nicht zu euch kommen; wenn ich
aber weggehe, werde ich ihn zu euch senden. [8] Und wenn er kommt,
wird er die Welt überführen (und aufdecken), was Sünde und was Gerechtigkeit und was Gericht ist. [9] Sünde, weil sie nicht an mich glauben;
[10] Gerechtigkeit aber, weil ich zum Vater gehe und ihr mich nicht mehr
seht; [11] Gericht aber, weil der Fürst dieser Welt gerichtet ist.
[12] Noch vieles habe ich euch zu sagen, aber ihr könnt es jetzt nicht
tragen. [13] Wenn aber jener kommt, der Geist der Wahrheit, wird er euch
in die ganze Wahrheit einführen; denn er wird nicht aus sich selbst
reden, sondern was er hören wird, wird er reden, und das Kommende
wird er euch verkündigen. [14] Er wird mich verherrlichen, denn von dem
Meinen wird er nehmen und euch verkündigen. [15] Alles, was der Vater
hat, ist mein; darum habe ich gesagt, dass er von dem Meinen nimmt
und euch verkündigen wird.

Die Aufmerksamkeit der Jünger wird jetzt wieder auf den unmittelbar bevorstehenden Abschied Jesus gelenkt, der sie mit Trauer (*lype*) erfüllt. Die Trauer ist Ausdruck ihrer Glaubensnot und ihres mangelnden Verstehens. Sie lassen sich von dieser depressiven Stimmung so sehr betreffen, dass sie gar nicht auf den Gedanken kommen, ihn zu fragen, wohin er denn gehe. Die Trauer macht sie sprachlos. Doch die Antwort auf diese Frage könnte ihre Trauer in Freude verwandeln. Die Trauer über die „Abwesenheit" Jesu wird die Jünger immer wieder überfallen, vor allem, wenn sie angefeindet und verfolgt werden. Solange sie in der „Welt" sind, bleiben sie von Anfechtungen nicht verschont, und es braucht den Beistand des Geistes, der sie an die Gegenwart des Auferstandenen erinnert, sodass *sein* Friede und *seine* Freude in ihren Herzen wieder aufleben können. Die „Wahrheit" ist, so versichert Jesus den Seinen, dass erst mit der Erhöhung beim Vater sein Wirken Raum und Zeit transzendiert und noch machtvoller in Erscheinung tritt als zu der Zeit, da er noch bei ihnen war. Sein Fortgehen ist die Voraussetzung für das Kommen des Geistes, der die Schuld der „Welt" aufdeckt und die Jünger einführt in die ganze Wahrheit.

Das Aufdecken der Schuld bezieht sich auf drei Punkte, die eng zusammenhängen: Sünde, Gerechtigkeit und Gericht. Die *Sünde* der Welt besteht darin, dass sie sich der Liebe Gottes „bis zuletzt", wie sie ihr in seinem Sohn und Offenbarer Jesus begegnet ist, verweigert. Der Geist wird außerdem ans Licht bringen, dass Jesus in seiner Liebe „bis zuletzt" nicht gescheitert ist, dass sein Leben sich vielmehr bei Gott vollendet hat. Sein Gehorsam hat über den Ungehorsam der „Welt" obsiegt. Das ist mit *Gerechtigkeit* gemeint, um die es hier geht. Schließlich wird der Beistand die Augen dafür öffnen, dass der „Herrscher dieser Welt" definitiv seine Macht verloren hat. Das *Gericht* besteht also darin, dass die „Welt" überführt wird, die Finsternis mehr zu lieben als das Licht, weil ihre Taten böse sind (vgl. Joh 3,19). Ihre Verweigerung ist aber von Jesu Liebe „bis zuletzt" noch einmal unterlaufen. So können seine Jünger bei aller Bedrängnis in der Zuversicht seines Wortes ausharren: „Habt Mut! Ich habe die Welt besiegt" (Joh 16,33). Das Aufdecken der Schuld geschieht nicht in spektakulären Ereignissen, sondern in der Gewissheit, in dem Frieden und in der Freude, die der Geist in den Herzen der Jünger wirkt.

In der Situation des Abschieds und der dadurch ausgelösten Trauer sind die Jünger nicht in der Verfassung, die ganze Fülle und Tiefe der Jesusoffenbarung zu „tragen", d.h. in sich aufzunehmen. Wenn aber nach Jesu Weggang der „Geist der Wahrheit" kommt, wird er sie in die „ganze Wahrheit" einführen, d.h. er wird ihnen neben den Konsequenzen für die „Welt" (Joh 16,8-10) eine immer neue und vertiefte Einsicht in das Geheimnis Jesu und seiner Botschaft erschließen. Der Geist wird keine neue, von Jesus unabhängige Offenbarung bringen. Alles, was er an Einsicht und Erkenntnis vermittelt, ist Auslegung und Vertiefung dessen, was Jesus gelebt und verkündigt hat (vgl. Joh 14,26). Ohne diesen Beistand wären die Jünger überfordert. Das gilt auch für das Johannesevangelium. Der Evangelist erzählt vom Geheimnis der Person Jesu, von seinem Leben und Wirken in einer eigenen, ganz neuen Weise, die sich stark von den anderen Evangelien unterscheidet. Was ihn in seiner konkreten geschichtlichen Situation dazu autorisiert, ist das „Zeugnis" des Geistes.

5. Trauer und Freude: Joh 16,16-33

16 [16] Kurze Zeit (noch), und ihr seht mich nicht mehr, und wieder eine kurze Zeit, und ihr werdet mich sehen. [17] Es sprachen nun einige von seinen Jüngern zueinander: Was ist das, was er zu uns sagt: Kurze Zeit (noch), und ihr seht mich nicht, und wieder eine kurze Zeit, und ihr werdet mich sehen, und: Ich gehe zum Vater? [18] Sie sagten nun: Was ist das für eine «kurze Zeit», wovon er redet? Wir wissen nicht, was er sagt. [19] Jesus erkannte, dass sie ihn fragen wollten, und sagte zu ihnen: Darüber macht ihr euch miteinander Gedanken, dass ich sagte: kurze Zeit (noch), und ihr seht mich nicht, und wieder eine kurze Zeit, und ihr werdet mich sehen? [20] Amen, amen, ich sage euch, ihr werdet weinen und wehklagen, aber die Welt wird sich freuen; ihr werdet traurig sein, aber eure Trauer wird zur Freude werden. [21] Die Frau ist traurig, wenn sie gebiert, weil ihre Stunde gekommen ist; wenn sie aber das Kind geboren hat, denkt sie nicht mehr an die Bedrängnis wegen der Freude, dass ein Mensch in die Welt geboren ist. [22] Auch ihr seid nun traurig; aber ich werde euch wieder sehen, und euer Herz wird sich freuen, und eure Freude nimmt niemand von euch. [23] Und an jenem Tag werdet ihr mich nichts (mehr) fragen. Amen. amen, ich sage euch: Was (immer) ihr den Vater bitten werdet in meinem Namen, wird er euch geben. [24] Bis jetzt habt ihr nichts erbeten in meinem Namen. Bittet, und ihr werdet empfangen, damit eure Freude vollkommen sei!

[25] Dies habe ich in Bildreden zu euch geredet; es kommt die Stunde, da ich nicht mehr in Bildreden zu euch reden werde, sondern euch offen vom Vater verkündigen werde. [26] An jenem Tag werdet ihr in meinem Namen bitten, und ich sage euch nicht, dass ich den Vater für euch bitten werde; [27] denn der Vater selbst liebt euch, weil ihr mich geliebt und

geglaubt habt, dass ich von Gott ausgegangen bin. [28] Vom Vater bin ich ausgegangen und in die Welt gekommen; ich verlasse die Welt wieder und gehe zum Vater.

[29] Seine Jünger sagten zu ihm: Siehe, jetzt redest du offen und gebrauchst keine Bildrede; [30] jetzt wissen wir, dass du alles weißt und nicht nötig hast, dass dich jemand fragt; deswegen glauben wir, dass du von Gott ausgegangen bist. [31] Jesus antwortete ihnen: Glaubt ihr jetzt? [32] Siehe, es kommt die Stunde und (sie) ist (schon) gekommen, dass ihr zerstreut werdet, ein jeder in seine Heimat und mich allein lasst; doch ich bin nicht allein, denn der Vater ist mit mir.

[33] Dies habe ich zu euch geredet, damit ihr in mir Frieden habt. In der Welt habt ihr Bedrängnis; aber seid guten Mutes, ich habe die Welt überwunden.

Jesus kommt noch einmal auf seinen Abschied und das Wiedersehen mit den Jüngern zu sprechen (Joh 14,18 f.): „Noch kurze Zeit und ihr seht mich nicht mehr; und wieder eine kurze Zeit und ihr werdet mich wieder sehen." Jesus kündigt damit sein unmittelbar bevorstehendes Ende an und das baldige Wiedersehen, das sich zunächst auf Ostern bezieht. Doch die Jünger verstehen diese rätselhafte Äußerung nicht und sind darüber beunruhigt. Jesus geht auf ihre Verunsicherung ein, in die sie durch seine „Abwesenheit" immer wieder geraten. Besonders erschwert wird ihre Situation durch die Freude der ungläubigen Welt. Es gibt dieses Überlegenheitsgefühl der „Welt" gegenüber dem Glauben, das die „Sache Jesu" für erledigt hält und jene belächelt, die aus mangelnder Aufgeklärtheit weiter daran festhalten. Diesen in der „Welt" angefochtenen und durch Trauer gelähmten Jüngern gilt die Verheißung Jesu, dass er sie nicht allein lässt und dass ihre Trauer sich in Freude wandeln wird. Mit einem eindrücklichen Bild vergleicht er ihre jetzige Situation mit den Wehen bei der Geburt eines Kindes. Wie nach der Geburt dann alle Ängste und Schmerzen durch die Freude über das Neugeborene ganz in Vergessenheit geraten, so wird es auch mit den Jüngern sein. Diese Freude wird ihnen keine Macht der Welt mehr nehmen können. Dass die Trennung von Jesus nur von kurzer Dauer ist, soll den Jüngern Kraft zum Aushalten in der Bedrängnis geben.

Wenn sie in ihren Herzen den Wandel von Trauer zur Freude erlebt haben und zur Gewissheit gekommen sind, dass Jesus ihnen nicht genommen ist, dann brauchen sie ihn nichts mehr zu fragen. Die „ganze Wahrheit" der Jesusoffenbarung hat sich ihnen erschlossen. „An jenem Tag" werden sie auch in seine unmittelbare Nähe zum Vater hinein genommen und haben dadurch direkten Zugang zu ihm. Diese Gottesnähe wird ihre Freude vollkommen machen.

Für die Jünger blieb Jesu Bildrede (*paroimía*) zunächst rätselhaft. Sie konnten ihren Sinn nicht recht erfassen. Es kommt aber die „Stunde", in der Jesus offen zu ihnen spricht, d.h. in einer Weise, dass sie das Geheimnis Gottes verstehen können. Mit der „Stunde" ist seine Erhöhung und Verherrlichung gemeint. Dann werden sie mit dem Vater so verbunden sein, dass Jesu Intervention für sie bei ihm nicht mehr erforderlich ist. Denn der Vater liebt sie, weil sie Jesus geliebt und an ihn geglaubt haben, dass er vom Vater ausgegangen ist. Damit betont der Evangelist, dass Gottes Liebe der innerste Kern des Offenbarungsgeschehens ist. Im Licht dieses liebenden Erkennens wird der ganze Weg der Sendung Jesu verständlich: „Vom Vater bin ich ausgegangen und in die Welt gekommen; wieder verlasse ich die Welt und gehe zum Vater" (V. 28). Mit Ostern verstehen die Jünger, was für sie vorher rätselhaft und beunruhigend war. Johannes macht also hier auf den „grundlegenden Unterschied zwischen vorösterlichem Unverständnis und nachösterlichem Verstehen" (F. Porsch) aufmerksam. Hier oszilliert die Zeit, da Jesus noch bei ihnen ist, mit der nachösterlichen Zeit. Das wird im folgenden V. 29 ganz deutlich: „Da sagten seine Jünger: Siehe, *jetzt* redest du frei heraus und nicht mehr in Bildern. Jesus fragt kritisch zurück: „Glaubt ihr jetzt?" und konfrontiert sie mit der „Stunde" der Verfolgung, da sie auseinander laufen und ihn im Stich lassen. Aber in dieser menschlichen Einsamkeit und Verlassenheit ist der Vater bei ihm. Die Einheit und Verbundenheit zwischen beiden kommt in der Passion Jesu zur Vollendung.

All dies hat er ihnen gesagt, damit sie Frieden haben trotz der Bedrängnis, der sie in der „Welt" immer wieder ausgesetzt sind. In dieser Spannung zwischen Frieden und Bedrängnis sollen sie aus der Gewissheit leben, dass er die Welt besiegt hat. Die zweite Abschiedsrede schließt mit diesem verheißungsvollen Siegeswort.

Manche Exegeten sehen in dem Abschnitt Joh 16,4b-33 eine dritte Abschiedsrede.

KAPITEL17

Das Abschiedsgebet Jesu: Joh 17,1-26

17 1 Das sagte Jesus und erhob seine Augen zum Himmel und sprach:
Vater, gekommen ist die Stunde. Verherrliche deinen Sohn, damit der
Sohn dich verherrlicht, 2 wie du ihm Vollmacht gegeben hast über alles
Fleisch, dass er allen, die du ihm gegeben hast, ewiges Leben gebe! 3
Dies aber ist das ewige Leben, dass sie dich, den allein wahren Gott
erkennen, und den du gesandt hast, Jesus Christus. 4 Ich habe dich ver-
herrlicht auf der Erde und das Werk vollendet, das du mir gegeben hast,
damit ich es tue. 5 Und jetzt verherrliche du mich, Vater, bei dir mit der
Herrlichkeit, die ich bei dir hatte, ehe die Welt war!

6 Ich habe deinen Namen den Menschen geoffenbart, die du mir aus der
Welt gegeben hast. Dein waren sie, und mir hast du sie gegeben, und
sie haben dein Wort bewahrt. 7 Jetzt haben sie erkannt, dass alles, was
du mir gegeben hast, von dir ist; 8 denn die Worte, die du mir gegeben
hast, habe ich ihnen (weiter) gegeben, und sie haben sie angenommen
und wahrhaftig erkannt, dass ich von dir ausgegangen bin, und sie
haben geglaubt, dass du mich gesandt hast.
9 Ich bitte für sie; nicht für die Welt bitte ich, sondern für die, die du mir
gegeben hast, denn dein sind sie 10 – und alles, was mein ist, ist dein,
und was dein ist, mein – und ich bin in ihnen verherrlicht. 11 Und ich
bin nicht mehr in der Welt, und sie sind in der Welt, und ich komme zu
dir. Heiliger Vater! Bewahre sie in deinem Namen, den du mir gegeben
hast, damit sie eins seien wie wir! 12 Als ich bei ihnen war, bewahrte ich
sie in deinem Namen, den du mir gegeben hast; und ich habe sie be-
schützt, und keiner von ihnen ist verloren gegangen, außer dem Sohn
des Verderbens, damit die Schrift erfüllt werde. 13 Jetzt aber gehe ich
zu dir; und dies rede ich in der Welt, damit sie meine Freude in Fülle in
sich haben. 14 Ich habe ihnen dein Wort gegeben, und die Welt hat sie
gehasst, weil sie nicht aus der Welt sind, wie ich nicht aus der Welt bin.
15 Nicht bitte ich, dass du sie aus der Welt nimmst, sondern dass du sie
bewahrst vor dem Bösen. 16 Sie sind nicht aus der Welt, wie ich nicht
aus der Welt bin. 17 Heilige sie in der Wahrheit! Dein Wort ist Wahrheit.
18 Wie du mich in die Welt gesandt hast, habe auch ich sie in die Welt
gesandt; 19 und ich heilige mich für sie, damit auch sie geheiligt seien
in der Wahrheit.

[20] Aber nicht für sie allein bitte ich, sondern auch für die, die durch ihr Wort an mich glauben, [21] damit sie alle eins seien, wie du, Vater, in mir (bist) und ich in dir, damit auch sie in uns eins seien, damit die Welt glaube, dass du mich gesandt hast. [22] Und die Herrlichkeit, die du mir gegeben hast, habe ich ihnen gegeben, dass sie eins seien, wie wir eins sind [23] – ich in ihnen und du in mir – damit sie vollkommen eins seien, damit die Welt erkenne, dass du mich gesandt und sie geliebt hast, wie du mich geliebt hast. [24] Vater, ich will, dass die, die du mir gegeben hast, mit mir seien, wo ich bin, damit sie meine Herrlichkeit schauen, die du mir gegeben hast, weil du mich geliebt hast vor Grundlegung der Welt.

[25] Gerechter Vater! Die Welt hat dich nicht erkannt; ich aber habe dich erkannt, und sie haben erkannt, dass du mich gesandt hast. [26] Und ich habe ihnen deinen Namen kundgetan und werde ihn kundtun, damit die Liebe, mit der du mich geliebt hast, in ihnen sei und ich in ihnen.

Das Abschiedsgebet Jesu ist eine Art Zusammenfassung der johanneischen Offenbarungstheologie. In der Konzeption des Evangeliums muss es mit dem Prolog zusammen gesehen werden. Beide Abschnitte sind wie die Grundpfeiler einer Brücke. Der Prolog spricht von der Herkunft Jesu, das Abschiedsgebet von der Zukunft des Mensch-gewordenen Gottessohnes. Beides, seine Herkunft und seine Zukunft gehören wesenhaft zusammen: In seiner Herkunft von Gott liegt die einzigartige Autorität der Offenbarung begründet, in seiner Rückkehr zum Vater die Teilhabe der Seinen an dem göttlichen Leben, das durch ihn offenbart wurde. „In diesem Gebet wird deutlich, dass es in der Offenbarung letztlich ... um ein neues Leben, um die lebendige Gemeinschaft mit Jesus und mit dem Gott und Vater Jesu" geht (J. Blank). Dabei ist vor allem die zukünftige Situation der Gemeinde im Blick, ihre Bewahrung vor dem Bösen und ihre Heiligung in der Wahrheit (V. 15.17).

1. **Joh 17,1-5**: Nach den Abschiedsreden erhebt Jesus seine Augen zum Gebet: „Vater, gekommen ist die Stunde. Verherrliche Deinen Sohn, damit der Sohn dich verherrlicht." Von Anfang an hat Jesus auf den *kairós* dieser Stunde hin gelebt, auf die gegenseitige Verherrlichung, die durch sein Sterben am Kreuz zur Vollendung kommt. Sein Tod ist der Höhepunkt des Offenbarungs- und Heilsgeschehens. Hier offenbart sich Gottes Liebe zur Welt „bis zuletzt" (Joh 19,33f.). So steht im Mittelpunkt des gegenseitigen Verherrlichens der Mensch: Jesus soll allen das ewige Leben geben, d.h. sie sollen den einzig wahren Gott und seinen Gesandten Jesus *erkennen*. Nach biblischem Verständnis bedeutet

„erkennen" hier: sich in diese einzigartige Beziehung zwischen Vater und Sohn hinein nehmen zu lassen (vgl. Joh 17,24). Dass allein war das Ziel und der Auftrag Jesu, das „Werk", mit dem er den Vater auf Erden verherrlicht hat. So bittet Jesus um die Rückkehr in die Herrlichkeit beim Vater, an der er schon teilhatte „bevor die Welt war".

2. **Joh 17,6-19**: Jesus blickt noch einmal auf das „Werk" zurück, das er im Auftrag des Vaters vollbracht hat. Wie Gott einst dem Mose seinen Namen geoffenbart hat, so hat Jesus den Jüngern den Namen Gottes, sein Da-sein in seiner Person mitgeteilt (vgl. Joh 12,45; 14,9). Obwohl Gottes Liebe zur Welt alle Menschen umfasst (vgl. Joh 3,16) und Jesus die Vollmacht hatte, allen Menschen ewiges Leben zu geben (vgl. Joh 17,2) und er für das Leben der (ganzen) Welt sterben wird (vgl. Joh 6,51), hat doch nur ein Teil der Menschheit an ihn geglaubt, die Welt als Ganzes aber ihn „nicht erkannt" (vgl. Joh 1,10 ff.; 17,25). Die entscheidende Frucht seines Wirkens (vgl. Joh 12,24) liegt also darin, dass es Menschen gab (und immer wieder geben wird), die an Jesus als den Offenbarer und Gesandten des Vaters geglaubt haben und in seinem Wort geblieben sind. Im Bewahren und Festhalten am Wort Gottes konstituiert sich Jüngergemeinde. So bleibt sie in der Gemeinschaft mit Jesus und kann seine Sendung in der Welt fortsetzen (Joh 17,18).

Für sie bittet Jesus den Vater, damit sein Weggang auch für das Heil der Welt eine neue Chance eröffnet. Darum ist der Platz für die Jünger mitten in der Welt. Zentral ist dabei das Zeugnis der Einheit unter ihnen. Sie hat ihren Ursprung in der Einheit von Vater und Sohn und ist das eigentliche Ziel des Offenbarungswirkens Jesu. Solange er bei ihnen war, hat er sie in der Einheit bewahrt und keiner ist da heraus gefallen, „außer dem Sohn des Verderbens". Sein Weggang (Joh 13,30) hat die Einheit und Verbundenheit unter einander nicht gefährdet. Die Jünger dürfen aus der Fürbitte Jesu Trost und Zuversicht schöpfen. Seine Freude gibt ihnen die Kraft, sich in der aggressiven Welt des Unglaubens zu behaupten.

Die Anfeindungen können Formen annehmen, dass die Jüngergemeinde sich in ihrer Existenz bedroht sieht. Die Macht des Bösen zeigt sich vor allem durch Unglauben und Hass, Lüge und Gewalt. Deshalb bittet Jesus den Vater, dass er sie in ihrem göttlichen Ursprung bewahre. Solange sie sich durch Gottes Wort verwandeln („heiligen") lassen, kann sie nichts von ihm trennen, und sie können sein „Werk" in der

Welt fortsetzen. Diese Möglichkeit liegt letztlich darin begründet, dass Jesus sich für die Jünger „heiligt“, d.h. dass er in seiner Liebe „bis zuletzt“ sein Leben hingibt für das Leben der Welt (Joh 6,51). Die Sendung in die Welt (V. 18) kann also auch für die Jünger den Verlust des eignen Lebens bedeuten.

3. **Joh 17,20-24:** Mit V. 20 weitet Jesus sein Fürbitte auf alle kommenden Generationen von Glaubenden aus. Auch hier ist sein dringlichstes Anliegen die Einheit, „*damit* die Welt glaubt, dass du mich gesandt hast“ (V.21). Mit der Entstehung der christlichen Gemeinden war das Problem der Einheit immer akut. Es ging um den inneren Zusammenhalt, um die Einheit in der Lehre und um gemeinsame Formen in Leben und Liturgie. Nach Johannes hat die Einheit ihren Grund in der Einheit und Verbundenheit von Vater und Sohn. Sie ist somit zuerst Gabe und verdankt sich nicht menschlicher Leistung. „Sie ist zuerst eine geistliche Wirklichkeit, nicht eine institutionelle oder organisatorische Einheit, wenn sie darin auch ihren sichtbaren Ausdruck findet“ (F. Porsch). Wie die Sendung Jesu aus der Einheit mit dem Vater ihre Kraft und Dynamik entfaltet, so gewinnt das Zeugnis der Gemeinde seine Überzeugungskraft gegenüber der Welt aus der gelebten Einheit mit dem einen Gott und untereinander. Einheit ist nicht mit Einheitlichkeit zu verwechseln. Um als Jüngergemeinde fruchtbar zu sein, braucht es in ihr eine gute Spannung zwischen der Einheit als geistlicher Erfahrung von Zusammengehörigkeit *und* der Pluralität von Denkweisen, Ausdrucksformen individueller Frömmigkeit, liturgischer und pastoraler Praxis.

Wenn die Jünger seine Sendung fortsetzen, haben sie auch Teil an der Herrlichkeit, die in seinem Wirken, vor allem in seinen „Zeichen“, immer wieder aufgeleuchtet ist, d.h. in ihrem Zeugnis scheint das innerste Wesen Gottes auf, damit die Welt erkenne, dass Gott sie so liebt wie seinen eigenen Sohn. Diese Erfahrung von Herrlichkeit wird die Einheit der Jünger wiederum stärken.

Die Einheit und Verbundenheit der Jünger untereinander in der Einheit und Verbundenheit mit dem Vater und mit dem Sohn *und* das Schauen der Herrlichkeit – beides findet seine Vollendung, wenn sie dort angekommen sind, wo Jesus ist: in der Herrlichkeit des Vaters. Sie ist die Teilnahme an der Liebe, die seit Ewigkeit Vater und Sohn verbindet. Damit ist der Ursprung von Schöpfung und Erlösung wieder erreicht.

4. **Joh 17,25f.**: Die beiden Verse fassen noch einmal die wesentlichen Anliegen des Abschiedsgebetes zusammen. Jesus hat den Jüngern das Geheimnis Gottes erschlossen und wird damit fortfahren, damit die Liebe, mit der der Vater ihn geliebt hat, in ihnen sei und er in ihnen (V. 26). Diese Liebe ist der Ursprung und die Vollendung aller Offenbarung.

Jetzt beginnt für Jesus der Weg in die Passion, seine Rückkehr in die Herrlichkeit beim Vater.

Exkurs: Zum Verständnis der ICH-BIN-Worte

Die ICH-BIN-Worte kommen im Johannesevangelium 26 mal vor, davon sieben mit Bildwort:

1. Joh 6,35: ICH BIN das **Brot** des *Lebens*
2. Joh 8,12: ICH BIN das **Licht** der Welt
3. Joh 10,(7)9: ICH BIN die **Tür**
4. Joh 10,11.14: ICH BIN der **gute Hirt**
5. Joh 11,25: ICH BIN die **Auferstehung** und das *Leben*
6. Joh 14,6: ICH BIN der **Weg**, die **Wahrheit** und das *Leben*
7. Joh 15,1.5: ICH BIN der wahre **Weinstock**

Insgesamt also sieben ICH-BIN-Worte und neun Bildworte. Sie gehören zu den bekanntesten Worten des Johannesevangeliums. Das Bildwort vom „Leben" kommt dreimal vor. Es ist das zentrale Bild. Die verschiedenen Bildworte variieren das Thema „Leben" (Joh 10,10) und symbolisieren die Heilsbedeutung Jesu für uns Menschen mit einem Anspruch von absoluter Gültigkeit.

Auf dem Hintergrund der tiefen Verwurzelung des Johannesevangeliums in der alttestamentlich-jüdischen Tradition sind die ICH-BIN-Worte – wie die Auslegung gezeigt hat – „Instrumente einer polemisch ausgerichteten Christologie" (Chr. Dietzfelbinger). So hat z.B. nach Joh 6, 30-40 nicht Mose den Israeliten das Brot vom Himmel gegeben, sondern Gott selbst gibt *jetzt* das Brot, das in Wahrheit himmlischen Ursprungs ist: Jesus, der als Offenbarer Gottes *allein* den Hunger der Menschen nach sinnerfülltem Leben stillen kann. Gleiches gilt von den anderen ICH-BIN-Worten. Sie alle sind im Alten Testament und im Judentum vertraute Begriffe. Andererseits ist das Judentum zur Abfassungszeit des Evangeliums mit hellenistischem Geist und griechischer Sprache so durchdrungen, dass die ICH-BIN-Worte auch als polemische Abgrenzung gegenüber anderen Heilsbringern aus diesem Kulturraum zu verstehen sind. Die kleinen johanneischen Gemeinden mussten sich ja in Konkurrenz zum rabbinischen Judentum und zur hellenistischen Welt behaupten.

Die Bildworte sind meist archetypische Bilder, Ursymbole menschlicher Grunderfahrungen, die den Menschen bei seinen elementaren Nöten, Grundbedürfnissen und Sehnsüchten ansprechen, um ihm Orientierung, Sinn und Erfüllung zu geben. so steht z.B. schon in den ältesten schriftlichen Quellen der Völker Brot sehr oft für das, was der Mensch zum Leben braucht. Es wird immer zugleich als Gabe des Himmels und als Frucht der Erde und menschlicher Arbeit gesehen. Dieses Zugleich macht das Brot zur bevorzugten Opfergabe, die dem Menschen im Opfermahl zurück geschenkt wird – ihm zum Heil. Ist Brot in Fülle vorhanden, kann es auch Symbol des Friedens sein. Miteinander vom selben Brot essen, gilt als Zeichen des Vertrauens und der Freundschaft.

Zum symbolischen Kontext gehört auch, dass im Brot durch die damit verbundenen Prozesse des Säens, Wachsens, Mähens und Dreschens, des Mahlens, Backens und Essens das unaufhörliche Ineinandergreifen sich wandelnder Erscheinungen aufgezeigt ist. „Die Prozesse sind immer gleich einer Opferung (Hingabe, Loslassen), die erst Wandlung ermöglicht. Wenn die Samenkörner nicht zuerst in die Erde kommen (symbolisches Sterben), können keine Ähren wachsen; wenn diese nicht gemäht, geworfelt oder gedroschen werden und die Körner nicht gemahlen werden, gibt es kein Mehl. Wenn der Teig aus Mehl nicht gebacken wird, gibt es kein Brot. Und nur wenn wir das Brot brechen, zerkauen und verdauen, kann es uns Lebenskraft zuführen" (M. Lurker). Es sind also vier Sterbensprozesse, vier Wandlungsprozesse, vier neue Seinsformen.

Die jüdische Tradition bezeichnet die Tora als „Brot des Lebens" Dagegen offenbart sich Jesus mit dem Bild vom Brot des Lebens (Joh 6,35) als der, der allein den Hunger der Menschen nach Sinn und Erfüllung stillen kann. Nur wer zu ihm kommt, d.h. wer an ihn glaubt, wird Jesus als den geschichtlichen Ort der Lebenszuwendung Gottes erfahren.

Die ICH-BIN-Worte mit Bildwort haben im Prinzip alle dieselbe Struktur, besonders deutlich: Joh 6,35; 8,12; 11,25; 14,6, z.B. Joh 6,35:

- ICH-BIN das Brot des Lebens: **Selbstvorstellung: Offenbarung mit Heilsbedeutung**
- Wer zu mir kommt, wird nicht mehr hungern, wer an mich glaubt, wird nicht mehr dürsten: **Einladung mit Verheißung auf das Neue Leben hin**
- beinhaltet: **Ruf zur Entscheidung.**

Die ICH-BIN-Worte sagen in verdichteter Form aus, wer Jesus seinem Wesen nach ist und was er für uns Menschen bedeutet. Sie sind gleichsam der kompakteste Ausdruck der Selbstoffenbarung Jesu und verdeutlichen, dass es dabei um die Grundfrage nach „Welt" gestaltendem und überwindendem Leben geht. Diese Worte sind in besonderer Weise geeignet, die christologische Absicht des Evangelisten zur Geltung zu bringen.

Aufbau von Joh 18-20

A 18,1-28: Konfrontation im Garten, Verhör vor Hannas und die Verleugnung des Petrus

1. 18,1-3	Jesus, die Jünger und die Judasgruppe mit den Knechten des Hohenpriesters auf dem Weg zum Garten
2. 18,4-9	Konfrontation im Garten; Erfüllung der Schrift
3. 18,10-11	Jesus und Petrus; Verweis auf den Willen des Vaters
4. 18,12-14	**Jesus vor den Hohenpriester Hannas gebracht** Zitat des Hohenpriesters Kajaphas in prophetischer Eigenschaft
5. 18,15-18	Die *erste* Verleugnung des *Petrus*
6. 18,19-24	Verhör und Bekenntnis Jesu vor dem Hohenpriester (Frage nach den Jüngern und der Lehre Jesu)
7. 18,25-27	Die *zweite* und *dritte* Verleugnung des *Petrus*

B 18,28-19,16a: Verhör vor Pilatus

1. 18,28-32	Die Überstellung Jesu zu Pilatus (vom Hohenpriester) Hinweis auf die *Zeit* und das *Paschafest* *draußen:* Pilatus und die Juden
2. 18,33-38a	*drinnen:* Pilatus und Jesus
3.18,38b- 40	*draußen*: Pilatus und die Juden (Erwähnung des *Paschafestes,* aber im Munde des Pilatus)
4. 19,1-3	**drinnen: Pilatus und Jesus: Geißelung und Dornenkrönung**
5. 19,4-7	*draußen:* Pilatus, Jesus und die Juden
6. 19,8-12	*drinnen:* Pilatus und Jesus („Doch die Juden...“: V. 12)
7. 19,13-16a	*draußen:* Pilatus, Jesus und die Juden: Todesurteil? Hinweis auf die *Zeit* und das *Paschafest*

C 19,16b-42: Kreuzigung, Tod und Grablegung Jesus

1. 19,16b-18	Die Kreuzigung
2. 19,19-22	Der Titulus
3. 19,23-24	Die Verteilung der Kleider: (Erfüllung der Schrift)
4. 19,25 - 27	Das Vermächtnis Jesu (die Mutter Jesu und der Jünger, den Jesus liebte)
5. 19,28-30	Der Tod Jesu (Erfüllung der Schrift)

6. 19,31-37	Die Durchbohrung der Seite Jesu (doppeltes Schriftzitat)
7. 19,38-42	Die Grablegung Hinweis auf das *Paschafest!*

D 20,1-31: Osterberichte und Epilog

1. 20,1-2	Maria von Magdala am Grab. Sie informiert Petrus und den Jünger, den Jesus liebte
2. 20,3-10	Petrus und der Jünger, den Jesus liebte, am Grab (Verweis auf Schrift)
3. 20,11-18	Maria von Magdala am Grab erkennt Jesus
4. 20,19 - 23	**Die Jünger erkennen Jesus: Friede, Freude, Verleihung des Geistes**
5. 20,24-25	Tomas kommt nicht zum Glauben an Jesus
6. 20,26-29	Tomas kommt zum Glauben an Jesus
7. 20,30-31	Schlussbemerkung: durch Glauben das Leben haben

KAPITEL 18 UND 19

Die Konfrontation im Garten: Joh 18,1-11

18 [1] Als Jesus das gesagt hatte, ging er mit seinen Jüngern hinaus über den Bach Kidron, wo ein Garten war, in den er hineinging, er und seine Jünger. [2] Auch Judas, der ihn auslieferte, wusste den Ort, weil Jesus dort oft mit seinen Jüngern zusammen war. [3] Als nun Judas die Kohorte genommen hatte und von den Hohenpriestern und Pharisäern Diener, kommt er dahin mit Leuchten und Fackeln und Waffen.

[4] Jesus nun, der alles wusste, was über ihn kommen werde, ging hinaus und sagte zu ihnen: Wen sucht ihr? [5] Sie antworteten ihm: Jesus, den Nazoräer. Er sagt zu ihnen: ICH BIN (es). Es stand aber auch Judas, der ihn auslieferte, bei ihnen. [6] Als er nun zu ihnen sagte: ICH BIN (es), wichen sie zurück und fielen zu Boden. [7] Wieder fragte er sie: Wen sucht ihr? Sie aber sagten: Jesus, den Nazoräer. [8] Jesus antwortete: Ich habe euch gesagt, dass ich es bin. Wenn ihr nun mich sucht, so lasst diese gehen! [9] (Das geschah) damit das Wort erfüllt werde, das er gesagt hatte: Von denen, die du mir gegeben hast, habe ich keinen verloren.

[10] Simon Petrus nun, der ein Schwert hatte, zog es und schlug den Knecht des Hohenpriesters und hieb ihm das rechte Ohr ab. Der Name des Knechtes aber war Malchus. [11] Da sagte Jesus zu Petrus: Stecke das Schwert in die Scheide! Den Kelch, den mir der Vater gegeben hat, soll ich den nicht trinken?

1. **Joh 18,1-3**: Nach dem Abschiedsgebet geht Jesus mit seinen Jüngern „hinaus" auf die andere Seite des Kidron in einen *Garten* (vgl. Joh 19,41) am unteren Hang des Ölbergs. Auch Judas kennt den Ort und kommt mit einer bewaffneten Gruppe römischer Soldaten und Knechten der „Hohenpriester und Pharisäer" dorthin, um Jesus festzunehmen. Wörtlich heißt es im Text: Judas „nahm" die römische Kohorte und einige Diener von den Hohenpriestern, als wäre er der gemeinsame Befehlshaber dieser bewaffneten Truppe. Der Verräter scheint also in dieser Situation der Handelnde zu sein. In der Rolle des Judas deutet Johannes die dunkelste Möglichkeit der Jüngerschaft an. Für ihn ist der Verräter die Verkörperung der finsteren Mächte. Der Kontrast zwischen dem wehrlosen Jesus und der Übermacht seiner Widersacher ist groß. Doch das ungleiche Kräfteverhältnis wird sich umkehren. Anders als bei den

Synoptikern kommt es Johannes darauf an, die Hoheit und Souveränität Jesu hervorzuheben. Er stellt von Anfang an die Leidensgeschichte als Siegesgeschichte dar. Zwar kennt auch Johannes die Momente, die Jesus in seiner tiefen Menschlichkeit zeigen, seiner Angst vor dem Tod und seiner Not, sich in den Willen des Vaters hineinzubeten (vgl. Joh 12,27), aber davon ist hier nicht die Rede. Jesus ist in Wirklichkeit der Herr des Geschehens. Er bestimmt den Ort und die Umstände seiner Festnahme. Er „weiß alles", was ihm begegnen wird. In jeder Szene scheint aufs Neue seine innere Freiheit und unantastbare Würde auf.

2. Joh 18,4-9: Wie Jesus Judas vom Abschiedsmahl zum Verrat geschickt hat, so ergreift er jetzt die Initiative und tritt dem Verhaftungskommando mit der Frage entgegen: „Wen sucht ihr?" Auf ihre Antwort „Jesus, den Nazoräer" sagt er zu ihnen: „ICH BIN (es)". Vordergründig heißt das so viel wie: „Ich bin der, den ihr sucht!" Aber im vierten Evangelium hat das Wort einen besonderen Klang. Wer die vorausgehenden ICH-BIN-Worte im Ohr hat, merkt, dass die hier dreimal wiederholte Formel nicht ohne Absicht gewählt ist. Wenn Jesus die alttestamentliche Formel auf sich selbst bezieht, dann will er etwas von seinem göttlichen Geheimnis durchscheinen lassen. Und so versteht man die überraschende Wirkung, die das Wort auslöst.

Die Bewaffneten weichen zurück und stürzen wie gebannt zu Boden. Judas verliert augenblicklich seine Rolle und verschwindet ganz von der Bildfläche. Der Evangelist will auf diese Weise die Ohnmacht seiner Gegner veranschaulichen und Jesu „Unangreifbarkeit" demonstrieren. Sie beruht auf seiner Verbundenheit mit dem Vater. Auch wenn Jesus dem äußeren Anschein nach (Joh 7,24) der Macht seiner Feinde unterliegen wird, so zeigt diese Szene ein Gottesverhältnis, vor dem alle Macht von Menschen über Menschen zur Ohnmacht wird.

Noch ein zweites Mal fragt er seine „Bedränger und Feinde" (Ps 27,2): „Wen sucht ihr?", als wolle er sicher gehen, dass keine Verwechslung geschieht. Wie der gute Hirt denkt Jesus in diesem Augenblick der Bedrohung nur an seine Jünger, damit sie keinen Schaden nehmen (Joh 10,28). Das griechische Wort *apóllymi* ist auch Ausdruck für ein geistiges Unheil. Von daher scheint der Evangelist hier andeuten zu wollen, dass die Jünger zu diesem Zeitpunkt noch nicht reif waren für das Martyrium. Todesgefahr hätte sie überfordert.

3. **Joh 18,10 f.**: Der gewalttätige Widerstand des Petrus zeigt ihn als unverständigen Jünger und dient dazu, Jesu völlig andere Denkweise herauszustellen: „Den Kelch, den mir der Vater gegeben hat, soll ich den nicht trinken?" Diese Worte erinnern an das Gleichnis vom guten Hirten: „Der Vater liebt mich, weil ich mein Leben hingebe, um es wieder zu nehmen" (Joh 10,17). Für Jesus ist das Trinken des Leidenskelches der Weg, die Seinen, die in der Welt sind, zu lieben „bis zuletzt".

Von einer Flucht der Jünger wird nichts berichtet. Aber in den Abschiedsreden hatte er seinen Jüngern gesagt: „Siehe, es kommt die Stunde und sie ist schon da, dass ihr euch zerstreuen werdet, jeder in sein Haus und mich werdet ihr allein lassen. Aber ich bin nicht allein, denn der Vater ist mit mir" (Joh 17,32).

Das vierte Evangelium sieht in der Begegnung zwischen Jesus „mit seinen Jüngern" (dreimal) und der Judasgruppe die Konfrontation der zwei Mächte, den Kampf zwischen Licht und Finsternis. Man nennt das den „eschatologischen Dualismus" bei Johannes. Er kennt nur zwei Farben: schwarz und weiß, auch wenn die Wirklichkeit viele Schattierungen zulässt. Mit dieser Konfrontation, die sich in der Auseinandersetzung Jesu mit Petrus fortsetzt, führt Johannes in die Passion ein.

Das Verhör vor Hannas und die Verleugnung des Petrus: Joh 18,12-27

18 [12] Die Kohorte und der Hauptmann und die Diener der Juden nah-
men Jesus und banden ihn; [13] und sie führten ihn zuerst zu Hannas,
denn er war Schwiegervater des Kajaphas, der Hoherpriester jenes Jahr
war. [14] Es war aber Kajaphas, der den Juden geraten hatte, es sei nütz-
lich, dass ein Mensch für das Volk sterbe.
[15] Simon Petrus aber folgte Jesus (nach) und ein anderer Jünger.
Dieser Jünger aber war dem Hohenpriester bekannt und ging mit Jesus
hinein in den Hof des Hohenpriesters. [16] Petrus aber stand an der Tür
draußen. Da ging der andere Jünger, der dem Hohenpriester bekannt
war, hinaus und sprach mit der Türhüterin und führte Petrus hinein. [17]
Da sagt die Magd, die Türhüterin, zu Petrus: Bist nicht auch du (einer)
von den Jüngern dieses Menschen? Er sagt: Ich bin es nicht. [18] Es stan-
den aber die Knechte und die Diener da, die ein Kohlenfeuer gemacht
hatten, weil es kalt war, und wärmten sich; Es stand aber auch Petrus
bei ihnen und wärmte sich.

[19] Nun frage der Hohepriester Jesus über seine Jünger und über seine Lehre. [20] Jesus antwortete ihm: Ich habe öffentlich zu der Welt geredet; ich habe allezeit in der Synagoge und im Tempel gelehrt, wo alle Juden zusammenkommen, und im Verborgenen habe ich nichts geredet. [21] Was fragst du mich? Frage die, die gehört haben, was ich zu ihnen geredet habe; siehe, die wissen, was ich gesagt habe. [22] Als er aber das gesagt hatte, gab einer der Diener, der dabeistand, Jesus einen Schlag ins Gesicht und sagte: So antwortest du dem Hohenpriester? [23] Jesus antwortete ihm: Wenn ich schlecht geredet habe, so gib Zeugnis von dem Schlechten! Wenn ich aber recht geredet habe, was schlägst du mich? [24] Hannas sandte ihn dann gebunden zu Kajaphas, dem Hohenpriester.

[25] Simon Petrus aber stand da und wärmte sich. Da sagten sie zu ihm: Bist nicht auch du (einer) von seinen Jüngern? Er leugnete und sagte: Ich bin es nicht. [26] Es sagt einer von den Knechten des Hohenpriesters, der ein Verwandter dessen war, dem Petrus das Ohr abgehauen hatte: Sah ich dich nicht in dem Garten bei ihm? [27] Da leugnete Petrus wieder; und gleich darauf krähte der Hahn.

4. **Joh 18,12-14:** Jesus wird gefesselt zu dem einflussreichen, nicht mehr amtierenden Hohenpriester Hannas geführt, dem Schwiegervater des Kajaphas. Der betonte Rückverweis auf die verborgene Wahrheit im Wort des amtierenden Hohenpriesters Kajaphas (Joh 11,49.51) stellt noch einmal den entscheidenden Gesichtspunkt heraus, unter dem die Glaubenden das Geschehen der Passion sehen sollen: Jesu Tod wird sich für das ganze Volk zum Heil auswirken.

5. **Joh 18,15-18:** Petrus und „ein anderer Jünger" folgen dem in die Stadt zurückkehrenden Kommando bis in den Hof des Hohenpriesters. Wer mit dem „anderen" gemeint ist, bleibt rätselhaft. Beim Hineingehen fragt die Türhüterin Petrus nach seiner Jüngerschaft: „Bist du nicht auch einer von den Jüngern dieses Menschen?" Petrus verneint und gesellt sich zu den Knechten und Dienern, die um ein Kohlenfeuer herumstehen. Mit der Doppelung der Verben „stehen" und „sich wärmen" scheint Johannes die Nähe des Petrus zu den Feinden und Widersachern Jesu anzudeuten. Die Voraussage Jesu (Joh 13,38) hat schon begonnen, sich zu erfüllen. Petrus gerät gegen seinen Willen in eine immer größere Distanz zu seinem Herrn...

6. **Joh 18,19-24**: Vom Hohenpriester wird Jesus über seine Jünger und über seine Lehre befragt. Jesus übergeht die Frage nach seinen Jüngern und verweist auf seine öffentliche Lehrtätigkeit in Synagoge und Tempel. Im vierten Evangelium lehrt Jesus tatsächlich nur in der Synagoge von Kafarnaum (Joh 6,59) oder – meistens – im Tempel von Jerusalem (Joh 7,14.28; 8,20; 10,23). Hier offenbart er sich am zentralen Punkt des jüdischen Volkes auf dem Höhepunkt des liturgischen Jahres: beim Laubhüttenfest. Jedermann konnte sich ein Bild von seiner Lehre und seiner Person machen. Darüber hinaus gibt es jetzt nichts mehr zu sagen. Wer wie Hannas seinem Wort und an ihn selbst nicht glaubt, ist „nicht aus der Wahrheit".

Einer der beim Verhör anwesenden Knechte empört sich über Jesu selbstbewusstes Auftreten und schlägt ihm ins Gesicht. Jesus weist ihn klar und bestimmt zurecht. Seine Frage unterstreicht noch einmal seine Unschuld. Obwohl gefesselt, beherrscht Jesus die ganze Szene des Verhörs; nicht Hannas, sondern Jesus hat das letzte Wort. Hannas bricht seine Ermittlungen ab und schickt Jesus gefesselt zum Hohenpriester Kajaphas.

In der ganzen Szene vor Hannas klingt das Grundthema des vierten Evangeliums wieder an: die Spannung zwischen dem Angebot Jesu, das zu offenbaren, was er beim Vater gesehen und gehört hat (vgl. Joh 3,11 u. a.) und die Antwort der Menschen: ihre Weigerung, die Offenbarung von Jesus anzunehmen. Hannas und der Diener, der Jesus ohrfeigt, werden bei Johannes zu Symbolen für die „Juden", die Jesus und seine Lehre ablehnen.

7. **Joh 18,25-27**: Jesu souveräne Hoheit steht in starkem Kontrast zum Verhalten des Petrus. Mit knappen Strichen wird seine Verleugnung zu Ende geführt. Anders als bei Markus verleugnet Petrus hier nur sich selbst. Sein Scheitern ist die Folge eines verkehrten Nachfolgeverständnisses (vgl. Joh 13,36-38), das er mit seinem Schwerthieb (Joh 18,10) noch einmal unter Beweis gestellt hat. Der Hahnenschrei wird ohne Kommentar berichtet. Johannes sagt nicht, wie Petrus darauf reagiert. Der Leser und Hörer erkennt wieder, dass sich Jesu Wort (Joh 13,38) auf geheimnisvolle Weise erfüllt und Gottes Wille geschieht.

Der Kontrast zwischen Jesus und Petrus wird auch durch die literarische Struktur der Inklusion deutlich. Sie zeigt, dass Petrus zur selben Zeit versagt, als Jesus furchtlos vor dem Hohenpriester Hannas steht:

draußen: Petrus verleugnet (V. 17-18)
drinnen: Jesus erklärt sich vor Hannas (V. 19-24)
draußen: Petrus verleugnet (V. 25-27)

Von den Jüngern hören wir im weiteren Verlauf der Passion nichts mehr, außer von dem „Jünger, den Jesus liebte“ (Joh 19,26.35).

Der Prozess vor Pilatus: Joh 18,28-19,16a

18 [28] Sie führen nun Jesus von Kajaphas in das Prätorium; es war aber
frühmorgens. Und sie gingen nicht hinein in das Prätorium, damit sie
sich nicht verunreinigten, sondern das Pascha(mahl) essen konnten. [29]
Pilatus ging nun zu ihnen hinaus und sagte: Welche Anklage bringt
ihr gegen diesen Menschen vor? [30] Sie antworteten und sagten zu ihm:
Wenn dieser nicht ein Übeltäter wäre, hätten wir ihn dir nicht ausge-
liefert. [31] Da sagte Pilatus zu ihnen: Nehmt ihr ihn und richtet ihn nach
eurem Gesetz. Da sagten die Juden zu ihm: Es ist uns nicht erlaubt,
jemanden zu töten; (Das geschah) [32] damit das Wort Jesu erfüllt werde,
das er sprach, um anzudeuten, welches Todes er sterben sollte.

[33] Pilatus ging nun wieder hinein in das Prätorium und rief Jesus
und sagte zu ihm: Bist du der König der Juden? [34] Jesus antwortete:
Sagst du dies von dir selbst aus, oder haben dir andere von mir ge-
sagt? [35] Pilatus antwortete: Bin ich etwa ein Jude? Dein Volk und die
Hohenpriester haben dich mir ausgeliefert. Was hast du getan? [36] Jesus
antwortete: Mein Reich ist nicht von dieser Welt; wenn mein Reich von
dieser Welt wäre, hätten meine Diener gekämpft, damit ich den Juden
nicht ausgeliefert würde, jetzt aber ist mein Reich nicht von hier. [37] Da
sagte Pilatus zu ihm: So bist du also doch ein König? Jesus antwortete:
Du sagst es, dass ich ein König bin. Dazu bin ich geboren und in die
Welt gekommen, dass ich für die Wahrheit Zeugnis gebe. Jeder, der aus
der Wahrheit ist, hört meine Stimme. [38] Pilatus sagt zu ihm: Was ist
Wahrheit?

Und als er dies gesagt hatte, ging er wieder zu den Juden hinaus
und sagt zu ihnen: Ich finde keinerlei Schuld an ihm; [39] es ist aber ein
Brauch bei euch, dass ich euch am Pascha einen freilasse. Wollt ihr nun,
dass ich euch den König der Juden freilasse? [40] Da schrien sie wieder
alle und sagten: Nicht diesen, sondern den Barabbas! Barabbas aber
war ein Räuber.

19 [1] Da nahm nun Pilatus Jesus und ließ ihn geißeln. [2] Und die Sol-
daten flochten eine Krone aus Dornen und setzten sie auf sein Haupt

und warfen ihm ein Purpurgewand um; 3 und sie kamen zu ihm und
sagten: Heil dir, König der Juden! Und sie gaben ihm Schläge ins Ge-
sicht.
4 Und Pilatus ging wieder hinaus und sagt zu ihnen: Siehe, ich führe
ihn zu euch heraus, damit ihr wisst, dass ich keinerlei Schuld an ihm
finde. 5 Jesus ging nun hinaus und trug die Dornenkrone und das Pur-
purgewand. Und er (Pilatus) sagt zu ihnen: Siehe: der Mensch! 6 Als ihn
nun die Hohenpriester und die Diener sahen, schrien sie und sagten:
Kreuzige, kreuzige (ihn)! Pilatus sagt zu ihnen: Nehmt ihr ihn hin und
kreuzigt ihn! Denn ich finde keine Schuld an ihm. 7 Die Juden antwor-
teten ihm: Wir haben ein Gesetz, und nach dem Gesetz muss er sterben,
weil er sich selbst zu Gottes Sohn gemacht hat.
8 Als nun Pilatus dieses Wort hörte, fürchtete er sich (noch) mehr; 9
und er ging wieder hinein in das Prätorium und sagt zu Jesus: Woher
bist du? Jesus aber gab ihm keine Antwort. 10 Da sagt Pilatus zu ihm:
Redest du nicht mit mir? Weißt du nicht, dass ich Macht habe, dich frei-
zulassen, und Macht habe, dich zu kreuzigen? 11 Jesus antwortete: Du
hättest keinerlei Macht über mich, wenn sie dir nicht von oben gegeben
wäre; darum hat der, der mich dir ausgeliefert hat, größere Sünde.
12 Daraufhin suchte Pilatus ihn freizulassen. Die Juden aber schrien
und sagten: Wenn du diesen freilässt, bist du nicht der Freund des Kai-
sers; jeder, der sich selbst zum König macht, widersetzt sich dem Kaiser.
13 Als nun Pilatus diese Worte hörte, führte er Jesus hinaus und setzte
sich auf den Richterstuhl an einen Ort, der Lithostrotos (Steinpflaster)
heißt, auf hebräisch aber Gabbata. 14 Es war aber Rüsttag des Pascha
um die sechste Stunde. Und er sagt zu den Juden: Siehe: euer König!
15 Sie aber schrien: Weg, weg (mit ihm)! Kreuzige ihn! Pilatus sagt zu
ihnen: Euren König soll ich kreuzigen? Die Hohenpriester antworteten:
Wir haben keinen König außer dem Kaiser. 16 Da nun lieferte er ihn an
sie aus, damit er gekreuzigt werde.

Der Prozess vor Pilatus bildet von seiner literarischen Struktur und seinen theologischen Aussagen den dramatischen Höhepunkt des Passionsberichtes (Siehe den Überblick S. 186 und 187). Der Evangelist hat die Verhandlung vor dem römischen Präfekten in sieben Szenen gegliedert, wobei die Geißelung und Verspottung Jesu in der Mitte stehen. Pilatus wechselt von Szene zu Szene seinen Standort. Er geht zwischen den „Juden" *draußen* und Jesus *drinnen* hin und her. Dieser häufige Ortswechsel hat bei Johannes zugleich eine tiefere Bedeutung. Er ist Ausdruck für die innere Haltung des Prokurators. Die beiden Dialoge, die Pilatus mit Jesus führt (Joh 18,33-38a und Joh 19,8-12), sind die ausführlichsten Szenen des Prozesses (2. und korrespondierend 6. Szene). Johannes hat sie mit theologisch tiefer Hintergründigkeit formuliert.

„Die Juden" repräsentieren bei Johannes die „ungläubige Welt". Ihre Entscheidung gegenüber Jesus ist längst gefallen (Joh 11,53). Ihnen geht es vor allem darum, ihr Todesurteil über Jesus mit Hilfe der römischen Justiz zu vollstrecken. Sie sind die eigentlichen Betreiber des Prozesses.

In dieser dramatischen Szenenfolge ist Jesus der eigentlich Handelnde. Weder Pilatus noch die „Juden" können seinen Weg zum Vater verhindern.

1. **Joh 18,28-32:** „Die Juden" führen Jesus zum Prätorium, dem Amtssitz des römischen Präfekten. „Es war aber frühmorgens". Die Zeitangabe hat auch hier einen tieferen Sinn. Für die „Juden" hat der Tag der letzten Auseinandersetzung mit Jesus begonnen. Wenn es ihnen gelingt, für Jesus die Strafe der Kreuzigung zu erwirken, ist sein Ansehen und sein Einfluss ein für allemal ruiniert. Denn dann wäre er ein von Gott Verfluchter (Dtn 21,22f) und sein Anspruch widerlegt. Die Juden haben es eilig wegen des bevorstehenden Pascha-Hochfestes. Für Jesus beginnt der Tag seiner „Erhöhung" (Joh 12,33). Er geht „seiner Stunde" entgegen wie einer, dem der Vater „alles in die Hand gegeben hat". Hier verwendet Johannes die gleiche, wenn auch entgegengesetzte Bezeichnung wie beim Abschiedsmahl, als Judas hinausgeht, um Jesus zu verraten. Für ihn „war es Nacht", für Jesus ist es „frühmorgens".

Der ganze Abschnitt des Prozesses liegt zwischen zwei Zeitangaben, die eine Inklusion zu bilden scheinen. Am Anfang ist es „frühmorgens". Am Ende vor dem Aufbruch nach Golgotha war es „um die sechste Stunde" (Joh 19,14). Der Prozess dauert den ganzen Vormittag, die Zeit der steigenden Sonne. Die sechste Stunde war nach jüdischer Überlieferung auch die Zeit, da die liturgische Feier des Pascharituals begann.

Die „Juden", die Jesus vor Pilatus bringen, werden von diesem gezwungen, sich ihre politische Entrechtung offen einzugestehen, und dann müssen sie noch in aller Öffentlichkeit aussprechen, was sie im Geheimen beschlossen haben. Der Wortwechsel zwischen Pilatus und den „Juden" hat einen unterschwellig aggressiven Ton und offenbart die tiefe Verachtung und Feindseligkeit, mit der beide Seiten einander begegnen.

2. **Joh 18,33-38a:** Pilatus lässt die „Juden" draußen stehen und beginnt im Inneren des Prätoriums mit dem Verhör Jesu: „Bist du der König der Juden?" Jesus antwortet zunächst mit einer Gegenfrage, um sich von dem politischen Missverständnis abzugrenzen, das ihm in der Frage des Pilatus begegnet. Der römische Präfekt sucht nach dem strafbaren Tatbestand, der ein Todesurteil rechtfertigt. „Was hast du getan?"

Daraufhin offenbart Jesus seine eigene Königswürde. Sein Königtum stützt sich nicht auf die Mächte dieser Welt und ist nicht von ihrem Geist inspiriert. Es ist eine „Herrschaft" *in* dieser Welt, die sich aber anders als irdische Macht verwirklicht und ihre geistige Kraft von woanders her bezieht. Jesus sagt, wie das geschieht: „Dazu bin ich geboren und in die Welt gekommen, dass ich für die *Wahrheit* Zeugnis gebe". Wie Jesus *König* ist als Gottes Sohn, so ist die *Wahrheit*, die er als Gesandter des Vaters zu bezeugen hat, Gottes eigene Wirklichkeit (vgl. Joh 4,23 ff.; 8,26). Seine Sendung gilt von Anfang an der Bezeugung dieser Wahrheit, die Gott ist, und von der nur reden kann, der als der einzig geborene Sohn Gott selbst ist (Joh 1,18), „voller Gnade und Wahrheit". Damit tritt Jesus aus der Rolle des Angeklagten in die Rolle des Zeugen.

Dieses Bekenntnis bildet einen ersten Höhepunkt im Prozess und verdeutlicht noch einmal, wer hier in Wahrheit die Verhandlung führt. Das Wort Jesu an Pilatus: „Jeder, der aus der Wahrheit ist, hört meine Stimme" meint alle, die das Zeugnis Jesu, die Enthüllung seines Geheimnisses aufnehmen. „So wird Pilatus aus seiner Rolle als Richter in die Rolle des Menschen versetzt, der selbst gefragt wird, ob er aus Jesu Mund diese Wahrheit zu hören bereit ist." Doch Pilatus versteht nicht. Er ist nicht „aus der Wahrheit". Darum kann er Jesu Stimme nicht „hören". Seine abschließende Frage ist Ausdruck seines Unglaubens. „Er will Richter bleiben, nicht Jünger werden" (U. Wilckens).

3. **Joh 18,38b-40:** Pilatus geht wieder zu den „Juden" hinaus. Er hat die Überzeugung gewonnen, dass der Anspruch Jesu für die Herrschaft Roms keine Gefährdung darstellt und Jesus nicht schuldig ist im Sinne der Anklage. Eigentlich müsste er ihn freilassen. Um aber den „Juden" entgegenzukommen, macht er ihnen das Angebot, Jesus aufgrund der Paschaamnestie freizulassen. Damit hat Pilatus die Entscheidung über Jesus aus der Hand gegeben. Die „Juden" lehnen rundweg ab und wollen stattdessen einen politisch motivierten Gewaltverbrecher freibekommen. Vielleicht spüren sie deutlicher als der römische Präfekt,

dass die wehrlose Macht des Judenkönigs die politische Macht mit ihren Möglichkeiten radikal in Frage stellt und erschüttert. Trotz aller Gegensätzlichkeit besteht zwischen den „Juden" und Pilatus eine tiefe Gemeinsamkeit.

Vermutlich gehörte Barabbas zu der theokratisch gesinnten Widerstandsbewegung der Zeloten. Wenn die Vermutung zutrifft, dann wird die Gegenüberstellung von Jesus und Barabbas noch auffälliger: Der Zelot für einen falschen Messianismus wird dem wahren Messias vorgezogen. Der Gewaltlose, der für die Wahrheit Zeugnis gibt, muss dem Gewalttätigen weichen.

4. **Joh 19,1-3:** „Da nahm nun Pilatus Jesus und ließ ihn geißeln." Wie ein Gegenstand wird der Unschuldige vom obersten Gerichtsherrn „genommen" und zugerichtet. Pilatus unternimmt damit einen weiteren Versuch, Jesus freizulassen. Er will die „Juden" durch den Anblick des von der Folter gezeichneten Gefangenen davon abbringen, Jesus kreuzigen zu lassen. Die römischen Soldaten treiben dabei ihren Spott mit dem wehrlosen und gequälten Opfer. Sie improvisieren eine Inthronisations- und Huldigungsszene mit Jesus als Judenkönig. Dazu staffieren sie ihn mit königlichen Requisiten aus: eine Krone, geflochten aus Dornengestrüpp und ein purpurfarbenes Gewand, vermutlich ein Soldatenmantel. Dann geht das spöttische Treiben mit dem verkleideten Schmerzensmann erst richtig los. Sie stellen sich vor ihm auf und rufen: „Heil dir, König der Juden!" Und sie schlagen ihm ins Gesicht.
„Wie einer, vor dem man sein Gesicht verhüllt, ist er verachtet... Er wird misshandelt und niedergedrückt, aber er tut seinen Mund nicht auf. Durch Haft und Gericht wird er dahingerafft, doch wen kümmert sein Geschick?" (vgl. Jes 53,3.7.8)

Im Kontext der Johannes-Passion erscheint Jesu Königsanspruch vor den Augen der Welt als Einladung zum Spott. Nicht von ungefähr hat der Evangelist die Verhöhnungsszene in die Mitte der Verhandlung vor Pilatus gestellt. Im gedemütigten und gequälten Herrn scheint etwas von dem heilenden Geheimnis der menschlichen Passion auf, wie es das vierte Lied vom Gottesknecht (Jes 52,13-53,12) „besingt". Auf einer tieferen Ebene ist der König das Symbol für die Ganzheit und Integration eines Menschen. Niemand kann zu seiner Ganzheit wachsen, der sich dem Geheimnis der Passion verweigert.

5. **Joh 19,4-7:** Und wiederum geht Pilatus hinaus, diesmal, um der wartenden Menge Jesu Erscheinen anzukündigen: „Siehe: ich führe ihn zu euch heraus ...“ Er will die „Juden“ von der Harmlosigkeit Jesu überzeugen und ihre Anklage als gegenstandslos darstellen. Er präsentiert Jesus als Spottkönig mit den bedeutungstiefen Worten: „Siehe: (das ist) der Mensch!“ Im Munde des römischen Präfekten hat diese Aussage einen verächtlichen Klang. Er gibt den geschlagenen und verhöhnten Judenkönig der öffentlichen Lächerlichkeit preis. Damit gibt er den „Juden“ zu verstehen, dass sie sich selbst lächerlich machen, wenn sie auf ihrer Anklage beharren. Das „Ecce homo“ offenbart, was Menschsein in dem gnadenlosen Kräftespiel zwischen „Juden“ und Pilatus noch wert ist. Vielleicht hilft es, das Geheimnis dieser Szene tiefer zu erfassen, wenn ich versuche, diesen wehrlosen und zum Gespött aller freigegebenen Jesus zu betrachten. Welches Gottes„bild“ wird in diesem „Menschen“ transparent! In dieser Elendsgestalt den Sohn Gottes zu sehen, der hier im Abgrund menschlicher Passion und Schmach seine göttliche Sendung erfüllt, ist *die* Herausforderung des Glaubens.

Als die Hohenpriester und ihr Anhang den so Zugerichteten erblicken, schreien sie zum ersten Mal ihr „Kreuzige! Kreuzige!“ Ihr Schreien ist Ausdruck gnadenloser Wut und Entschlossenheit. Von nun an lassen sie nicht mehr mit sich reden. Die heftige Reaktion der „Juden“ scheint Pilatus zu irritieren. Mit so viel Widerstand hat er offenbar nicht gerechnet. Aus seinen Worten sprechen Ratlosigkeit und Ärger. Noch einmal erklärt er, dass nach seiner Auffassung Jesus unschuldig und ihre Anklage damit hinfällig ist. Daraufhin lassen die „Juden“ die politische Begründung ihrer Anklage fallen und berufen sich auf ihr Gesetz, die Tora des Mose. Sie machen so deutlich, dass es ihnen im Kern um eine religiöse Angelegenheit geht, für die Pilatus eigentlich nicht zuständig ist. Doch sie brauchen ihn, um Jesus endlich loszuwerden. Pilatus muss sich mit der neuen Anklagesituation erst auseinander setzen.

6. **Joh 19,8-12:** Als Pilatus das Wort „Sohn Gottes“ hört, fürchtet er sich noch mehr. Furcht vor den „Juden“ hatte den römischen Präfekten schon vorher ergriffen, als er sich scheute, Jesus freizulassen, wie es das Recht verlangt. Stattdessen hat er mit den fragwürdigen Mitteln der Pascha-amnestie und der Geißelung laviert – vergebens. Jetzt hat vermutlich das Wort „Gottes Sohn“ eine Furcht vor dem Numinosen in ihm

ausgelöst hat. Jedenfalls lässt er die Juden wieder „draußen" stehen und beginnt mit Jesus im Innern seines Amtssitzes ein weiteres Verhör. Pilatus will sich mehr Gewissheit über diesen rätselhaften Angeklagten verschaffen: „Woher bist du?" Seine Frage kommt nicht „aus der Wahrheit". Daher gibt Jesus ihm keine Antwort. Wie den ungläubigen „Juden" wird auch dem ungläubigen Richter jede weitere Auskunft verweigert.

Jesu Schweigen verärgert Pilatus, und er beginnt seine Autorität herauszukehren. Doch Jesus verweist ihn auf die Grenze aller staatlichen Macht. Sie ist ihm von einem anderen gegeben. Wer aber ist *der*, der Jesus an Pilatus ausgeliefert und deshalb eine „größere Sünde" hat als dieser? Nach johanneischem Verständnis ist dies wohl der im Verborgenen wirkende Satan (Joh 13,2.27), der sowohl Judas als auch die jüdischen Ankläger instrumentalisiert.

Dennoch kann Pilatus sich seiner Verantwortung nicht entziehen, ohne mitschuldig zu werden. Jesu Antwort scheint ihn sehr getroffen zu haben. Zum dritten Mal versucht er, ihn freizugeben. Doch die „Juden", die gleichsam von außen in den Gesprächsverlauf eindringen, greifen zum Äußersten. Nachdem ihre politische und ihre religiöse Anklage gescheitert ist, drohen sie damit, ihn beim Kaiser zu denunzieren und damit seine politische Zukunft zu gefährden. Erst in diesem Augenblick ist die Unschuld Jesu für Pilatus keine Alternative mehr. Er muss damit rechnen, dass die „Juden" ihre Drohung wahr machen.

7. Joh 19,13-16a: Pilatus führt Jesus hinaus und setzt sich auf den offiziellen Richterstuhl vor dem Prätorium. Im griechischen Text steht das Verb (*kathizo*), das sowohl „sich setzen" als auch „sich setzen lassen" bedeuten kann. Nimmt man die zweite Bedeutung an, so muss man übersetzen: Pilatus ließ Jesus hinausführen und ließ ihn sich auf den Richterstuhl setzen. Wenn Johannes diese Stelle so versteht, dass Jesus auf dem Richterstuhl Platz nimmt, dort, wo sonst der römische Prokurator seine Urteile fällt, dann kommt dieser letzten Szene eine erhöhte theologische Bedeutung zu. Der Evangelist nennt Ort, Tag und Stunde. Eine solche Erwähnung zeigt gewöhnlich die große Wichtigkeit des Augenblicks an.

Es fällt auf, dass Pilatus kein Todesurteil spricht. Er setzt sich oder Jesus auf den Richterstuhl und sagt zu den „Juden": „Siehe: (das ist) euer König!“ Seine Aussage hat einen verächtlichen Klang und soll die „Juden“ verletzen. Noch einmal sollen sie zu „ihrem König“ Stellung nehmen.

In der Sicht des Evangelisten stellt diese Szene möglicherweise den dramatischen Höhepunkt des ganzen Passionsberichtes dar: Die (feierliche) Proklamation des Königtums Jesu an die „Juden“ durch die höchste Autorität des Landes, den bevollmächtigten Repräsentanten des römischen Kaisers.

Die Entgegnung der „Juden“: Sie schreien: „Weg! Weg (mit ihm)! Kreuzige ihn!“ Das ist eine völlige Ablehnung *ihres* Königs. „Der von den Juden gedemütigte Pilatus zeigt jetzt, wo es ihm nicht schaden kann, seine Macht gegenüber den „Juden“, indem er sie demütigt, so sehr er kann“ (Chr. Dietzfelbinger): „Eurem König soll ich kreuzigen?“ Mit ihrer Antwort auf den Spott des römischen Präfekten geben sie auch ihre messianische Hoffnung preis: „Wir haben keinen König außer dem Kaiser.“

Während der ganzen Zeit schweigt Jesus. Der auf der historischen Ebene Verworfene ist auf der theologischen der Richter und König. Die Richtenden sind in Wirklichkeit die Gerichteten. In Gestalt der den Christus veurteilenden „Juden“ verurteilt die „Welt“ sich selbst.

Der Prozess vor Pilatus schließt mit den Worten: „Da lieferte er ihn an sie aus, damit er gekreuzigt werde.“

Im Verlauf des Prozesses ist offenbar geworden, welche Abgründe im Menschen sind. In Jesus scheint etwas Unzerstörbares, Würdevolles, von keiner irdischen Gewalt Erreichbares auf: das göttliche Bild vom Menschen. Im „armen und geschmähten“ (Ignatius von Loyola) König der Juden leuchtet die Verheißung auf, um derentwillen es möglich und verantwortbar ist, sich dem Geheimnis der Passion zu öffnen.

Das Zentrum des johanneischen Passionsberichts: der Prozeß vor Pilatus (Joh 18,28–19,16a)

A Prolog: Konfrontation im Garten (18,8–11)

B Verhör vor Hannas (18,22–27)

C: Prozeß vor Pilatus (18,28–19,16)

- a (außen) Pilatus und die Juden erste Konfrontation: Anklage (18,28–32)
- b (innen) Pilatus und Jesus Jesu Königtum (18,33–38)
- c (außen) Pilatus und die Juden zweite Konfrontation: Barrabas (18,38–40)
- d (?) Krönung und Huldigung (19,1–3)
  - a Pilatus läßt Jesus geißeln;
  - b Dornenkrönung und Purpurmantel;
  - *Huldigung*
  - b' Heil dem König der Juden;
  - a' Backenstreiche.
- c' (außen) Pilatus und die Juden dritte Konfrontation: „Ecce homo" (19,4–7)
- b' (innen) Pilatus und Jesus: Vollmacht des Pilatus (19,8–12)
- a' (außen) Pilatus und die Juden: Vierte Konfrontation: „Seht euren König" (19,13–16)

B' Golgota (19,16–37)

A' Grablegung in einem Garten (19,28–42)

Zwei konzentrische Kompositionen sind ineinandergeschoben: der Prozeß vor Pilatus ist im Gesamtbericht selber das zentrale Stück, das als solches nochmals sein eigenes Zentrum hat: die Krönung mit den Dornen und die Worte: „Heil, König der Juden" (de la Potterie).

Der Prozess vor Pilatus: Joh 18,28 – 19,16a

	Interaktion		*Inhalte: Themen und Motive*
draußen a	• Früh am Morgen: V. 28 Prätorium Jesus als *Objekt*: „übergeben" ***(paradídomi)*** (V. 30) Wortwechsel zwischen Pilatus und den Juden	18,18-32	Anklage auf Todesstrafe (Jesus als **Kapitalverbrecher**) Schrifterfüllung
drinnen b	Verhör durch Pilatus	18,33-38a	„**König** der Juden": **Königtum** Jesu (3x) **König**, um für die Wahrheit Zeugnis abzulegen Wahrheit (3x)
draußen c	Wortwechsel zwischen Pilatus und den Juden	18,38b-40	*Keine Schuld;* **„König der Juden"** Jesus und der **„Räuber"** Barrabas
drinnen d	Krönung und Huldigung: Geißelung und Verspottung Jesu: ***Jesus bleibt stumm*** Jesus als *Objekt*	19,1-3	„**König** der Juden"
draußen c'	Wortwechsel zwischen Pilatus und den Juden	19,4 –7	*Keine Schuld;* Seht, (das ist) *der Mensch!* Kreuzige (ihn) Kreuzige (ihn)! *Keine Schuld*; Anklage auf Todesstrafe: **Sohn Gottes** Lev 24,16 Schrifterfüllung
drinnen b'	Verhör durch Pilatus	19,8-12	Woher bist du? cf Joh 7,28; 8,42; 9,29.30.33 **Machtfrage** Versuch, Jesus frei zu lassen
draußen a'	Wortwechsel zwischen Pilatus und den Juden Jesus als *Objekt*: „übergeben" ***(paradídomi)*** 19,16 • Es war um die sechste Stunde: V.14 Lithóstrotos, Richterstuhl	19,13-16a	„**König** der Juden" (Euer König) Weg weg (mit ihm), kreuzige (ihn)! „**König** der Juden" (Euer König) Kein **König!**

Höhepunkt des Dramas:
Alle Personen sind anwesend: ***Jesus bleibt stumm***

Kreuzigung, Tod und Grablegung Jesu: Joh 19,16b–42

19 16b Sie nahmen also Jesus 17 und er trug sich selbst das Kreuz und
ging hinaus nach der so genannten Schädelstätte, die auf hebräisch
Golgatha heißt, 18 wo sie ihn kreuzigten, und zwei andere mit ihm, auf
dieser und auf jener Seite, Jesus aber in der Mitte.
19 Pilatus schrieb aber auch eine Aufschrift und setzte sie auf das
Kreuz. Es war aber geschrieben: Jesus, der Nazoräer, der König der Ju-
den. 20 Diese Aufschrift lasen nun viele von den Juden, denn die Stätte,
wo Jesus gekreuzigt wurde, war nahe bei der Stadt; und es war ge-
schrieben auf hebräisch, lateinisch und griechisch. 21 Die Hohenpriester
der Juden sagten nun zu Pilatus: Schreibe nicht: Der König der Juden,
sondern dass jener gesagt hat: Ich bin König der Juden! 22 Pilatus ant-
wortete: Was ich geschrieben habe, habe ich geschrieben.
23 Die Soldaten nun, als sie Jesus gekreuzigt hatten, nahmen seine
Kleider – und machten vier Teile (daraus), für einen jeden Soldaten
einen Teil – und den Leibrock. Der Leibrock aber war ohne Naht, von
oben an gewebt in einem Stück. 24 Da sprachen sie zueinander: Lasst
ihn uns nicht zerreißen, sondern darum losen, wem er gehören soll!
(Dies geschah) damit die Schrift erfüllt werde, die sagt: »Sie haben mei-
ne Kleider unter sich verteilt, und über mein Gewand haben sie das Los
geworfen.« Die Soldaten haben dies getan.
25 Es standen aber bei dem Kreuz Jesu seine Mutter und die Schwes-
ter seiner Mutter, Maria, die Frau des Klopas, und Maria Magdalena. 26
Als nun Jesus die Mutter sah und den Jünger, den er liebte, dabeiste-
hen, sagt er zu seiner Mutter: Frau, siehe: dein Sohn! 27 Dann sagt er zu
dem Jünger: Siehe: deine Mutter! Und von jener Stunde an nahm der
Jünger sie zu sich.
28 Danach, da Jesus wusste, dass alles schon vollbracht war, sagt er,
damit die Schrift erfüllt werde: Mich durstet! 29 Es stand da ein Gefäß
voll Essig. Sie legten nun einen Schwamm voller Essig um einen Ysop
und brachten ihn an seinen Mund. 30 Als nun Jesus den Essig genom-
men hatte, sagt er: Es ist vollbracht! Und er neigte das Haupt und
übergab den Geist.

31 Die Juden nun baten den Pilatus, damit die Leiber nicht am Sabbat
am Kreuz blieben, weil es Rüsttag war – denn der Tag jenes Sabbats
war groß – dass ihre Beine zerbrochen und sie abgenommen werden.
32 Da kamen die Soldaten und zerbrachen die Beine des ersten und des
anderen, der mit ihm gekreuzigt war. 33 Als sie aber zu Jesus kamen und

sahen, dass er schon gestorben war, brachen sie ihm die Beine nicht,
[34] sondern einer der Soldaten stieß mit einer Lanze in seine Seite, und
sogleich kam Blut und Wasser heraus. [35] Und der es gesehen hat, hat
es bezeugt, und sein Zeugnis ist wahr; und er weiß, dass er sagt, was
wahr ist, damit auch ihr glaubt. [36] Denn dies geschah, damit die Schrift
erfüllt werde: »Kein Knochen von ihm wird zerbrochen werden.« [37] Und
wieder sagt eine andere Schrift: »Sie werden auf den sehen, den sie
durchbohrt haben.«

[38] Danach aber bat den Pilatus Josef von Arimathäa, der ein Jünger
Jesu war, aber ein geheimer aus Furcht vor den Juden, dass er den Leib
Jesu abnehmen dürfe. Und Pilatus erlaubte es. Er kam nun und nahm
den Leib Jesu ab. [39] Es kam aber auch Nikodemus, der zuerst bei Nacht
zu ihm (Jesus) gekommen war, und brachte eine Mischung von Myrrhe
und Aloe, ungefähr hundert Pfund. [40] Sie nahmen nun den Leib Jesu
und banden ihn in Leinentücher mit den wohlriechenden Ölen, wie es
bei den Juden zu bestatten Sitte ist. [41] Es war aber an dem Ort, wo er
gekreuzigt wurde, ein Garten und in dem Garten ein neues Grab, in das
noch nie jemand gelegt worden war. [42] Dort nun legten sie Jesus wegen
des Rüsttags der Juden, weil das Grab nahe war.

1. **Joh 19,16b-18**: Die römischen Soldaten übernehmen Jesus und führen ihn zur Stadt hinaus. Der Evangelist betont, dass Jesus „sich selbst" das Kreuz nach Golgotha trägt – so wie es für Verurteilte üblich war. Mit der Formulierung „sich selbst" oder „für sich selbst" könnte er auch andeuten wollen, dass Jesus sein Kreuz nicht wie ein zum Tode Verurteilter auf sich nimmt, der gegen seinen Willen ein gewaltsames Schicksal erleidet, sondern als einer, der das Kreuz als Zeichen seiner inneren Freiheit und seines Triumphes trägt.

Der äußere Vorgang der Kreuzigung wird knapp geschildert. Johannes verzichtet auf Einzelheiten dieser äußerst grausamen und qualvollen Hinrichtung. Wie nebenbei erwähnt er, dass mit Jesus noch zwei andere gekreuzigt werden. Ihm ist aber wichtig, dass Jesus „in der Mitte" zwischen den beiden hängt. Mit großem Einfühlungsvermögen konzentriert der Evangelist alles Geschehen auf Jesus und zeigt hier jene hohe Kunst indirekter Andeutung, die dem Leser und Hörer Raum lässt, sich für die „geheimnisvolle Seite" des Erzählten zu öffnen. Jesu Kreuz in der Mitte ist ein Hinweis auf seine königliche Würde. Jetzt kann er alle zu sich ziehen (Joh 12,32).

2. **Joh 19,19–22:** Das Königsmotiv klingt weiter, und die Kreuzesaufschrift (der Titulus) wird noch einmal zum Streitpunkt zwischen Pilatus und den „Juden". Vermutlich verfolgte Pilatus mit der Kreuzesaufschrift die Absicht, die „Juden" mit ihrer Messiashoffnung und in ihrem Selbstbewusstsein zu verhöhnen. Ihren Protest weist er schroff ab. Damit können sie ihm nicht mehr gefährlich werden. Es sieht so aus, als kämen die beiden Kontrahenten auch nach der Hinrichtung von diesem geheimnisvollen Judenkönig nicht los. Was immer Pilatus mit dieser Kreuzaufschrift für Absichten gehabt haben mag, er wird unfreiwillig zum wahren Ausleger des Kreuzesgeschehens. Johannes erwähnt noch, dass „viele Juden" die Aufschrift lesen, und ergänzt, dass sie in Hebräisch, Römisch und Griechisch abgefasst ist. Griechisch ist die Umgangs- und Handelssprache, Latein die Amtssprache. Vor der gesamten Weltöffentlichkeit wird also der Gekreuzigte zum „König" proklamiert. Nun gehört Jesus der ganzen Menschheit. Jeder, der an ihn glaubt, hat in ihm das ewige Leben (Joh 3,15).

3. **Joh 19,23–24:** Danach berichtet Johannes, dass die Soldaten des Hinrichtungskommandos Jesu Kleider unter sich teilen und über den ungenähten Leibrock das Los werfen. Die Soldaten handeln genauso, wie es dem Psalmvers (Ps 22,19) entspricht. Der Gekreuzigte ist nun schutzlos der Witterung und den Blicken der Neugierigen ausgesetzt.

Dem Evangelisten geht es hier um die Erfüllung der Schrift. Er will deutlich machen, dass selbst in diesem Detail des Leidens Jesu der Wille des Vaters sich verwirklicht. Den ersten Christen wurde das Geheimnis der Passion Jesu überhaupt erst durch die Schrift zugänglich. Hier fanden sie die Deutungshilfen, um das Unfassbare verstehen, in Worte fassen und weitergeben zu können.

4. **Joh 19,25–27:** Unter dem Kreuz Jesu stehen seine Mutter und die Frauen. Wie zu Beginn seines öffentlichen Wirkens (Joh 2,1–12) ist die Mutter Jesu auch bei seinem Ende gegenwärtig. Beide Male wird sie mit „Frau" angeredet, und hier wie dort spricht der Evangelist von der „Stunde" Jesu. Die Mutter Jesu ist *die* Frau (*gyne*), Urbild der Menschen, die nach dem neuen Leben dürsten, und zugleich Mutter des neuen Gottesvolkes – geboren aus Wasser und Geist (Joh 3,5). Um was sie bei der Hochzeit zu Kana gebeten hat, wird ihr jetzt gegeben in der „Stunde", da Jesu Sendung zu den Seinen sich erfüllt. Die Größe seines ers-

ten Zeichens offenbart die Größe seiner Herrlichkeit, die sich in seiner Kreuzigung beim Hinübergehen zum Vater vollendet.

Bei dem Kreuz steht auch der Jünger, den Jesus liebte. Er ist der Vertraute Jesu, dem er offenbart, wer sich seiner „Erniedrigung" versagt (Joh 13,23-26). Dieser Jünger *durch*-schaut die Leere im Grab (Joh 20,8) und erkennt den Auferstandenen (Joh 21,7). Er ist der einzige Zeuge, der „gesehen hat" (Joh 19,35a), der glaubwürdige Zeuge der Jesustradition (Joh 19,35; 21,24). Dieser Jünger soll „bleiben", bis der Herr kommt (Joh 21,22). Als Jünger, der mit Jesus ähnlich vertraut ist wie seine Mutter, symbolisiert er ungebrochene Nähe und Treue zum Herrn. An ihm wird sichtbar, was Jüngersein bedeutet. Johannes stellt ihn hier dem Jünger gegenüber, der in der Passion versagt: Petrus (Joh 18,15-18).

Vom Kreuz herab wendet Jesus sich an die Beiden und spricht zu ihnen wie in einer letztwilligen Verfügung. Seine Worte bedeuten, dass Mutter und Sohn nun Bild der Kirche sind, die aus der „Stunde" hervorgeht, da Jesus - von der Erde erhöht - *alle* zu sich zieht (Joh 12,32). So vollendet Jesus das Werk, das der Vater ihm aufgetragen hat (Joh 17,4). Sein Tod ist die Voraussetzung für das Entstehen der Jüngergemeinde in der Welt. Von dieser Stunde an nimmt der Jünger *die* „Frau" auf, die Jesu Mutter war. Sie wird ihm anver-*traut*, seiner Nähe und Treue zum Herrn.

5. **Joh 19,28-30:** Jesus „weiß", dass nun alles vollendet (vollbracht) ist. Gleich dreimal kommt das Wort „vollenden" in diesem kurzen Abschnitt vor. Was noch bleibt, löst Jesus ein. Er geht wissend und willentlich in den Tod. Er verlangt danach, allen das neue Leben zu geben: „Mich dürstet!" Die Soldaten missverstehen freilich dieses Wort Jesu und bringen so den Psalm 69,22 auch noch zur Erfüllung.

Der Ysop erinnert an Ex 12,22f., wo in der Nacht des Aufbruchs aus Ägypten die Israeliten mit einem Ysopbüschel das Blut des Paschalammes auf ihre Türpfosten und den Türsturz gestrichen haben, um sich beim Vorübergang des Herrn zu schützen. Das kann ein Hinweis auf Jesus als das wahre Osterlamm sein, durch dessen Blut „die Sünde der Welt", d.h. die tödliche Verschlossenheit der Menschen im Unglauben, weggenommen wird (vgl. Joh 21,29.36).

Nun ist alles vollbracht, da alles „verloren" scheint. Jetzt kann der zum Vater heimkehrende Jesus seinen Jüngern den Geist geben, den er ihnen für die Stunde seiner Erhöhung verheißen hat. „Er neigte das Haupt und übergab den Geist." In der Sicht des Johannesevangeliums fällt also die Gabe des Geistes zusammen mit der „Stunde", da sich die geschichtliche Sendung Jesu vollendet und seine Aufgabe „vollbracht" ist (vgl. Joh 7,39).

6. **Joh 19,31-37:** Die „Juden" bitten Pilatus, für die Gekreuzigten auf Golgotha das „Zerbrechen der Knochen" (crurifragium) anzuordnen, um ihren Tod zu beschleunigen. Die Leichen sollen das Land nicht verunreinigen, zumal der Sabbat und das Hochfest des Pascha bevorstehen. Die Forderung der „Juden" entspricht dem Gesetz: „Wenn jemand ein Verbrechen begangen hat, auf das die Todesstrafe steht, wenn er hingerichtet wird und du den Toten an einen Pfahl hängst, dann soll die Leiche nicht über Nacht am Pfahl hängen bleiben, sondern du sollst ihn noch am gleichen Tag begraben; denn ein Gehenkter ist ein von Gott Verfluchter. Du sollst das Land nicht unrein werden lassen, das der Herr, dein Gott, dir als Erbbesitz gibt" (Dtn 21,22f.). Daraufhin kommen Soldaten und zerschlagen mit eiserner Keule die Beinknochen der beiden Mitgekreuzigten. Als sie zu Jesus herantreten, sehen sie, dass er schon tot ist. Damit deutet der Evangelist an, dass er Jesu Ende (Joh 19,30) als stillen und unbemerkten Tod sieht. Um sicher zu gehen, stößt einer der Soldaten mit einer Lanze in seine Seite und sogleich kommt Blut und Wasser heraus. Diese Bemerkung unterstreicht zunächst die Realität des Todes Jesu. Doch das ist nicht alles, was Johannes hier mitteilen will. Er lässt gern im vordergründig Erzählten einen tieferen Sinn aufscheinen. Blut und Wasser aus der geöffneten Seite sind Bild für das Leben, das Jesus nach seinem Tod entströmt: *Blut* – Symbol seines Lebens, das er im Gehorsam zur Vollendung gebracht (Joh 4,34), und *Wasser*, Symbol des Geistes, in dem wir teilhaben an seinem Leben.

Der Blick auf den Gekreuzigten, das Schauen auf sein Innerstes, auf das Geheimnis der ganzen Passion, ist die Einladung des Jüngers, den Jesus liebte, damit auch wir sehen, was er gesehen hat und so zum Glauben kommen. Er ist stiller und selbstverständlicher Zeuge des ganzen Geschehens, der letzte, der bei Jesu Sterben zugegen war.

Die feierliche Bezeugung wird noch durch zwei Schriftstellen ergänzt, die dem glaubend Schauenden die tiefere Bedeutung der Durchbohrung Jesu erschließen sollen.

Mit dem ersten Zitat aus den Vorschriften für die Schlachtung des Paschalammes (Ex 12,46) zeigt der Evangelist eine Beziehung zwischen dem durchbohrten Jesus und dem Paschalamm auf. Nach Johannes stirbt Jesus um die Zeit, da im Tempel die Paschalämmer geschlachtet werden. Glaubendes Schauen sieht in dem Durchbohrten das Lamm Gottes (Joh 1,29.36), das herausführt aus allem, was unser Leben sinnlos macht: Verlorenheit (Joh 3,16), Finsternis (Joh 8,12), Sünde (Joh 8,24.32ff.), Todverfallenheit (Joh 8,51) und Weglosigkeit (Joh 14,6). Glaubendes Schauen sieht in dem Durchbohrten den Menschensohn, der erhöht werden musste, damit jeder, der glaubt, in ihm das neue Leben hat (vgl. Joh 3,14f.).

Das zweite Schriftwort (Sach 2,10) erinnert daran, dass nun alle auf den schauen müssen, den sie durchbohrt haben – zu ihrem Heil oder zu ihrem Unheil. Wer an ihm *vorbei*-sieht, bleibt im Tod.

So dienen die Soldaten, die Jesus mit der Lanze durchbohren, noch einmal Gottes verborgenen Absichten. Noch über den Tod hinaus herrscht Jesus vom Kreuz herab – wie es in der Karfreitagsliturgie heißt: *Regnavit dominus a ligno.* Die beiden Schriftstellen sind der Schlüssel zum Verständnis dieser Vorgänge.

7. **Joh 19,38-42**: Joseph von Arimathäa, der im Johannesevangelium nur an dieser Stelle vorkommt, erbittet von Pilatus die Freigabe des Leichnams Jesu. Johannes bezeichnet Joseph als geheimen Jesus-Jünger „aus Furcht vor den Juden". Von dieser Menschenfurcht ist jetzt, nach der „Stunde" Jesu, nichts zu spüren. Auch Nikodemus, der Jesus einmal „bei Nacht" aufgesucht hatte, kommt nun bei Tag mit einer Überfülle Spezereien zur Hinrichtungsstätte, um ein großzügiges Begräbnis „nach jüdischer Sitte" zu ermöglichen. Die große Menge von Myrrhe (wohlriechende Harzmischung) und Aloe (wohlriechende Holzmischung) ist ein Zeichen seiner Verehrung für Jesus (den königlichen Gottessohn). Das neue „Gartengrab", in dem die beiden Männer den Leichnam bestatten, ist ein weiteres Zeichen der Verehrung. Bis zuletzt steht Jesus unter dem Schutz des Vaters.

KAPITEL 20

Die Osterereignisse am Grab: Joh 20,1-18

20 1 Am ersten Tag der Woche kommt Maria Magdalena in der Frühe,
als es noch dunkel (finster) war, zum Grab und sieht den Stein vom
Grab weggenommen. 2 Da läuft sie und kommt zu Simon Petrus und
zu dem anderen Jünger, den Jesus liebte, und sagt zu ihnen: Sie haben
den Herrn weggenommen aus dem Grab, und wir wissen nicht, wo sie
ihn hingelegt haben.

3 Da ging Petrus heraus und der andere Jünger, und sie gingen zum
Grab. 4 Es liefen aber die beiden zusammen, und der andere Jünger lief
voraus, schneller als Petrus, und kam zuerst zum Grab; 5 und als er sich
vornüber bückt, sieht er die Leinentücher daliegen; doch ging er nicht
hinein. 6 Es kommt nun Simon Petrus, der ihm folgte, und ging hinein
in das Grab und sieht die Leinentücher daliegen 7 und das Schweiß-
tuch, das auf seinem Haupt war, lag nicht zwischen den Leinentüchern,
sondern war für sich zusammengewickelt an einem eigenen Ort. 8 Dann
ging nun auch der andere Jünger hinein, der zuerst zum Grab gekom-
men war, und er sah und glaubte. 9 Denn noch nicht verstanden sie die
Schrift, dass er aus den Toten auferstehen musste. 10 Dann gingen die
Jünger wieder nach Haus.

11 Maria aber stand draußen beim Grab und weinte. Als sie nun
weinte, bückte sie sich vornüber ins Grab 12 und sieht zwei Engel in
weißen Gewändern dasitzen, einen beim Haupt und einen bei den Fü-
ßen, wo der Leib Jesu gelegen hatte. 13 Und sie sagen zu ihr: Frau, was
weinst du? Sie sagt zu ihnen: Weil sie meinen Herrn weggenommen
und ich nicht weiß, wo sie ihn hingelegt haben. 14 Als sie dies gesagt
hatte, wandte sie sich zurück und sieht Jesus dastehen; und sie wusste
nicht, dass es Jesus war. 15 Jesus sagt zu ihr: Frau, was weinst du? Wen
suchst du? Sie, in der Meinung, es sei der Gärtner, sagt zu ihm: Herr,
wenn du ihn weggetragen hast, sag mir, wo du ihn hingelegt hast! Und
ich werde ihn wegholen. 16 Jesus sagt zu ihr: Maria! Sie wendet sich um
und sagt zu ihm auf hebräisch: Rabbuni! das heißt Lehrer. 17 Jesus sagt
zu ihr: Halte mich nicht fest! Denn noch bin ich nicht aufgestiegen zum
Vater. Geh aber hin zu meinen Brüdern und sag ihnen: Ich steige auf
zu meinem Vater und zu eurem Vater und zu meinem Gott und eurem
Gott! 18 Maria Magdalena geht und verkündet den Jüngern: Ich habe
den Herrn gesehen und dies habe er zu ihr gesagt.

1. **Joh 20,1f.**: Am ersten Wochentag war Maria von Magdala „in der Frühe, als es noch dunkel (*skotía*) war", zum Grab gekommen. Die Dunkelheit, in der sie sich allein auf den Weg gemacht hat, ist wie ein Bild ihrer seelischen Verfassung. Wer einmal die Trennung von einem geliebten Menschen durchlitten und die ganze Tragik eines solchen Verlustes an sich erfahren hat, mag die Trauer und Verwirrung, die Finsternis des Herzens mit empfinden, in der Maria am Ostermorgen unterwegs ist. In der „Nacht" des Karfreitags hat sie den aus den Augen verloren, den ihre Seele liebt (vgl. Hld 3,1-3). Maria ist wie gebannt von Trauer und Schmerz im Gedenken an den, der nicht mehr ist. Ihr Blick irrt zurück – dorthin, wo sie ihn begraben haben. Ihre Schritte werden dorthin gezogen, wo alles für sie zu Ende ging. Sie sucht den Leichnam Jesu, um in der Erinnerung festzuhalten, was ihr für immer genommen ist. Maria sucht im Toten den einmal Lebendigen. „Wer in der Finsternis ist, weiß nicht, wohin er geht" (Joh 12,35).

Als Maria sieht, dass der Stein vom Grabeingang entfernt ist, läuft sie zu Simon Petrus und dem anderen Jünger, den Jesus liebte. In ihrer „Dunkelheit" deutet sie das Gesehene und sagt den beiden Jüngern: „Sie haben den Herrn weggenommen aus dem Grab, und wir wissen nicht, wohin sie ihn gelegt haben..."

In Maria Magdalena können sich die Menschen wieder finden, die einmal von der Liebe zu Jesus ergriffen wurden und ihn dann in der „Nacht", durch die Macht von Lüge und Gewalt, aus dem Blick verloren haben.

2. **Joh 20,3-10**: Die beiden Jünger brechen sofort auf, „gehen heraus" (*exérchomai*) und laufen gemeinsam zum Grab. Vielleicht will Johannes mit dem „Herausgehen" andeuten, dass die zwei als erste den hoffnungsleeren „Ort" verlassen, an dem die Jünger sich selbst gefangen halten. Auf jeden Fall löst die Nachricht vom leeren Grab eine erste, noch unsichere Bewegung aus. Die breite Umständlichkeit, mit der im Folgenden der „Wettlauf" geschildert wird, lässt darauf schließen, dass der Evangelist damit etwas Besonderes sagen will. Der „andere Jünger" läuft schneller als Petrus und kommt als erster zum Grab, geht aber nicht hinein. Er beugt sich vor und sieht in der Grabkammer die Leinentücher liegen. Er wartet, bis Petrus kommt, und lässt ihn als ersten hineingehen. Petrus sieht sich dort genau um und entdeckt, dass das Schweißtuch, mit dem man das Haupt Jesu bedeckt hatte, an einer be-

sonderen Stelle zusammengebunden liegt; alles sieht ordentlich aus, sodass ein Raub oder ein hastiges Verlegen des Leichnams ausgeschlossen scheint. Dann geht auch der „andere Jünger“ in die Grabhöhle hinein. Er *durchschaut* die Leere und Ordnung des Grabes und findet als erster zum Glauben an den Auferstandenen.

Der Evangelist erläutert dazu: „Denn sie hatten die Schrift noch nicht verstanden, dass er (Jesus) von den Toten auferstehen müsse“(V. 9). Mit dieser Bemerkung hebt er den Glauben des Lieblingsjüngers hervor, der das Zeichen des leeren Grabes schon deuten konnte, ohne dass ihm ein Schriftzeugnis zur Verfügung stand, das ihm die Bedeutung seiner Entdeckung entschlüsselt hätte.

Sein „Sehen und Glauben“ ist der Höhepunkt dieser Grabesgeschichte. Es scheint, als wolle der Evangelist dem „Jünger, den Jesus liebte“, eine Bedeutung geben, die der des Petrus zwar nicht überlegen ist, ihr aber auch nicht nachsteht. Das wird auch durch Joh 21,2 bestätigt, wo derselbe Jünger, als er den überreichen Fischfang sieht, zu Petrus sagt: „Es ist der Herr!“ Dieser Jünger kann offenbar unter den Erfahrungen von Leere und Fülle die Spuren und Zeichen des Auferstandenen erkennen.

Im Verlauf der Erzählung ist eine Steigerung zu beobachten. Zuerst sieht (*blépein*) Maria nur den Stein vom Grab entfernt. Dann sieht (*blépein*) der „andere Jünger“ beim Hineinschauen ins Grab die Leinentücher liegen. Schließlich geht Petrus in das Grab hinein und sieht (theorein) neben den Leinentüchern das Schweißtuch an einer besonderen Stelle liegen. Erst dann geht der andere Jünger ins Grab. Er sieht (*ideín*) und glaubt. Die drei unterschiedlichen Verben für „sehen“ deuten auf eine Entwicklung vom Sehen mit den Augen des Leibes (*blépein* = erblicken) über das Sehen mit den Augen des Herzens (*theorein* = schauen) zum Sehen mit den Augen des Glaubens (*ideín* = glauben) hin. Der Jünger, den Jesus liebte, kommt allein durch das Sehen des leeren Grabes, allein auf Grund der radikalen Abwesenheit Jesu, zum Osterglauben. Er glaubt an die Erhöhung und Verherrlichung Jesu noch bevor der Auferstandene vor Thomas und den anderen Jüngern die seligpreist, die nicht sehen und doch glauben (Joh 20,28). Erzählt wird also hier und im ganzen Kapitel 20 die Entstehung des Osterglaubens.

Mit der Bemerkung (V. 9) erklärt der Evangelist auch das Schweigen des Petrus, der eines Schriftzeugnisses bedurft hätte. Die frühe Kirche hat wie das älteste Glaubensbekenntnis (1 Kor 15,4) und die Begegnung der Emmausjünger mit dem Auferstandenen bezeugen, die Kenntnis der Heiligen Schrift als notwendige Voraussetzung für den Osterglauben betrachtet. Doch gibt der Evangelist mit seinem Kommentar zu verstehen, dass es nicht die Schrift an sich ist, die den Osterglauben hervorbringt, sondern einerseits die Erfahrung des leeren Graben und andererseits die *Erfahrung* der Erscheinungen des Auferstandenen. Die Oster*erfahrung* ist eine neue *Erfahrung*, von der her die Schrift neu verstanden wird.

Es scheint also verschiedene Wege zum österlichen Glauben zu geben. Dazu braucht es in der Kirche eine „Bewegungsfreiheit", die den persönlichen Glaubensweg des Einzelnen, auch sein unterschiedliches „Tempo", respektiert und ermöglicht. Die Ostererzählungen des Johannes-Evangeliums wollen auch die unterschiedlichen Zugänge zum Glauben an den Auferstandenen veranschaulichen und sie in ihrer Eigenart gelten lassen. „Der Jünger, den Jesus liebte", ist der Repräsentant der nachösterlichen Kirche, die an Jesus glaubt, ohne ihn zu sehen, jedoch in diesem Glauben durch das Zeugnis der Schrift bestärkt wird.

„Da gingen die Jünger wieder nach Haus." Es fällt auf, dass in dieser Ostererzählung keine Gefühle geschildert werden. Weder Erschrecken noch Erstaunen, weder Freude noch sonst irgendein Wort wird von den beiden heimkehrenden Jüngern überliefert. Das Schweigen des Lieblingsjüngers führt nicht zur Verkündigung der Osterbotschaft. Es hat wohl eine theologische Bedeutung: Nur der Auferstandene selbst kann bewirken, dass der Osterglaube in den Herzen der Menschen geweckt wird. Darum geht es in der folgenden Erscheinung.

3. **Joh 20,11-18:** Maria ist in den Garten bei Golgotha zurückgekehrt. Sie steht vor dem geöffneten Grab und weint. Ihr Schmerz und ihre Trauer machen sie blind für alle Zeichen und Worte, die sie aus ihrer Trostlosigkeit befreien wollen. Sie scheint die beiden Engel nicht als Boten Gottes zu erkennen. Ganz in Beschlag genommen von dem Verlust „ihres Herrn" und der Ungewissheit seines Verbleibs, erschrickt sie nicht einmal vor ihnen.

Erst als Maria sich umdreht (*straphein*) – vom Grab weg – sieht sie Jesus dastehen, aber sie kann ihn noch nicht erkennen. Ihr Jesus*bild* und die damit verbundene Trauer verstellen ihr den Blick. Genau daraufhin spricht der Auferstandene sie an und fragt sie: „Frau, was weinst du? *Wen suchst du?*" Maria ist namenlos geworden wie jemand, der mit dem „Geliebten" auch seine Identität verloren hat. Sie kann den noch nicht lassen, der nur noch in ihrer Erinnerung lebt. So ist sie unfähig, Jesus als Auferstandenen überhaupt wahrzunehmen. Der Jesus, der vor ihr steht, ist an keinem Ort zu finden, wo man ihn sich „holen" kann.

Die Frage Jesu „Wen suchst du?" ist die gleiche, die er zu Anfang an die beiden Jünger des Johannes gerichtet hat (Joh 1,32). Die wollten wissen, wo er „bleibt". Maria weiß nicht mehr, wo seine „Bleibe" ist, und in dieser Verfassung kann sie nicht Jüngerin sein.

Der Auferstandene ruft sie heraus aus der Namenlosigkeit ihres Schattendaseins. Er ruft sie bei ihrem unverwechselbaren Namen: „Maria!" Es ist die Stimme des guten Hirten, der die Seinen kennt – jeden Einzelnen bei seinem Namen (vgl. Joh 10,2f.). Die Stimme des guten Hirten dringt durch das von Schmerz und Trauer taube Herz. Im Hören ihres eigenen Namens erkennt Maria sich wieder. Sie wendet sich um (*straphein*) und erkennt, den ihre Seele liebt: „Rabbuni!" In dieser „Umkehr" des Herzens wird ihre Trauer aufgehoben in die Freude eines neuen Anfangs. Maria von Magdala gehört zu den Seinen, von denen Jesus in den Abschiedsreden sagt: „Amen, amen, ich sage euch: Ihr werdet weinen und klagen, die Welt aber wird sich freuen; Ihr werdet trauern, aber eure Trauer wird sich in Freude verwandeln" (Joh 16,20).

Ihr Glück sucht nach Ausdruck wie im Hohenlied: „Ich fasste ihn und ließ ihn nicht mehr los" (Hld 3,4). Maria will ihn berühren, umfassen, festhalten. Sie will ihren geliebten Herrn nicht mehr verlieren. Doch im selben Augenblick macht sie die Erfahrung, dass der Auferstandene sich menschlichem Be*greifen* und Fest*halten* entzieht. Man kann sich seiner nicht mehr in gewohnter Weise vergewissern: „Halte mich nicht fest, denn noch ich bin nicht aufgestiegen zum Vater. Geh zu meinen Brüdern und sage ihnen: Ich steige auf zu meinem Vater und zu eurem Vater, zu meinem Gott und zu eurem Gott". Marias „Umkehr" zum Auferstandenen bedarf noch einer weiteren „Wendung". Sie soll zu seinen Brüdern gehen und sie daran erinnern, dass Jesus noch unterwegs ist, ihnen eine Wohnung („Bleibe") zu bereiten (vgl. Joh 14,1-3). Von ihr, die nicht aufgehört hat, ihn zu lieben, von ihr sollen sie hören, dass der Auferstandene nicht aufhört, sie dort zu beheimaten, wo er zu Hause ist.

Zum ersten Mal werden an dieser Stelle im Johannes-Evangelium die Jünger als „Brüder" des Herrn bezeichnet. Die Erhöhung und Verherrlichung Jesu bedeutet eine grundlegende Veränderung der Beziehung zwischen Jesus und den Seinen. Sie haben von jetzt an Zugang zu dem durch Jesus geoffenbarten Gott. Die Offenbarung ist an ihr Ziel gekommen. Das neue Verhältnis zu Gott ist die eigentliche Osterbotschaft des Johannes-Evangeliums.

Im Befolgen seines österlichen Auftrags wandelt sich Marias menschliche Nähe zum irdischen Herrn zur geistlichen Nähe mit dem Auferstandenen in der Gemeinschaft der Brüder – eine Nähe, die ihr niemand nehmen kann. Vor allen anderen hat Jesus sie zur „Apostolin der Apostel" (Hippolyt von Rom) bestellt. So wird auch das „Weinen und Klagen" der Brüder sich in österliche Freude verwandeln, wenn sie damit beginnen, ihre Trauer und ihren Schmerz im Licht der Ostererfahrung Maria Magdalenas zu sehen.

Die Erscheinungen des Auferstandenen vor seinen Jüngern: Joh 20,19-29

20 19 Als es nun Abend war an jenem Tag, dem ersten der Woche, und
die Türen, wo die Jünger waren, aus Furcht vor den Juden verschlossen
waren, kam Jesus und trat in die Mitte und sagt zu ihnen: Friede euch!
20 Und als er dies gesagt hatte, zeigte er ihnen die Hände und die Seite.
Da freuten sich die Jünger, als sie den Herrn sahen. 21 Jesus sagte nun
wieder zu ihnen: Friede euch! Wie mich der Vater gesandt hat, so sende
ich euch. 22 Und als er dies gesagt hatte, hauchte er sie an und sagt zu
ihnen: Empfangt Heiligen Geist! 23 Wenn ihr jemandem die Sünden
vergebt, dem sind sie vergeben, wenn ihr sie jemandem behaltet, dem
sind sie behalten.

24 Thomas aber, einer von den Zwölf, genannt Zwilling, war nicht
bei ihnen, als Jesus kam. 25 Da sagten die anderen Jünger zu ihm: Wir
haben den Herrn gesehen. Er aber sagte zu ihnen: Wenn ich nicht in
seinen Händen das Mal der Nägel sehe und meine Finger in das Mal der
Nägel lege und meine Hand in seine Seite lege, werde ich nicht glau-
ben. 26 Und nach acht Tagen waren seine Jünger wieder drinnen und
Thomas bei ihnen. Da kommt Jesus, als die Türen verschlossen waren,
und trat in die Mitte und sagte: Friede euch! 27 Dann sagt er zu Tho-
mas: Bring deinen Finger her und sieh meine Hände, und bring deine
Hand her und lege sie in meine Seite, und sei nicht ungläubig, sondern
gläubig! 28 Thomas antwortete und sagte zu ihm: Mein Herr und mein
Gott! 29 Jesus sagt zu ihm: Weil du mich gesehen hast, hast du geglaubt.
Selig, die nicht sehen und doch glauben!

Wie die drei Szenen am Ostermorgen (Joh 20,1-18) miteinander verwoben sind, so gehören auch die beiden Erscheinungen des Auferstandenen vor seinen Jüngern eng zusammen.

4. **Joh 20,19-23:** Am Abend jenes ersten Wochentages sind die Jünger beisammen – irgendwo hinter verschlossenen Türen. Dieser namenlose Ort ist wie ein Gleichnis für die Atmosphäre von Angst und Verschlossenheit, in die sie durch die „Abwesenheit" Jesu geraten sind. Alles, was ihrem Leben Sinn und Erfüllung gab, haben sie verloren. Sie gleichen Menschen, die vom Strom des Lebens abgeschnitten sind.

Hier wird jene Erfahrung der Jüngergemeinde angesprochen, der sie seit dem Tod Jesu „in der Welt" immer wieder ausgesetzt ist, und mit der sie sich immer wieder neu auseinandersetzen muss. Anfechtung und Verfolgung, Trauer und Klage, Angst und Verwirrung gehören zu ihrem „In-der-Welt-sein". Besonders erschwert wird ihre Situation durch die Freude der ungläubigen Welt (vgl. zu Joh 16,16-24).

Aber es gibt keine von Menschen verschlossenen Türen, keine noch so hoffnungsleeren Räume, die den Auferstandenen daran hindern können, zu den Seinen zu kommen. Plötzlich ist er mitten unter ihnen. Er spricht die Sprachlosen an und zeigt ihnen seine Hände und seine Seite: Friede sei mit euch! Die Jünger sehen den Lebenden mit den Wunden des Todes, die Spuren des Todes als Zeichen des Lebens. Sie sehen im Durchbohrten den tödlichen Konflikt, aus dem sein Friede erwachsen ist, in der geöffneten Seite die Quelle des Geistes, der lebendig macht. Die Wundmale werden zum Erweis für seine Identität. Nun erfüllt sich Jesu Wort: „Ich lasse euch nicht als Waisen zurück, sondern komme (wieder) zu euch. Noch kurze Zeit – und die Welt sieht mich nicht mehr, ihr aber seht mich, weil ich lebe, und auch ihr werdet leben" (Joh 14,18f). Er lässt sie teilhaben an seinem Frieden aus der Einheit und Gemeinschaft mit dem Vater (Joh 14,20).

Da freuten sich die Jünger, als sie den Herrn sahen. Wie Trauer und Schmerz von Maria wichen, als der Herr sie bei ihrem Namen rief, so wandelt sich unter seinem Wort ihre Angst in Freude, ihre Verschlossenheit in die Weite seiner Sendung (vgl. Joh 17,18). Nun kennen sie den Weg (vgl. Joh 14,4): „Wie mich der Vater gesandt hat, so sende ich euch!"

Die Schritte heraus aus Unglauben, aus der Angst vor Konflikten, die tödliche Wunden hinterlassen, gehen über ihre Kräfte. Der Weg aus der

Verschlossenheit des Herzens in die „offene Welt" ihrer Berufung übersteigt die Möglichkeiten der Jünger. Dazu muss einer wie zu neuem Leben erweckt werden (vgl. Ez 37,9). Darum haucht (*enephýsäsen*) der Auferstandene die eben noch Leblosen mit seinem Lebensodem an. Wie er ihre Sendung in seiner Sendung durch den Vater verankert, so gibt er den Jüngern Anteil an seinem Leben: „Empfanget Heiligen Geist!" Sie sollen hingehen und Frucht bringen, eine Frucht, die bleibt (vgl. Joh 15,16). Sie sollen den von Jesus erwirkten Frieden an die ganze Welt weitergeben. Das können sie nur, wenn sie sich wie Weizenkörner einwurzeln in die Erde menschlicher Schicksale – wie Jesus es getan. Das wird ihnen nur möglich, wenn sie in der Kraft des Geistes Lüge und Gewalt nicht nur aufdecken, sondern auch vergeben. Die Vollmacht, Sünden zu vergeben, gehört ganz wesentlich zu ihrer Sendung. Die Scheidung, die sich vor Ostern Jesus gegenüber vollzieht, bewirken nach Ostern die Jünger aufgrund des Geistes, den Jesus ihnen seit dieser Stunde verliehen hat. Das Verweigern der Sündenvergebung entspricht dem Verharren im Unglauben (U. Wilckens). Die Gabe des Geistes wird das Antlitz der Erde erneuern (vgl. Ps 104,30).

Die *Sendung* der Jünger, die *Geistgabe* und die *Vollmacht zur Sündenvergebung* lässt sie teilhaben an der Weltüberlegenheit Jesu (Joh 16,33), inmitten von Gefährdung und Diffamierung die Macht des Bösen über die Menschen zu brechen, „damit sie das Leben haben und es in Fülle haben" (Joh 10,10). Sie bedeutet aber auch uneingeschränkte Schicksalsgemeinschaft mit ihm (Joh 15,18-21).

5. **Joh 20,24f.**: Einer von den Zwölfen hat den Herrn noch nicht gesehen. Er kann den Worten seiner Brüder keinen Glauben schenken. Die Tatsachen, wie Thomas sie kennt, haben auch sein Herz verschlossen. Die Eindeutigkeit seiner Erfahrungen fordert seinen Widerstand heraus: Er will sehen. Er will anfassen. Er will sich vergewissern.

Die anderen lassen ihm seine Fragen und lassen ihm Zeit. Sie schließen ihn nicht aus und geben so dem Zweifel Raum in ihrer Mitte – bis ihm vom Auferstandenen die Augen seines Herzens geöffnet werden.

6. **Joh 20,26-29**: Jesus kommt wieder bei verschlossenen Türen und gibt sich durch seinen Frieden zu erkennen. Dann nimmt er Thomas beim Wort (V. 25) und fordert ihn auf, seine Hände und seine Seite zu berühren. Thomas soll sich von den durchbohrten Händen Jesu und seinem durchbohrten Herzen anrühren lassen. Der Herr will ihm ein

neues Herz schenken und einen neuen Geist in ihn hineinlegen (vgl. Ez 36,26). Er will ihm die Kraft des Glaubens geben, die nicht in der Unerschütterlichkeit der Überzeugung besteht, sondern in der Fähigkeit, auch die Zweifel, die Unklarheiten zu ertragen, die Last des Geheimnisses auszuhalten und die Hoffnung zu bewahren. Der Auferstandene gibt mehr, als Thomas verlangt. Überwältigt bekennt er anbetend, zu wem sein Herz unterwegs geblieben ist: „Mein Herr und mein Gott!"

Aus dem Mund des großen Zweiflers hört die Kirche das tiefste Bekenntnis ihres österlichen Glaubens. 'Doch auch jetzt hört für Thomas der Glaube nicht auf, ein Weg zu sein. Er muss immer wieder die Last seiner Zweifel und seine Versuchung zur Skepsis tragen. Zur Glaubensgewissheit kommt er dort, wo er in der Begegnung mit den Wunden dieser Welt Gott begegnet. Dort kann er erneut den Auferstandenen „sehen" (Tomáš Halík).

Der V. 29a „weil du mich gesehen hast", scheint darauf hinzudeuten, dass Thomas die Wunden Jesu nicht berührt hat, um sich von der Existenz des gekreuzigten und auferstandenen Herrn zu überzeugen. Es sieht also, was die anderen gesehen haben. Der österliche Glaube braucht keine empirische Vergewisserung. Der von Wundmalen gezeichnete und auferstandene Herr ist nicht mehr mit Händen zu greifen, sondern nur im Glauben zu fassen.

Thomas, der den Auferstandenen sah, öffnet uns das Tor, uns, die wir nicht gesehen haben: wir können dem Herrn begegnen in den Wunden dieser Welt, indem wir unseren Blick nicht von ihnen abwenden, uns von ihnen berühren lassen und glauben, dass sie nicht die letzte Wirklichkeit des Menschen sind.

Das Glaubensbekenntnis des Thomas ist Abschluss und Höhepunkt des Weges, den Johannes mit seinem Evangelium hat aufzeigen wollen. Glücklich zu preisen sind nun alle, die zum Glauben an den Auferstandenen finden durch das Wort der Zeugen, die ihn „gesehen" und sich von ihm haben ergreifen lassen. Selig aber auch, die zweifeln können und unterwegs bleiben im Schatten ihrer durchkreuzten Hoffnungen – bis sie dem Auferstandenen begegnen und wie Thomas bekennen: Mein Herr und mein Gott.

Johannes führt den Leser und Hörer mit seinen Ostererzählungen aus der Dunkelheit des Herzens in das Licht des österlichen Glaubens. Es ist oft ein weiter Weg von der Angst zur Freude, von der Verschlossenheit zur Weite, vom Zweifel zum Frieden, vom Bekenntnis zur Anbetung.

Erster Schluss der Johannesevangeliums: Joh 20,30-31

20,[30] Viele andere Zeichen hat Jesus vor den Jüngern getan, die nicht in diesem Buch aufgeschrieben sind. [31] Diese aber sind aufgeschrieben, damit ihr glaubt, dass Jesus der Messias (Christus) ist, der Sohn Gottes, und damit ihr durch den Glauben das Leben habt in seinem Namen.

Aus dem Schlusswort des Evangelisten erfahren wir, dass er aus einer weitaus umfangreicheren Jesusüberlieferung die „Zeichen" ausgewählt hat, die ihm besonders geeignet schienen, den Glauben an Jesus, den Christus, Gottes Sohn, zu bezeugen. Mit den „Zeichen" scheint hier alles gemeint zu sein, was Jesus auf seinem Weg „bis zuletzt", „bis zur Vollendung" gewirkt hat. Das ganze Evangelium ist eine Einladung zum Glauben und damit zur Teilhabe an der Lebensfülle des erhöhten Menschensohnes (Joh 3,14-16).

Anders als bei der Rückschau auf die sieben „Zeichen" im Blick auf die „Juden" (Joh 12,37-43) in der ersten Hälfte des Evangeliums gibt Johannes hier am Ende eine positive Bilanz der Zeichen im Blick auf die Glaubenden. Selig gepriesen werden alle, die aufgrund des „geschriebenen" Zeugnisses glauben, ohne den Auferstandenen zu sehen.

Diese Zeichen sind aufgeschrieben, um die Christen der johanneischen Gemeinden in ihrem Glauben an „Jesus Christus, den Sohn Gottes" zu bestärken und sie zu ermutigen, ihn öffentlich zu bekennen, auch wenn das ihre soziale Stellung oder gar ihr Leben bedroht (vgl. u.a. Joh 9,22.34; 12,42f.; 15,18-27). Diese Zielsetzung gewinnt heute erneute Aktualität. Im gelebten und bezeugten Glauben an „Jesus Christus, den Sohn Gottes", den vom Vater gesandten Offenbarer, haben sie das von ihm verheißene Leben (Joh 10,10) – Fülle inmitten aller inneren Anfechtung und äußeren Bedrängnis.

In Joh 1-20 ging es primär darum zu bezeugen, wer Jesus ist. Der Epilog 21 verfolgt nun die Absicht, den vorliegenden Text des Evangeliums fortzuschreiben und auf die neue Situation der Gemeinden zwischen Auferstehung und Wiederkunft Jesu zu deuten. In der Sendung und im (eucharistischen) Mahl, im Hirtenamt des Petrus und im Zeugnis des „Jüngers, den Jesus liebte", d.h. in dem von ihm verfassten Evangelium, hat die Gemeinde alles, was sie zwischen den Zeiten braucht, um in der Nachfolge Jesu treu zu bleiben (J. Beutler).

Es fällt auf, dass Joh 21 stark durch die Beziehung zwischen Petrus und dem „Jünger, den Jesus liebte", bestimmt wird. Vielleicht will Johannes damit andeuten, dass sich für die johanneischen Gemeinden in Petrus der Zugang zur universalen Kirche öffnet und im „Jünger, den Jesus liebte“, als dem autorisierten Zeugen und Garanten der authentischen Jesusoffenbarung, gleichsam dieser Schatz für die Gesamtkirche zugänglich wird.

KAPITEL 21

Der Auferstandene am See von Tiberias: Joh 21,1-14

21,1 Danach offenbarte Jesus sich wieder den Jüngern am See von Tiberias. Er offenbarte sich aber so: [2] Es waren beisammen Simon Petrus und Thomas, genannt Zwilling, und Nathanael, der von Kana in Galiläa war, und die Söhne des Zebedäus und zwei andere von seinen Jüngern. Simon Petrus sagt zu ihnen: [3] Ich gehe fischen. Sie sagen zu ihm: Auch wir gehen mit dir. Sie gingen hinaus und stiegen in das Boot; und in jener Nacht fingen sie nichts. [4] Als aber schon der frühe Morgen anbrach, stand Jesus am Ufer; doch wussten die Jünger nicht, dass es Jesus war. [5] Jesus sagt nun zu ihnen: Kindlein, habt ihr nicht etwas zu essen? Sie antworteten ihm: Nein.

[6] Er aber sagt zu ihnen: Werft das Netz auf der rechten Seite des Bootes aus! Und ihr werdet (etwas) finden. Da warfen sie es aus und konnten es nicht mehr ziehen wegen der Menge der Fische. [7] Da sagt jener Jünger, den Jesus liebte, zu Petrus: Es ist der Herr! Simon Petrus nun, als er hörte, dass es der Herr sei, gürtete das Obergewand um – denn er war nackt – und warf sich in den See. [8] Die anderen Jünger aber kamen in dem Boot – denn sie waren nicht weit vom Land, sondern (nur) etwa zweihundert Ellen – und sie zogen das Netz mit den Fischen nach.

[9] Als sie nun ans Land stiegen, sehen sie ein Kohlenfeuer am Boden und Fisch darauf liegen und Brot. [10] Jesus sagt zu ihnen: Bringt von den Fischen, die ihr jetzt gefangen habt! [11] Da ging Simon Petrus hin und zog das Netz an Land voll großer Fische, hundertdreiundfünfzig; und obwohl es so viele waren, zerriss das Netz nicht. [12] Jesus sagt zu ihnen: Kommt her und esst! Keiner aber von den Jüngern wagte ihn zu fragen: Wer bist du? Denn sie wussten, dass es der Herr war. [13] Jesus kommt und nimmt das Brot und gibt es ihnen und ebenso den Fisch. [14] Dies ist schon das dritte Mal, dass Jesus sich den Jüngern offenbarte, nachdem er aus den Toten auferweckt war.

1. **Joh 21,1-5**: Gleich zu Beginn der Erzählung wird auf die besondere Art aufmerksam gemacht, in der Jesus den Jüngern erscheint. Der Leser soll darauf achten, *wie* der Auferstandene sich den Seinen „danach“ zu erkennen gibt, *wie* sie vom Sehen und Erleben ihrer Alltagswirklichkeit

zum Sehen und Erleben des Auferstandenen kommen. Offenbar ist es dem Evangelisten wichtig, nachzutragen, auf welche Weise das Geheimnis der Auferstehung sich uns in der Gegenwart neu zu erschließen vermag, während alles Wesentliche bereits geschehen und erzählt ist (Joh 20,30f). Die Art, wie der Auferstandene hier zum „dritten Mal" erscheint, ist als Einladung zu verstehen, sich selbst in dieser Erzählung zu entdecken und sich für die Begegnung mit dem Auferstandenen zu öffnen.

Eine Gruppe von sieben Jüngern ist beisammen, von denen fünf mit Namen genannt werden. Die Söhne des Zebedäus werden nur an dieser Stelle erwähnt. Die Zahl „sieben" kann symbolisch als von Gott verfügte Fülle verstanden werden und meint dann die Jünger bzw. die Gemeinschaft der Glaubenden insgesamt und die ihnen verheißene Fülle des Neuen Lebens (vgl. Joh 10,10). Der Fischfang wäre dann ein Bild für die Sendung der Kirche, Menschen für das Neue Leben zu gewinnen.

Alle Jünger folgen dem Wunsch des Petrus und gehen hinaus in die Nacht auf den See zum „Fischen". Auch wenn sie sich gemeinsam an ihre Arbeit machen, wird nicht deutlich, mit welcher inneren Einstellung sie „fischen" gehen. Die Tatsache, dass alle „mitmachen", kann auch ein Hinweis dafür sein, dass hier von Menschen gesprochen wird, die ohne *eigenen* Antrieb und Entschluss ihrer Arbeit nachgehen. Jedenfalls bleibt ihr Mühen leer und erfolglos: „In jener Nacht fingen sie nichts..." Nacht und Finsternis sind im Johannesevangelium vor allem „seelische Zeiten" (vgl. Joh 13,30c; 20,1). So kann die Nacht hier ein Bild ihres inneren Zustands sein und ein unerfülltes Leben ohne klare Ausrichtung beschreiben.

Ganze Lebensabschnitte können so vergehen, wie es hier angedeutet wird. Die Erzählung legt nahe, dass die Jünger in ihrem „kirchlichen" Tun zu Leere und Erfolglosigkeit verurteilt sind, solange sie nicht von innen heraus, aus dem „Wissen" um den Herrn (Joh 21,7.12), aus dem Gehorsam gegenüber seinem Wort leben und ihrer Sendung nachgehen.

Als es Tag wird, steht *der* am Ufer, den sie aus den Augen verloren haben. Die Jünger sehen ihn, doch aus ihrer Sicht können sie ihn nicht erkennen. Es braucht noch weitere Erfahrungen, bis sie die Gestalt am Ufer mit dem Auferstandenen identifizieren können. An diesem

Morgen wird ihnen klar, dass sie trotz aller Anstrengung mit leeren Netzen zurückkehren. Allmählich wird ihnen die Vergeblichkeit ihrer bisherigen Einstellung bewusst. Und dieses „Dämmern“ geschieht in Zusammenhang mit der Gestalt am Ufer, in der das Gegenbild von dem aufscheint, was sie bislang gelebt haben. Aber noch können sie es sich nicht deuten, welches „Leben“, welche Fülle und Erfüllung in der Dämmerung des neuen Tages auf sie wartet.

Die entscheidende Wende beginnt mit der Art, wie die Gestalt am Ufer die Jünger anspricht: „Kinder (*paidía*), habt ihr nicht etwas Fisch (*prosphágion*)?“ Das Wort „Kind“ bedeutet in 1 Joh das Mitglied der Gemeinde und deutet darauf hin, dass es in dieser Ostererzählung um die Beziehung zwischen dem auferstandenen Jesus und seiner Gemeinde geht. Wann immer Gott in der Bibel dem Menschen Fragen stellt, ist es eine Aufforderung, nicht länger der Wahrheit über sich selbst auszuweichen. So auch hier. Aber um diese Wahrheit zuzulassen und aussprechen zu können, braucht es Vertrauen, braucht es eine Beziehung, vor der man sich nicht schämen muss, und eine Anrede, die nicht demütigt. Die Anrede Jesu „Kindlein“ (*paidía*) vermittelt eine Nähe und Ernsthaftigkeit, die (wie in Joh 13,33) das Herz der Jünger erreicht und es ihnen ermöglicht, wahrhaftig zu sein. So können sie sich vor dem „Fremden“ eingestehen, dass ihre bisherige Einstellung trotz aller Bemühungen zu „nichts“ (*oudén*) geführt hat. Es kann sehr schwer sein, eine solche Bilanz zu ziehen.

2. **Joh 21,6-8**: Als sie sich die Vergeblichkeit ihrer bisherigen Lebensanstrengungen eingestehen, eröffnet sich ihnen eine neue Perspektive. Sie erhalten von ihm die Weisung, zu ihrer alten Tätigkeit zurückzukehren. Noch einmal sollen sie die Netze auswerfen, diesmal auf der „rechten Seite“. Was immer die „rechte Seite“ für eine symbolische Bedeutung haben mag, zentral ist, dass die Jünger nun mit klarem Auftrag und aus persönlich getroffener Entscheidung handeln. Sie gehorchen.

Es war also nicht alles, was sie bislang getan haben, verkehrt. Ihr „Fischen“ brachte nur deshalb nichts ein, weil sie nicht mehr im Kraftfeld des Horchens und Gehorchens standen. Erst als die Jünger aus der Nacht vergeblichen Mühens in den Gehorsam seines Wortes (zurück-)gefunden haben, beginnt auf einmal das Netz sich zu füllen. Erst jetzt, da sich ihre Arbeit in nie gekannter Weise erfüllt, erkennen sie in der

Gestalt am Ufer den Auferstandenen. Zunächst nur „der Jünger, den Jesus liebte". In seinem gläubigen Wort geht dem Petrus plötzlich auf, wer am Ufer auf sie wartet: „Der Herr ist es!" Petrus spürt seine „Blöße", aber weder Schuld noch Scham können ihn daran hindern, die Distanz zu Jesus zu überwinden. Augenblicklich lässt er alles zurück. Sein Verlangen, beim Herrn zu sein, ist größer als die Angst, in seiner Schuld vor ihn hin zu treten. Wir hören allerdings nirgendwo davon, dass Jesus den tropfnassen Petrus in seine Arme geschlossen hätte. Offenbar geht auch diese Initiative des Petrus ins Leere. Die eigentliche Begegnung mit dem Herrn steht noch aus.

3. **Joh 21,9-14:** Als die anderen Jünger mit dem Netz im Schlepp das Ufer schließlich erreichen, machen sie dort eine seltsame Entdeckung: Brot und Fisch sind zu einem Mahl bereitet. Jesu Aufforderung, von den Fischen zu bringen, die sie gerade gefangen haben, deutet die Szene am Ufer, dass das Entscheidende von Gott her schon bereitet ist. Was die Jünger im Befolgen seines Wortes „gefangen" haben, braucht nur zu ergänzen, was bereits da ist. Seine Gabe und der Ertrag ihrer Arbeit fügen sich zum Zeichen des Mahles, zur Erfahrung einer Gemeinschaft, die darum weiß, dass der Herr bei ihnen ist. Das eigene Mühen wird durch solche Entdeckungen nicht überflüssig, sondern belohnt.

Das Bild von dem Netz, das mit seinen 153 großen Fischen dann von Petrus *allein* an Land gezogen wird, ohne dass es zerreißt, kann als Symbol für den Reichtum und die Vielfalt der *einen* Kirche verstanden werden und hängt wohl mit der besonderen Aufgabe zusammen, die der Herr dem Simon im folgenden Abschnitt überträgt (Joh 21,15 ff.). „Damit lässt sich das nicht zerreißende Netz als Symbol für die unauflösbare Einheit der Kirche vereinen. An ihr hat das Johannesevangelium ein zentrales Interesse (Joh 10,16; 17,21-23)" (Chr. Dietzfelbinger).

In der Art, wie der Auferstandene die Jünger zum Mahl einlädt und mit ihnen Gemeinschaft hält, spiegelt sich die Erfahrung und Verheißung eines erfüllten Lebens. Die Nähe des Herrn ist für sie auf eine *andere* unmittelbare Art als vor Ostern zur fraglosen Gewissheit geworden. Das ist das Eigentliche des Glaubens. Darum wagt keiner von ihnen den Auferstandenen zu fragen: Wer bist du? Vielleicht spiegelt diese Bemerkung auch ihre Befangenheit gegenüber der völlig ungewohnten Art seiner Nähe wider.

In einem langen Prozess, durch das Erleiden und Erfahren von Nacht und Tag, von Leere und Fülle, von Vergeblichkeit und Sinn, kommen die Jünger schließlich zu der fraglosen Gegenwart und Nähe des Auferstandenen, die keiner Beweise mehr bedarf. In Joh 16,23 sagt Jesus den Jüngern voraus, dass der Tag kommen werde, an dem die Jünger ihn nach nichts mehr fragen müssten.

Seltsamerweise schließt die Erzählung mit der Bemerkung „Es kommt Jesus“, so als wäre er die ganze Zeit nicht da gewesen. Der Erzählung liegt offenbar daran, inmitten gläubiger Gewissheit ausdrücklich zu versichern, dass Jesus kommt, und zwar im Bild des Mahles.

Die Erzählung zeigt auf Seiten der Jünger einen Glaubensprozess, eine Entwicklung vom Nicht-*wissen* (Joh 21,4) zum *Wissen* (Joh 21,7.12), vom Nicht-glauben zum Glauben an den Auferstandenen, vom Aufbruch ohne Jesus zur Gemeinschaft mit ihm (Joh 21,13). Diese Entwicklung wird dadurch ermöglicht, dass die Jünger sich zunächst mit ihrer Wirklichkeit konfrontieren lassen und dann in einem fortschreitenden Prozess des Gehorchens gegenüber dem Wort des Auferstandenen (Joh 21,6.10.12) zur Gemeinschaft des Mahles mit ihm finden. Dabei fällt auf, dass das Wort des Jüngers, den Jesus liebte, in der Mitte des Textes (Joh 21,7) den Angelpunkt des ganzen Geschehens darstellt, während die beiden Initiativen des Petrus (Joh 21,3 und 7b) ins Leere gehen.

Der Auferstandene und Simon Petrus und die Frage nach dem Schicksal des Jüngers, den Jesus liebte: Joh 21,15-23

21,15 Als sie nun gegessen hatten, sagt Jesus zu Simon Petrus: Simon,
Sohn des Johannes, liebst du mich mehr als diese? Er sagt zu ihm: Ja,
Herr, du weißt, dass ich dich liebe. Sagt er zu ihm: Weide meine Läm-
mer! 16 Wieder sagt er zum zweiten Mal zu ihm: Simon, Sohn des Jo-
hannes, liebst du mich? Er sagt zu ihm: Ja, Herr, du weißt, dass ich dich
liebe. Sagt er zu ihm: Hüte meine Schafe! 17 Er sagt zum dritten Mal zu
ihm: Simon, Sohn des Johannes, liebst du mich? Petrus wurde traurig,
dass er zum dritten Mal zu ihm sagte: Liebst du mich? und sagte zu
ihm: Herr, du weißt alles; du erkennst, dass ich dich liebe. Jesus sagt zu
ihm: Weide meine Schafe! 18 Amen, amen, ich sage dir: Als du jünger
warst, gürtetest du dich selbst und gingst, wohin du wolltest; wenn du
aber alt geworden bist, wirst du deine Hände ausstrecken, und ein an-
derer wird dich gürten und bringen, wohin du nicht willst. 19 Dies aber

sagte er, um anzudeuten, mit welchem Tod er Gott verherrlichen werde.
Und als er dies gesagt hatte, sagt er zu ihm: Folge mir nach!
20 Petrus wandte sich um und sieht den Jünger nachfolgen, den Jesus
liebte, der sich auch beim Mahl an seine Brust gelehnt und gesagt hatte:
Herr, wer ist es, der dich ausliefert? 21 Als nun Petrus diesen sah, sagt er
zu Jesus: Herr, was wird aber mit diesem? 22 Jesus sagt zu ihm: Wenn
ich will, dass er bleibt, bis ich komme, was geht es dich an? Du folge mir
nach! 23 Es ging nun dieses Wort hinaus unter die Brüder: Jener Jünger
stirbt nicht. Aber Jesus sagte nicht zu ihm, dass er nicht sterbe, sondern:
Wenn ich will, dass er bleibt, bis ich komme, was geht es dich an?

4. **Joh 21,15-19:** Nach dem Mahl am See von Tiberias sagt der Auferstandene zu Petrus: „Simon, (Sohn) des Johannes, liebst (*agapas*) du mich mehr als diese (mich lieben)?" Zwischen der ersten Frage, die Jesus am Anfang des Johannes-Evangeliums den zwei Jüngern des Täufers stellt: „Was sucht ihr?" (Joh 1,38) und der Frage an Petrus gegen Ende des Evangeliums liegt die ganze Entwicklungsspanne unseres Glaubens. Unser Suchen nach erfülltem Leben soll am Ende einmünden in die Antwort „Herr, du weißt alles, du weißt auch, dass ich dich liebe". In der Spanne dieser beiden Fragen bewegt sich auch die Freundschaft des Petrus mit Jesus. „Simon, (Sohn) des Johannes", so hatte Jesus ihn bei seiner ersten Begegnung angesprochen (Joh 1,42) und jetzt: „Liebst du mich mehr als diese (mich lieben)?"

Wer kann eine solche Frage beantworten? Petrus hatte noch im Abendmahlssaal zu Jesus gesagt: „Mein Leben will ich für dich einsetzen" (Joh 13,37 b). Aber nun weiß er, wohin seine Selbstsicherheit ihn gebracht hat. Er hat erfahren, dass ein anderer ihn besser kennt als er sich selbst. Es schmerzt, hinter den Erwartungen an sich selbst so weit zurückzubleiben. Es demütigt, wenn ein so beschämendes Versagen bekannt wird. Es ist erschütternd, die Abgründe von Treulosigkeit und Verrat im eigenen Herzen zu entdecken. „Simon, (Sohn) des Johannes, liebst du mich mehr, als diese (mich lieben)?"

Das Wort, mit dem der Herr Petrus nach seiner Liebe zu ihm fragt, heißt im Griechischen *agapan* und meint eine reife, selbstlose Liebe. Petrus antwortet mit einem Wort, das für Freundesliebe (*philein*) steht. Diese unterschiedlichen Worte können ein Hinweis sein, wohin die Beziehung des Petrus zum Herrn noch wachsen soll.

Auch das zweite Mal fragt Jesus mit denselben Worten, und Petrus antwortet wie vorher. Die Spannung zwischen *agapan* (lieben) und *philein* (lieben) wird nicht aufgehoben. Petrus hat erfahren, was es heißt: „Getrennt von mir könnt ihr nichts tun“ (Joh 15,5). Er überlässt Jesus das Urteil über seine Liebe zu Jesus. Er weiß, dass er von sich aus nur fruchtloses Rebholz ist. Und doch ruft der Auferstandene ihn in seinen Hirtendienst (vgl. Joh 10).

Noch ein drittes Mal muss Petrus die Frage des Auferstandenen aushalten. Diesmal ist sie so unausweichlich nah und schmerzhaft wie das Messer in der Hand des Winzers, der alles wegschneidet, was die Frucht des Weinstocks mindert. Doch Jesus fragt ihn beim dritten Mal mit dem Wort der Freundesliebe (*philein*), mit der Petrus bisher geantwortet hat. Es sieht so aus, als hole der Herr ihn bei *seinen* Möglichkeiten ab. Die Frage des Auferstandenen will ihm helfen, sich einzugestehen, dass kein Abgrund von Treulosigkeit und Verrat ihn trennen kann von der Liebe des Herrn, ja dass die Erfahrung eigenen Versagens ihm etwas vermittelt hat, was alle bisherigen Erfahrungen mit Jesus nicht fertig gebracht haben: Im Eingeständnis seines Scheiterns, gehalten von der Treue des Herrn, kann Petrus nun mit den Schwachen fühlen und die ihm Anvertrauten lieben (*agapan*), wie Christus ihn geliebt hat (vgl. Joh 15,9). Unter der läuternden Frage findet Petrus seinen Weg in die neue Freiheit mit dem Auferstandenen, in eine neue Qualität der Beziehung: „Herr, du weißt alles, du weißt auch, dass ich dich liebe“. Nun kann er ihm folgen (vgl. Joh 13,36 b) und sein Leben für ihn einsetzen (vgl. Joh 13,37 b). Weil er Jesus liebt, können die Menschen in der Kirche das Haus des Vaters entdecken, in dem es viele Wohnungen gibt (vgl. Joh 14,2). Nun kann Petrus sich führen lassen, wohin er nicht will – in der Freiheit Jesu: „Folge mir nach!“

Alle Selbsterkenntnis ist demütigend, schmerzlich, manchmal erschreckend und lähmend, alle Lebensbilanz ist schädlich, wenn sie allein vom Menschen ausgeht. Sie stärkt und befreit, wenn sie von Gottes Treue zum Menschen her verstanden und zugelassen wird. Im Blick Jesu, in der Frage des guten Hirten, der die Seinen kennt, der größer ist als unser Herz und alles weiß (vgl. 1 Joh 3,20) – in dieser Begegnung erfährt Petrus, wie sich ihm aus Schuld und Versagen neue Lebensräume auftun ... „Folge mir nach!“

5. **Joh 21,20-23**: In der letzten Szene des Evangeliums richtet sich noch einmal der Blick auf den „Jünger, den Jesus liebte". Johannes erinnert ausdrücklich an die Szene beim Abschiedsmahl (Joh 13,23-26) und damit an die unmittelbare Nähe und Vertrautheit dieses Jüngers zu Jesus. Unsicher oder besorgt fragt Petrus den Auferstandenen, wie es mit diesem Jünger weiter gehe. Ihm wird gesagt, er solle unabhängig von dem, was der Herr mit jenem vor hat, seinen Weg in der Nachfolge Jesu gehen – bis ins Martyrium hinein, auch wenn „jener Jünger" nach Jesu Willen „bleiben" sollte, „bis er kommt". Das Wort vom „Bleiben" jenes Jüngers war missverstanden worden, und so hatte sein Tod in der Gemeinde Irritationen ausgelöst. Dem gegenüber wiederholt Johannes noch einmal, dass Jesus vom „Bleiben" des Jüngers gesprochen habe und überlässt es der geistlichen Unterscheidung seiner Leser und Hörer, in welchem Sinn dieses rätselhafte Wort zu verstehen sei.

Neben dem mehr existenziellen Zugang zu dieser Ostererzählung zeigt die Szene eine deutlich theologische Sinnlinie, die vor allem von den Verfassern des Nachtragskapitels in den Text eingeschrieben ist. Wie ist der Auferstandene in der Gemeinde präsent? Wie kann er dort wahrgenommen und geglaubt werden?

In dem Gespräch zwischen Petrus und dem Auferstandenen geht es zunächst um die nachösterliche Rolle und das Schicksal der beiden Schlüsselfiguren: Simon Petrus und „der Jünger, den Jesus liebte". Unter dem Kreuz hatte sich der Geliebte Jünger als Zeuge der „Wahrheit" erwiesen (Joh 19,35). Durch seine ungebrochene Nähe und Treue zu Jesus wurde er vom Gekreuzigten zusammen mit der Mutter Jesu zum Bild der Kirche bestimmt, die aus der „Stunde" hervorgeht, das Jesus – von der Erde erhöht – alle an sich zieht (vgl. Joh 12,32). An dem „Jünger, den Jesus liebte", wird also beispielhaft anschaulich, was Jüngersein bedeutet. Seine Namenlosigkeit ist eine Einladung für jeden Jünger bzw. jede Jüngerin, sich von Jesu Liebe „bis zuletzt", „bis zur Vollendung" in seine Nähe ziehen zu lassen und so zum glaubwürdigen Zeugen des Neuen Lebens zu werden.

Petrus wird jetzt vom Auferstandenen dazu berufen, seine Schafe zu „weiden", d.h. sie zu lieben, wie Jesus sie geliebt hat (Joh 13,1) – bis zur Hingabe des eigenen Lebens (Joh 21,18f,). Die universale Leitungsvollmacht als Hirte der nachösterlichen Gemeinde gilt auch gegenüber dem Geliebten Jünger. Dieser Jünger „bleibt“ als verlässlicher Zeuge der Jesustradition in dem von ihm geschriebenen vierten Evangelium. In diesem Buch bleibt er ebenso präsent wie der Herr, von dem er Zeugnis gibt.

Zum Leitungsamt des Petrus und zum Zeugnis des Evangeliums von Jesus kommt als drittes Element die Mahlgemeinschaft, zu der der Auferstandene einlädt und in der er der nachösterlichen Gemeinde die Gaben reicht, in denen er selbst gegenwärtig ist. In der wechselseitigen Ergänzung von Wort, eucharistischem Mahl und Leitungsamt ist der Auferstandene in seiner Kirche bis zur Parusie präsent.

Das Wort des Auferstandenen (Joh 21,22) macht auch darauf aufmerksam, dass es verschiedene Weisen der Nachfolge gibt. Ohne die Autorität des Geliebten Jüngers und seines Evangeliums zu relativieren, sollen die von ihm geprägten Kreise der Urkirche die Leitungsvollmacht des Petrus anerkennen. Und ohne die Autorität des Petrus herabzusetzen, sollen die an ihm orientierten Kreise die besondere Stellung jenes Jüngers und seiner Jesustradition respektieren. Man muss es dem Auferstandenen überlassen, welchen Weg er die Einzelnen führt.

Zweiter Schluss des Johannesevangeliums: Joh 21,24-25

21,[24] Das ist der Jünger, der dies alles bezeugt und aufgeschrieben hat; und wir wissen, dass sein Zeugnis wahr ist. [25] Es gibt aber auch vieles andere, das Jesus getan hat; wenn das alles einzeln aufgeschrieben würde, so würde, meine ich, selbst die Welt die zu schreibenden Bücher nicht fassen.

Nachdem der Verfasser des Nachtragskapitels auf den wahren Sinn der „bleibenden“ Gegenwart dieses Jüngers hingewiesen hat, stellt er ihn nun am Ende als Autor und Autorität des ganzen Evangeliums vor: Er ist der wahre Zeuge des gekreuzigten und auferstandenen Sohnes Gottes (Joh 19,35). Sein Zeugnis hat er in diesem Buch der Kirche anvertraut. Im „Wir“-Stil der Kirche fügt er dann mit Nachdruck hinzu: „Wir wissen, dass sein Zeugnis wahr ist“. An diesem Zeugnis wird sich die Kirche bleibend orientieren müssen bis zur Wiederkunft des Herrn. Wenn sich also in der Gestalt des „Jüngers, den Jesus liebte“, der Verfasser des Johannesevangeliums verbergen sollte, dann in dem Sinn, dass sein lebendiges Zeugnis in Gestalt seines Evangeliums in der Gemeinde derer „bleibt“, die „wissen“ (glauben), dass sein Zeugnis wahr ist.

Ähnlich wie beim Ende von Kapitel 20 schließt das letzte Kapitel mit einem Hinweis auf die reiche Jesusüberlieferung, die als ganze im Johannesevangelium nicht aufgenommen werden konnte.

Literaturauswahl

Becker, Jürgen, Das Evangelium nach Johannes, 2 Bde (Ökumen. Taschenbuch-Kommentar zum NT 4/1; 4/2), Gütersloh-Würzburg 1979/80

Beutler SJ, Johannes, The Shepherd Discourse of John 10 and its Context, and Fortna, Robert Society for New Testament Studies, Monograph Series 67, Cambridge 1991

ders., Judaism and the Jews in the Gospel of St. John, Subsisia Biblica 30, Rom 2006

ders., Do not be afraid, The First Farewell Discourse in John's Gospel (Jn 14), New Testament Studies in Contextual Exegesis, Frankfurt 2011

ders., Neue Studien zu den johanneischen Schriften, Bonner Biblische Beiträge 167, Bonn 2012

ders., Das Johannesevangelium, Kommentar, 2. durchgesehene Auflage, Freiburg 2016

Blank, Josef, Das Evangelium nach Johannes, 1. Teil a + b, 2. u. 3. Teil, Düsseldorf 1977-1981

Brodie, Thomas L., The Gospel according to John, A Literary and Theological Commentary, New York - Oxford 1993

Bultmann, Rudolf, Das Evangelium nach Johannes, Göttingen, 10. Auflage 1964

Dietzfelbinger, Christian, Das Evangelium nach Johannes, Zürcher Bibelkommentare, Zürich, 2. Auflage 2004

Heer, Josef, Das größere Leben, Johannes-Evangelium, Bibelauslegung für die Praxis 19, Stuttgart 1988

Katholisches Bibelwerk (Hrsg.), Johannes entdecken, Lese- und Arbeitsbuch zum Johannesevangelium, Stuttgart 1998

Kremer, Jakob, Die Osterevangelien, Geschichten um Geschichte, Stuttgart 1978

Kruck, Günter (Hrsg.), Der Johannes Prolog, Frankfurt 2009

Kügler, Joachim, Das Johannesevangelium, Eine wortgewaltige Jesus-Darstellung, Stuttgart 2012

Lohfink, Gerhard, Das Weinwunder zu Kana, Eine Auslegung von Joh 2,1-12, in: Geist und Leben 57, 1984, S. 169-182

Lurker, Manfred, Die Botschaft der Symbole in Mythen, Kulturen und Religionen, München 1990

Marsh, John, The Gospel of St. John, London, 6. Auflage 1977

Martini, Carlo M., Damit Ihr Frieden habt, Geistliches Leben nach dem Johannesevangelium, Freiburg 1982

Pesch, Rudolf, Antisemitismus in der Bibel, Das Johannesevangelium auf dem Prüfstand, Augsburg 2005

Porsch, Felix, Anwalt der Glaubenden, Das Wirken des Geistes nach dem Zeugnis des Johannesevangeliums, Stuttgart 1978

ders., Johannesevangelium SKK 4, Stuttgart 1988

ders., Kleine Theologie des Neuen Testaments, Stuttgart 1995

de la Potterie, Ignace, Die Passion nach Johannes, Der Text und sein Geist, Einsiedeln-Trier 1987

Schenke, Ludger, Johanneskommentar, Düsseldorf 1998

ders., Das Johannesevangelium, Einführung, Text, dramatische Gestalt, Urban Tb 446, 1992

Schnackenburg, Rudolf, Das Johannesevangelium, I.-III. Teil, Freiburg 1965-1975, IV 1984

ders., Die Person Jesu Christi im Spiegel der vier Evangelien, HthK zum NT, Supplementband, Freiburg 1993, S. 245-326

Schnelle, Udo, Das Evangelium nach Johannes, ThHKNT 4, Leipzig, 3. Auflage 2004

Schürmann, Heinz, Der Geist macht lebendig, Hilfen für Betrachtung und Gebet, Freiburg 1972

Theobald, Michael, Das Evangelium nach Johannes, Kapitel 1-12, RNT, Regensburg 2009

Thyen, Hartwig, Das Johannesevangelium, Handbuch zum Neuen Testament, Band 6, Tübingen 2005

Wengst, Klaus, Das Johannesevangelium, 2 Bde, ThKNT 4,1/2, Stuttgart 2. Auflage 2004

Wilckens, Ulrich, Das Evangelium nach Johannes, NTD 4, Göttingen, 2. Auflage 2000

Zumstein, Jean, Das Johannesevangelium, Meyers kritisch-exegetischer Kommentar über das Neue Testament, Göttingen 2016

Peter Köster SJ

Das Lukas-Evangelium
Orientierung am Weg Jesu
Ein geistliche Auslegung

272 Seiten, gebunden, mit Graphiken,
29,95 €, ISBN 978-3-8306-7863-2

Kein anderer Evangelist hat das Kirchenjahr so geprägt wie Lukas mit seinen „gemalten Textbildern" und großen Gleichnissen wie dem vom barmherzigen Vater. Die prägnanten Auslegungen möchten dem Leser dabei helfen, sich selbst in den biblischen Szenen wiederzufinden und vom „Wort des Lebens" ergreifen zu lassen.

Peter Köster SJ

Lebensorientierung
am Markus-Evangelium
Eine geistliche Auslegung

248 Seiten, gebunden, 2. verbesserte Auflage, 24,80 €, ISBN 978-3-8306-7445-0

In vielen Suchenden lebt die Sehnsucht, dass aus den Evangelien das Geheimnis der Gestalt Jesu ihnen wie eine Feuerflamme entgegenschlägt und sie nicht mehr anders können, als Seinen Weg aufs Neue zu beginnen. Diese Auslegung des Markus-Evangeliums ist ein Versuch, den Leser/die Leserin an die im Text verborgene Glut heranzuführen – in der Hoffnung, dass ein Funke überspringt und er/sie „Feuer" fängt.

www.eos-verlag.de

Peter Köster SJ

Die Übung des Herzensgebetes nach der Tradition der Ostkirchen

96 Seiten, gebunden, 2. verbesserte Auflage, mit zahlreichen Farbabbildungen, 14,80 €, ISBN 978-3-8306-7312-4

Die ostkirchliche Tradition des Herzensgebetes will den Menschen dazu anleiten, Herz und Verstand ungeteilt Gott hinzuwenden. Über leicht fassbare Bilder und Symbole wird diese Gebetsform dem Leser nahegebracht. Ein geschichtlicher Überblick führt in die lange Tradition des Herzensgebets ein, das das biblische Gebot „Betet ohne Unterlass" umsetzen möchte.

Peter Köster SJ

Geistliche Begleitung
Eine Orientierung für die Praxis

196 Seiten, gebunden, 3. verbesserte Auflage, mit Graphiken, 19,80 €, ISBN 978-3-8306-7386-6

Geistliche Begleitung muss im Kontext der gegenwärtigen gesellschaftlichen und kirchlichen Wandlungsprozesse als ein Dienst an den Menschen verstanden werden, die danach suchen, wie Geschehen und Erleben ihrer Alltagswirklichkeit zu gläubiger Erfahrung und Lebensgestaltung werden kann. Dabei sind die komplexen Zusammenhänge von menschlicher Entwicklung und geistlichem Wachstum nicht außer Acht zu lassen.

www.eos-verlag.de